Carrie Fisher

GRÜSSE AUS HOLLYWOOD

BANKETT IM SCHNEE

ROMAN

Aus dem Amerikanischen von
Kollektiv Druck-Reif

GOLDMANN VERLAG

Deutsche Erstveröffentlichung

Die amerikanische Originalausgabe erschien unter dem Titel
»Postcards from the Edge« bei Simon & Schuster, Inc., New York

Der Goldmann Verlag
ist ein Unternehmen der Verlagsgruppe Bertelsmann

Made in Germany · 1/91 · 1. Auflage dieser Ausgabe

This edition published by arrangement with the
original publisher Simon & Schuster, New York

Bereits erschienen unter dem Titel »Bankett im Schnee«
Umschlaggestaltung: Design Team München
Umschlagillustration: © 1988 Alain Chang
Satz: Uhl + Massopust, Aalen
Druck: Elsnerdruck, Berlin
Verlagsnummer: 9310
Lektorat: Kollektiv Druck-Reif/GR
Herstellung: Heidrun Nawrot/Voi
ISBN 3-442-09310-4

Für meine Mutter und meinen Bruder

Prolog

Mein lieber Bruder Thomas,
Du weißt doch, wie sehr ich mir immer den Kopf über alles mögliche zerbrochen habe, auch wenn es eigentlich keinen Grund dafür gegeben hat. Jetzt aber habe ich endlich einen Platz gefunden, der geradezu ideal für mich ist: den sonnigen Mittleren Osten. Dumpf vor sich hinzubrüten und den Kopf hängenzulassen gehört ja in Israel, Ägypten und in der Türkei zum Alltagsbild. Heute war ich an einer Bahnstation, die erst vor kurzem ausgebombt worden ist. Ich hab mir die zersplitterten und verkohlten Gleise angeschaut und gedacht: »Hier sieht es genauso aus wie in mir.« Vielleicht sollte ich alle Unruheherde der Welt aufsuchen und dort *wirklich* einmal entspannen. Bis bald.
In Liebe,
Deine Schwester Suzanne

Liebe Lucy,
O. K., hier sind meine momentanen Überlegungen. Bist Du bereit? Also, ich muß mir einen Gesamtplan für mein überschwengliches Leben machen. Sobald ich die letzte Zwanziger-Hürde genommen habe und in diesem Herbst als Dreißigjährige durchs Ziel laufe, möchte ich mir endlich einmal nicht mehr Gedanken darüber machen müssen, was mein Leben eigentlich ist und sein soll.

Bis jetzt bin ich zu folgenden Entschlüssen gekommen:
1. Ich mache wieder eine Therapie, vielleicht nehme ich diesmal eine Frau als Therapeutin. 2. Ich werde aufhören, mir die Haare

zu tönen, und sie statt dessen wieder in meine Naturfarbe zurückfärben, nach dem Motto: künstlich wieder natürlich werden. 3. Ich werde nur noch Leute treffen, die ich wirklich mag. So habe ich danach wenigstens das Gefühl, daß es einen Sinn hatte, überhaupt Leute zu treffen. 4. Das mit dem Essen kriege ich in den Griff. 5. Ich werde mich aus dem klammernden, verlockenden Würgegriff der Giftstoffe losreißen – nie wieder Drogen! Außerdem werde ich jeden Tag früh aufstehen, mehr lesen, Tagebuch führen, weniger am Telefon quatschen, weniger einkaufen und – zu guter Letzt – mit irgend jemandem ein Kind haben. Wie Du siehst, ist mein Plan erst noch im Entstehen, ich werde Dich aber auf dem laufenden halten.

Schätzchen, schätze, es tut sich was.

Dein Herzchen,
S.

Lieber Cran,
hier hast Du noch was für Deine Sammlung meiner dichterischen Werke.

O wie toll
Ich hab's geschafft
Ich hab das Durcheinander vermessen
Ich komm mir vor wie ein Idiot
Ich fühl mich wie besessen
Was ist, wenn's feierlich wird?
Hab ich dann was Passendes anzuziehn?
Mein Herz ist am richtigen Platz, ich weiß
Schließlich war's ich, der's dorthin verliehn

Ich handle, wie ich bin
Das geht nicht immer unbeschwert
Das macht schon mal viel Müh'
Das ist gar nicht der Rede wert

Mein Herz ist am richtigen Platz
Tickt vor sich hin, in meinem Torso
Ich bin nicht anders als andere
Viel gewöhnlicher, das war immer so

Ich will mich erinnern
An jemand, den ich möcht treffen
An jemand, den ich noch nie gesehn,
An jemand, den ich kann niemals vergessen

Ich bin nicht verrückt
Bin noch halbwegs O. K., fürwahr!
Du kannst es sehen an dem Rauch
Der aufsteigt von meinem angesengten Haar

Folg mir auf dem Weg zum Innersten
Ich deut Dir die Zeichen, die dort stehn
Ich bin ein Feuer, und die Welt ist mein Stroh
Für heute laß es Dir gutgehn

Gib Grandpa einen Kuß von mir (sofern er sich an mich erinnert). Das hier ist eine Art Erholung, von der man sich erst einmal erholen muß. Ich melde mich, wenn ich wieder zu Hause bin.

Deine Dich immer liebende
Suzanne

Bankett im Schnee

SUZANNE

Erster Tag

Hätte ich dem Typen, der mir den Magen ausgepumpt hat, meine Telefonnummer vielleicht doch nicht geben sollen? Aber was soll's, mein Leben ist so oder so zu Ende. Und was hätte ich denn sonst tun sollen? Kam er doch in mein Zimmer und hat mir dieses blöde Stofftier überreicht, das wie ein Daumen aussieht, und ich, ich lag im Bett, zwölf Stunden nach einer Überdosis! Besonders attraktiv hab ich wohl nicht gerade ausgesehen. Letzte Nacht im Notaufnahmeraum habe ich ihm Muscheln und Percodan vor die Füße gekotzt. Es wäre vielleicht unhöflich gewesen, ihm meine Nummer nicht zu geben. Aber wahrscheinlich ruft er eh nicht an. Niemand wird mich jemals wieder anrufen.

Zweiter Tag

Ich konnte nicht schlafen, in meinem Kopf schwirrten beängstigende Gedanken herum, so lief ich ziellos durch die Gänge. Nach der sechsten Runde etwa nickte ich der Nachtschwester nicht mehr zu, sondern ging gesenkten Hauptes einfach an ihr vorbei.

Heute kam eine Therapeutin in mein Zimmer, um die Aufnahmeformalitäten zu erledigen. Sie fragte mich, wie lange ich schon drogenabhängig sei. Ich sagte, daß ich nicht glaube, drogenabhängig zu sein, weil ich noch nie eine einzige Droge genommen hätte. Darauf sagte sie nur: »Du *bist* also drogenabhängig.« Ihre Frage, ob ich mich absichtlich umbringen wollte, verletzte mich. Wenn man schon nach einer Überdosis wieder aufwacht, dann ist das doch Beweis genug, daß nichts im

Leben klappt. Bis jetzt ist eigentlich alles schiefgelaufen. Ich bin kein Selbstmordkandidat. Es mag zwar momentan so aussehen, aber ich bin es wirklich nicht. Morgen komme ich aus der Entgiftung heraus und fange mit der Gruppe an.

Ich hasse mein Leben.

Dritter Tag

Kann es sein, daß alle Therapeuten hier ehemalige Drogenabhängige sind? Jedenfalls scheinen sie genau zu wissen, wovon sie reden. Ehemalige Drogenabhängige wissen am besten darüber Bescheid, wie man ohne Drogen auskommt. Beim Mittagessen habe ich mich mit diesem Mädchen, das bereits zwei Wochen hier ist – Irene heißt sie –, unterhalten, und sie meinte, daß am Anfang deine Hauptbeschäftigung in einer Art Untätigkeit besteht. Man nimmt einfach keine Drogen. Genau das tun wir hier alle: *keine Drogen nehmen*.

Julie, die Frau, die meine Aufnahme gemacht hat, ist meine Therapeutin. Ich weiß zwar nicht, ob ich sie mag oder nicht, aber ich möchte sie gerne mögen. Ich muß sie mögen, denn schließlich werde ich wahrscheinlich so werden, wie sie ist. Ich muß mir jemand zum Vorbild nehmen, der einmal Drogen genommen hat und jetzt clean ist.

Drei Leute hier – Carl, Sam und Irene – waren im Gefängnis. Außerdem gibt es noch Sid, einen Zeitschriftenredakteur, und Carol, deren Mann Vertreter ist, und noch ein paar andere. Die meisten sind wegen Kokain oder Freebase hier, aber auch eine ganze Menge wegen Opiaten. Die Kokainschnüffler pennen die ganze Zeit, denn wenn sie hierherkommen, haben sie wochenlang nicht geschlafen. Wir, die Opiat-Leute, haben viel geschlafen und wandern jetzt nächtelang die Gänge entlang, quälen uns durch den Entzug. Wir sollten eigentlich zwei Baseballmannschaften bilden: das Opiat-Team gegen das Amphetamin-Team. Die Opiat-Leute kauern an der Startlinie, geben Handzeichen und winken sich gegenseitig heraus, und die Amphetamin-Leute rennen die Linien entlang und brüllen herum. Ein Spiel ohne Regeln, dafür aber jede Menge Spieler.

Morgen, nach dem Kokain-Video, nimmt die Schwester jeden, der nicht in der Entgiftung steckt, auf einen Sonntagsausflug in den Park mit.

Vierter Tag

Es war schön, draußen zu sein. Man fühlt sich eher als normaler Bürger denn als Sträfling. Es ist schwer, sich in einer Drogenklinik nicht wie ein Ausgestoßener zu fühlen, aber andererseits ist es auch anstrengend, sich wie ein Ausgestoßener zu fühlen, je nachdem, wie man's nimmt. Anscheinend bin ich hier die einzige, der man den Magen ausgepumpt hat. Das ist schon ein markantes Unterscheidungsmerkmal.

Im Park saßen Carl und ich gemeinsam auf einer Decke. Er ist ein 55jähriger Farbiger, von Beruf Platzwart und angehender Ex-Freebase-Abhängiger. Er sieht aus wie ein ausgekokelter Moskito. Ich habe ihn gefragt, wie er sich den Aufenthalt hier leisten könne, und er meinte, das würde die Krankenversicherung seiner Frau bezahlen.

Carl hat so viel im Park gequasselt, daß ich fast verrückt wurde. Sein Lieblingsthema waren Drogen. Er redete vom Zusammenbrauen und vom Geschmack der Freebase-Pfeife, und davon, wie er sich von Dienstag bis Freitag abgerackert hat, um am Wochenende genügend Geld zu haben: Freebase rauchen – das ganze Wochenende über. Ich fragte ihn, was er genommen habe, um wieder herunterzukommen, und er meinte nur, daß er Beruhigungsmittel nicht vertrage. Er sagte: »Solche Drogen bewirken bei mir nur Verstopfung, verstehst du.«

Der dicke Sid scheint ganz witzig zu sein. Er ist wegen »Lodes« hier. Als ich ihn fragte, was »Lodes« sei, leuchteten seine Augen. Wenn Abhängige über ihre Lieblingsdroge sprechen, wird's metaphysisch. Er sagte: »Du bist auf Tranquilizer abgefahren und weißt nicht, was ›Lodes‹ ist?« Es stellte sich heraus, daß »Lodes« eine Mischung aus vier starken Schmerztabletten und einer Schlaftablette ist, die eine heroinartige Wirkung hat und den Magen, wie bei Sid, abhängig gemacht hat. Wie hat mir diese Droge nur entgehen können?

Das Verrückte an der ganzen Sache ist, daß ich monatelang hundertprozentig clean war, während der ganzen Dreharbeiten zu »Sleight of Head« in London und im ganzen Urlaub. Aber sobald ich wieder zu Hause war: *Wumm!* Vier Wochen Drogen. Ich habe es gehaßt, wollte sogar aufhören, aber irgendwie konnte ich nicht. Es war, als wäre ich ein Auto, das von einem Verrückten gesteuert wurde. Ich wurde gefahren. Aber von wem bloß?

Fünfter Tag

Heute habe ich mir von Irene die Haare schneiden lassen. Irgendwie sieht's fürchterlich aus. Sie ist erst 20, aber ihre Haut ist vor lauter PCP und Heroin völlig ruiniert. Ihre Geschichten über Blackouts und Verhaftungen wegen Prostitution fesselten mich derart, daß ich gar nicht bemerkte, wie schlecht der Haarschnitt wurde.

Julie ist so quietschvergnügt, daß ich ihr dafür am liebsten eine runterhauen möchte. Und Roger und Colin, die beiden Typen, die nächste Woche hier rauskommen, werden schon beinah übermütig. Tatsächlich haben sie uns einiges voraus, weil sie fast einen Monat lang keine Drogen mehr genommen haben. Sie wissen jetzt *wirklich,* wie sie ohne Drogen klarkommen: große Fische im kleinen »Reha«-Tümpel!

Ich bin die ganze Zeit so aufgedreht, wie ein Hamster auf der Suche nach einem Rad. Die Angst davor, jemand könnte dahinterkommen und mich hassen oder über mich lachen, was am allerschlimmsten wäre, oder mich bemitleiden, frißt mich fast auf. Verzeiht mir, daß ich mir alles, was man sich nur vorstellen kann, gierig reingezogen habe, nur um es in Form von Muscheln und Percodan auf den Boden der Notaufnahme wieder von mir zu geben.

Natürlich weiß ich, daß man glaubt, es fehle mir an nichts, aber warum empfinde ich das bloß nicht so? Es ist, als hätte ich mich schlecht benommen und würde anhand von Belohnungen bestraft werden – ein unersättliches Püppchen, dessen innere Stimme sagt: »Guck dich doch an, wie verwöhnt du bist!

Komm, probier was *Neues* aus! Na, wie wär's denn mit dem? Oder vielleicht mit dem?«

Wer alles hat, sollte auch die Gabe besitzen, alles haben zu können. Vielleicht gibt es ein paar Leute, die *wissen,* wie man alles haben kann. Wahrscheinlich treiben sich die irgendwo in einer Gruppe herum und lachen über diejenigen von uns, die alles haben, aber nicht wissen, was sie damit anfangen sollen.

Optimistisch betrachtet, kann es mit mir von nun an nur noch aufwärts gehen. Aber ich war ja schon ganz oben und habe mich dabei immer wie eine Unbefugte, ein Zaungast gefühlt. Es scheint, als habe ich für das Glück ein Visum, für die Traurigkeit aber einen Paß, der nie verfällt. Wie ein leuchtender Faden durch ein dunkles Nadelöhr bin ich die letzten Jahre durch mein Leben geschossen, immer meinen Bestimmungsort ausleuchtend: das Nichts.

Sechster Tag

Es geht mir schlecht – ich fühle mich, als ob lauter Insekten in mir herumschwirrten. Heute habe ich meine Freundin Wallis angerufen und versucht, die Vermittlung dazuzubringen zu sagen: »R-Gespräch aus der Hölle, übernehmen Sie die Gebühren?«

Nachdem ich jahrelang nichts mehr gefühlt habe, erlebe ich jetzt ein Festival der Gefühle. Wenn die Wirkung der Medizin nachläßt, dann wirst du mit Gefühlen geradezu eingedeckt. Dabei handelt es sich keineswegs um die rundum angenehmen Gefühle. Nein, es sind die Gefühle, die man immer sorgfältig umgehen wollte, für die man sich fast umgebracht hat, um sie ja nicht hochkommen zu lassen. Es sind genau die Gefühle, die dir klarmachen, daß du nicht mehr wert bist als der Dreck an den Schuhsohlen von irgend jemand, und dieser Jemand ist nicht einmal interessant.

Ich habe mit meinem Agenten gesprochen, und obwohl ich mich sehr ungern so zeige, war ich am Ende völlig in Tränen aufgelöst. Ich heulte ganz ungehemmt vor meinem Agenten! Ich habe wirklich dagegen angekämpft, aber vergeblich. Dieses

Reservoir an »Weine nicht!«, das mir bei meiner Geburt mitgegeben wurde, habe ich aufgebraucht. Jetzt scheint sie gekommen zu sein: die Zeit des Weinens.

Ich habe kurz mit meiner Mama gesprochen. Ich befürchtete schon, sie könnte mir böse dafür sein, daß ich ein Chaos aus dem Leben, das sie mir geschenkt hat, gemacht habe, aber dann war sie doch sehr nett. Sie sagte etwas Tolles. Ich sagte, daß es mir hier schlecht ginge, und sie entgegnete: »Nun, als Kind warst du glücklich. Ich kann's beweisen, ich habe Aufnahmen.«

Irgend etwas muß schiefgelaufen sein. Zwischen dem, was sie mir gegeben hat, und dem, wie ich es angenommen habe. Aber was?

Siebter Tag

Wie alt muß man denn eigentlich sein, damit einem alles egal ist?

Sid schaute zu mir beim Mittagessen herüber und sagte: »Du siehst so unglücklich aus.« Irgendwie hat mich diese Bemerkung aus der Fassung gebracht, denn die Fotografie von mir, die ich in meiner Geldbörse herumtrage, zeigt das Portrait eines forschen, etwas ausgeflippten Mädels. Immer wenn alles um mich herum das Gegenteil heraufbeschwört, klammere ich mich um so fester an die Fotografie.

Wie konnte mir nur alles so gründlich mißlingen? Ich bin intelligent. Trotzdem muß ich die falschen Gehirnzellen benutzt haben, nämlich die, die sagten: »Nimm LSD und Schmerzmittel! Das ist eine prima Idee.« Ich war auf Schmerzlinderung und Bewußtseinserweiterung aus, aber bin schließlich bei Schmerzerhöhung und Bewußtseinsbeschränkung angelangt. Alles tut jetzt weh, und nichts gibt mehr Sinn.

Achter Tag

Drama auf »Drogenstation sechs«.

Irene ist aus der Gruppe geworfen worden, weil sie in ihrem Zimmer Dope geraucht hatte. Sie bot Carol, der Frau des Vertreters, etwas davon an, und Carol kam heulend zu mir und fragte, was sie tun solle. Ich sagte ihr, wir sollten es Stan, dem Therapeuten, der gerade Dienst hatte, sagen; was wir auch taten.

Stan ließ Irene kommen, und sie hatte einen wirklich herausfordernden Gesichtsausdruck aufgesetzt, wie jemand, der für sein Land etwas Großes getan hatte, dabei erwischt worden war und jetzt dafür getötet werden sollte. Carol heulte die ganze Zeit, und ich saß daneben und hielt ihre Hand. Stan sagte: »Irene, wir haben erfahren, daß du Dope geraucht hast.« Irene sagte: »Hm, ich wußte nicht, wo ich mich befand, als ich hier herkam; ob es nun eine Drogenklinik oder so was war. Das hat mich total verwirrt. Deshalb habe ich geraucht.« Stan sagte: »Es gibt tausend Entschuldigungen, aber letztlich keine zwingenden Gründe, Drogen zu nehmen.«

Die meisten Leute hier teilen dieses Bedürfnis, cool zu erscheinen. Es kann sein, daß sie unter Heroinentzug stehen, aber wenn man sie fragt, wie es geht, sagen sie: »Ziemlich gut, Mann! Häng so rum!« Die Antwort kommt zu schnell, und hinter einem Grinsen verbirgt sich einsame Verzweiflung, die einen über einen Abgrund anstarrt. Schlimmer als verletzt zu werden ist nur, wenn jeder weiß, daß man verletzt worden ist.

Neunter Tag

Da wär ich also beinah draufgegangen. Nicht zum erstenmal; wahrscheinlich ist das schon öfters passiert. Ich habe vergessen, wie oft und wann ich etwas genommen habe, geschweige denn warum. Habe ich nun eigentlich gefeiert oder bloß meine Sorgen ertränkt? Oder habe ich gar nur meine Sorgen gefeiert?

Heute morgen waren die Junkies in hellem Aufruhr. Die Hälfte von ihnen sagte zu Carol und mir kein Wort, weil wir Irene verpetzt hatten. Die andere Hälfte war der Meinung, daß man schon ganz schön blöd sein müsse, wenn man Dope in einem Drogen-»Reha« raucht. Um Licht ins Dunkel zu bringen, wurde eigens eine kleine Gruppensitzung einberufen. Hier gibt es niemanden, der seine Emotionen im Griff hat; ohne chemische Problembewältiger steht hier jeder ziemlich nackt da. Die

Gemüter kühlen sich zwischenzeitlich nicht ab, im Gegenteil, sie erhitzen sich immer *mehr*. Bart, der Schwule mit dem Sternzeichen Skorpion, hat mich im Tischtennisraum als Arschloch beschimpft.

Es kam raus, woher Irene das Dope hatte. Sie bekam es von einem der Typen, die hier putzen. In der Mittagspause hatte sie mit ihm im Treppenschacht gevögelt. Leute meines Schlages.

Zehnter Tag

Heute sind drei neue Leute angekommen. Marvin, ein ehemaliger Busfahrer in den Fünfzigern, ist wahrscheinlich wegen Alkohol hier. Wanda ist heroinabhängig und sagt, sie sei ein Mannequin – sie karrte ihr ganzes Make-up herbei, um es zu beweisen–, und Mark ist ein verrücktes Kind aus Vacaville – seine Droge kenne ich nicht, aber was spielt das schon für eine Rolle? –: ein wahrer Querschnitt sämtlicher Dorftrottel des ganzen Bundesstaates. Hier, an diesem Ort, landen schließlich alle einmal, von denen du früher auf Parties geglaubt hast, die seien nur total high.

Nach der Gruppe entschuldigte sich Bart bei mir, daß er mich als Arschloch bezeichnet hatte, und erzählte mir eine Geschichte aus der Zeit, als er Amylnitrat auf seine Hoden verschüttete, und seine Eier dann mit dem Laken verschmolzen. Er trug beides, Laken wie Eier, ins Krankenhaus, um sie dort wieder trennen zu lassen. Ich habe ihm gesagt, das sei eine gute Idee für einen Film im Fernsehen.

Wir aßen zu Mittag und sahen uns *The Outer Limits* an. Was Fernsehen angeht, haben Drogenabhängige alle den ziemlich gleichen Geschmack: Science-Fiction und MTV*. Eine bizarre Situation: Jeder tut so, als wäre er bei sich zu Hause, dabei sind wir doch in einer *Drogenklinik*.

* US-amerikanischer Fernsehsender, der rund um die Uhr ausschließlich Musik-Videos ausstrahlt, Anmerkung d. Übersetzers

Elfter Tag
Die Neuen sind raus aus der Entgiftung und haben sich unserer Gruppe angeschlossen. Marvin sagt, er sei kein Alkoholiker gewesen, aber finde es hier ganz nett. Er hält uns alle für interessant. Mir kommt es vor, als führe er im Auftrag von »Psychology Today« oder von »Bloopers, Blumpers and Bleepers«* eine Feldstudie durch, in deren Rahmen eine gesunde Person in eine Abteilung voller Abhängiger eingeschleust wird, um zu sehen, ob dies irgend jemandem auffällt.

Wanda war im Krankenhaus, um sich von einem Selbstmordversuch zu erholen (Kohlenmonoxyd im Auto). Sie bat ihren Dealer, ihr Heroin zu bringen, weil sie nicht schlafen konnte. Dann setzte sie sich im Krankenhaus eine Überdosis, sie mußte nur noch hier runter verlegt werden.

Mark kam durch seinen Bewährungshelfer direkt von Vacaville hierher. Er ist erst 19, sieht aber aus, als sei ihm fast das ganze Leben schon irgend etwas verschrieben worden. Seine blonden Haare sind fettig und in der Mitte gescheitelt, und er hat sehr wilde Augen. Wenn er die Gänge entlangläuft, streift er mit den Schultern an den Wänden entlang; Carl meint, die im Gefängnis machen es auch so. Mark war schon mal drei Jahre im Gefängnis, weil er sich bei einer Verhaftung gewehrt und einen Polizisten angegriffen hatte. Jetzt steckt er in einer Drogenklinik. Heute war sein Vater da und hat ihm ein paar Kleidungsstücke vorbeigebracht. Er schien darüber enttäuscht zu sein, was aus Mark geworden war.

Wahrscheinlich ist auch meine Mutter irgendwie darüber enttäuscht, wie ich mich entwickelt habe, aber sie zeigt es nicht. Heute kam sie vorbei und brachte mir eine glänzende Samtdecke. Wie ist es mir nur gelungen, die Entgiftung ohne diese Decke durchzustehen? Vor ihrem Besuch war ich nervös, aber dann ging alles gut. Sie glaubt, daß ich sie dafür verantwortlich

* Eine Unterhaltungssendung im US-amerikanischen Ferrnsehen, in der Mißgeschicke, Versprecher und andere Pannen, die bei Dreharbeiten oder Life-Sendungen passiert sind, gezeigt werden; vergleichbar mit der deutschsprachigen Sendung »Pleiten, Pech und Pannen«, Anm. d. Übers.

mache, hier zu sein. Aber eher mache ich dafür meine Dealer, meinen Arzt und mich selbst dafür verantwortlich, und das nicht unbedingt in dieser Reihenfolge. Meine Haare gefielen ihr nicht besonders, aber das ließ sie sich nicht anmerken. Sie sagte, sie seien »interessant«. Mit einem neuen Manager, meinte sie, würde mein Leben schon wieder in Ordnung kommen. Sie wusch meine Unterwäsche und ging.

In den letzten paar Jahren bin ich bestenfalls zu einem anerkannten Exzentriker, schlechtestenfalls zu einem Chaoten geworden. Würde ich die Leute nicht eher enttäuschen, wenn ich das Verhalten ablegte, das abzulehnen sie sich angewöhnt haben? Wenn sie versuchen, mich zurechtzuweisen, schalte ich auf stur. Sie erheben Einspruch, ich provoziere den Einspruch. Wir sind ein eingespieltes Team.

Julie erzählte uns heute von der Familie und den Bekannten eines Abhängigen, den Alanons. Sie sagte, sie würden immer stärker von dem Strudel mitgerissen, dem Alkoholiker zuzusehen, wie er langsam stirbt. Es könne ihren ganzen Lebensrhythmus bestimmen. Süchtig auf Süchtige. »Ein Alanon springt aus dem Fenster, und das Leben von *irgend jemand* flackert vor ihren Augen auf«, sagte Sid. Ich wünschte, ich hätte das in dem Moment gesagt, aber nur Geduld, das kommt schon noch.

Ich komme von dem Gedanken nicht los, daß alles weniger peinlich wäre, wenn ich jemanden heiraten könnte. Ich bin ziemlich eifersüchtig auf Carol, weil sie einen Mann hat. Ihr Aufenthalt hier scheint deswegen nicht so endgültig zu sein. Sie hat jemand, zu dem sie zurückkehren kann, mit dem sie zusammensein und an dem sie sich aufrichten kann. Meine Situation ist anders. Von mir wird nur verlangt, das zu sein, was ich bin. Bringe zwei Menschen – der eine im Anzug, der andere im Kleid – zusammen, dann können die doch gar nicht anders, als glücklich zu sein, oder? Außer ihre Kinder würden irgendein anderes Kind umbringen, oder so was in der Richtung.

Ich beneide Menschen, die die Fähigkeit haben, mit anderen menschlichen Wesen zusammenzusitzen und diese grenzenlos interessant zu finden. Ich schaue lieber fern. Sicher, der andere merkt das irgendwann. Einmal habe ich Jonathan gesagt, daß ich ihm mehr Beachtung schenken würde, wenn er ein besseres Programm drauf hätte. Mit einer Beziehungskiste ist es doch immer das gleiche: Anfangs kann man eigentlich nichts falsch machen, außer daß man sich nicht genügend sieht. Irgendwann kommt dann doch der Punkt, wo man einfach nur sagen möchte: »Laß mich in Ruhe, ja?«

Aber was spielt das schon für eine Rolle? Egal, mit diesem Haarschnitt würde mich eh keiner heiraten wollen.

Zwölfter Tag

So ein Milchbubi, den sie Brian nennen, wurde heute vormittag von seiner Mutter und seiner Tante angemeldet. Er trug einen roten zerknitterten Hut und stank nach Bier. Er ist ungefähr 18, und hat überhaupt keine Lust auf eine Drogenklinik. Schließlich ist Mittwoch abends Konzert angesagt.

Brians Bruder hat es im letzten Jahr bei einem Autounfall erwischt. Er lag auf der Straße, jemand nahm den Fuß von der Bremse, und er wurde überrollt, weil er zu besoffen war, um sich wegzurollen.

Sie schickten Carol, Bart und mich zu Brian, um ihn zum Dableiben zu überreden. Es beeindrucke ihn, meinte er, daß jemand wie ich wirklich hier in der Klinik bleiben wolle, er selbst wäre gerne auch Schauspieler, aber bleiben wollte er dennoch nicht. Er sagte, er sei zu jung, um mit Alkohol und Drogen aufzuhören, und daß es alle seine Freunde täten.

Er wußte wahrscheinlich, daß er ein Alkoholiker war – er soff den ganzen Tag, rauchte eine Menge Dope und besorgte sich Kokain, wann er nur konnte – und wußte doch, daß sein Bruder genau daran gestorben war. Und trotzdem konnte er nicht damit umgehen, was es heißt, in einer Drogenklinik zu sein. Er beschäftigte sich nicht damit. Er war sichtlich überfordert. Es konnte einfach nicht wahr sein und war deshalb auch nicht wahr. Also ging er wieder.

Das Ganze stimmte mich nachdenklich. Was habe ich früher an Energie vergeudet zu erklären, warum ich zu spät gekommen oder überhaupt nicht erschienen war, daß ich gar nicht richtig besoffen war, nur müde und völlig aus dem Rhythmus. Ich schaute den Leuten dabei nicht in die Augen, weil ich es nicht ertragen konnte, die Enttäuschung in ihren Gesichtern abzulesen. Das kostete schon eine Menge Energie. Könnte ich mich selbst als Drogenabhängige annehmen, würde mir all diese Energie zurückgegeben werden.

Gut, ich bin also drogenabhängig. Vermutlich werden jedem von uns in seinem Leben jede Menge Drogen zugestanden, aber ich habe meinen Gutschein einfach schon aufgebraucht. Dort draußen gibt es nichts außer Wirklichkeit. Das ist wohl Reife: stoisch reagieren zu können auf die unendliche Wirklichkeit. Aber andererseits, was weiß ich denn schon davon?

Dreizehnter Tag

Dies hier ist nun nicht gerade der Ort, den ich mir, als ich noch klein war, herbeigesehnt habe. Ich habe mich nicht in der Schule gemeldet und vor der Klasse erklärt: »Wenn ich einmal groß bin, werde ich in einer Drogenklinik landen, Kantinenessen verschlingen, *The Outer Limits* anschauen, heiße Rededuelle in Gruppensitzungen führen, im Park Volleyball spielen und alles tun, um meine Gefühle zu verdrängen.«

Heute habe ich mit Thomas telefoniert. Er hätte andauernd versucht, mich zu erreichen, es sei aber immer belegt gewesen – wir haben hier einen Münzfernsprecher. Er klang so ruhig und ausgeglichen, ganz anders als ich eben. Irgendwie hat sich in mir das ganze Entwicklungsdrama der Menschheit seinen Schauplatz ausgewählt, während mein Bruder die Freundlichkeit und Geduld eines Vogelliebhabers ausstrahlt. Er gehört zu den Leuten, denen man aufs Wort glaubt, wenn sie einem versichern, es gehe ihnen gut. Ich muß an die Szene in *Der Exorzist* denken, wo der Priester den Teufel im besessenen Mädchen anblickt und schreit: »Nimm mich!« Der Teufel verläßt die Seele des Mädchens und schlüpft in den Priester. Ich komme mir vor wie ein Exorzist, der alle Dunkelheit aufsaugt und in sich verströmt, während Thomas alle hellen – nun, vielleicht nicht die ganz hellen, aber doch zumindest hellere – Farben absorbiert. Er strahlt eine geradezu furchterregende Heiterkeit aus. Ganz gleichmäßig, leichten, abgerundeten Schrittes gleitet er durchs Leben. Ich sagte ihm einmal, daß das Großartige an mir als Schwester sei, daß er neben mir noch viel großartiger aussehen würde – weil ich doch so ganz anders sei. Er antwortete: »Das Tolle daran, dich als Schwester zu haben, ist, daß du der einzig mir bekannte Mensch bist, der für seine Gäste eine Rolle ›Tootsie Rolls‹ zu Hause hat.«

Sid sagte, daß nicht die Drogen sein Problem seien, sondern das *Leben*. Drogen seien die Lösung des Problems. Ich glaube, Sid mag mich. Morgens kommt er immer in mein Zimmer und hält mich so lange an den Füßen fest, bis ich hellwach bin. Ich mag es, wenn man meine Füße festhält. Selbst, wenn dieses »man« Sid heißt.

Marvin will noch immer nicht einsehen, daß er Alkoholiker ist.

Mark hat mir heute den Brief von Manson gezeigt. Das Ganze war ziemlich verwirrend – irgendwas über Rotholzbäume hat dringestanden. Mark hält Manson für extrem mißverstanden und für einen »coolen Typen«.

Vierzehnter Tag

Mark hat heute Sid bedroht. Niemand weiß etwas Genaues, aber Mark hat daraufhin »Haldol« bekommen, ein Beruhigungsmittel. In seinen Mundwinkeln zeigen sich jetzt Schaumbläschen, was sein Aussehen wüster denn je erscheinen läßt. Carol und Wanda kündigten an, sie würden vor ihre Türen heute nacht leere Dosen stellen, da man in Drogenkliniken keine Türen abschließen kann.

Carl ist stinksauer auf mich, weil ich ihm zehn Dollar angeboten hab, wenn er mal die Schnauze hält. Er meint, ich sei ein verdorbenes Filmpüppchen und hätte keine Ahnung vom wirklichen Leben. Vielleicht hat er recht damit. Manchmal komme ich mir vor, als würde ich mir die Nase an der Schaufensterscheibe einer Bäckerei platt drücken, wobei allerdings ich selber das Brötchen bin.

Fünfzehnter Tag

Heute ist eine Dame gekommen, um uns geistig wieder auf Vordermann zu bringen, ganz im Stile der »Anonymen Alkoholiker«. Sie hat uns eine Menge interessanter Geschichten erzählt. Zuerst hat sie uns erklärt, warum man Leute, die uns zu den AAs bringen, Eskimos nennt. Da saß also ein Typ namens Harvey in irgendeiner Bar hoch oben in Alaska. Dann kam ein anderer daher, Tony hieß er, und begann, dem Wirt von Gott zu erzählen. Harvey sagte zu Tony: »Glaubst du eigentlich das ganze Zeug?« Tony antwortete: »Ja, tu ich«, worauf Harvey erwiderte: »Hm, ich hab's auch schon versucht, die Sache mit Gott. Aber es ist ein Haufen Mist.« Tony fragte: »Was meinst du damit? Was ist dir passiert?« Harvey sagte: »Gut, hör zu! Ich steckte damals in diesem furchtbaren, *wirklich* furchtbaren Schneesturm. Das heißt, ich hatte mich verirrt und war am Abkratzen, total verzweifelt. Schließlich fiel ich auf die Knie und begann zu beten: ›Gott, wenn es dich wirklich da oben gibt‹, flehte ich, ›dann bring mich hier raus. Rette mich!‹« Da hörte Harvey auf zu reden, so daß Tony ihn fragte: »Und, was ist passiert?« Harvey erwiderte verächtlich: »Tja, nichts. Ein *Eskimo* ist gekommen und hat mich rausgeholt.«

Dann hat sie uns erzählt, wie ihre erste AA-Gönnerin an Krebs erkrankt war, und ihre Gönnerin hat an Gott geglaubt. Die Dame konnte nicht verstehen, wie die Gönnerin an einen Gott glauben konnte, der sie jetzt so leiden ließ. Und ihre Gönnerin erklärte: »Gott bürdet uns niemals mehr auf, als wir tragen können. Wenn er dir also viel aufbürdet, dann betrachte es als ein Kompliment. Dann glaubt er nämlich, daß du eine Menge ertragen kannst.« Was für ein überwältigender Gedanke! Den muß ich mir unbedingt ins Gedächtnis einbrennen.

Als ich in mein Zimmer zurückkam, standen Blumen von dem Typen da, der mir den Magen ausgepumpt hatte. Auf dem Visitenkärtchen stand, daß er genau wisse, was für ein sensibler Mensch ich sei. Ich mußte schon sehr sensibel sein, wenn ich so eine Menge Percodan nötig gehabt hätte.

Ich bin geneigt, ihn zu heiraten, nur damit ich den Leuten erzählen kann, wie wir uns trafen.

ALEX

... Schluß jetzt, mir reicht's. Mir reicht's wirklich. Ich hör auf mit dem Kokain. Wenn jetzt irgendeiner daherkäme und mir Kokain *anböte*, würde ich's sein lassen. Obwohl mir wahrscheinlich eh niemand mehr Kokain anbietet. Niemand bietet mir mehr Kokain an. Früher sind die Leute einfach freundlicher geworden, sobald sie gemeinsam gekokst hatten, aber heute, heute hortet nur jeder das Zeug bei sich zu Hause.

Meine erste Party ohne Drogen! Interessante Erfahrung! Als Kind bin ich ja immer nüchtern zu Geburtstagsparties gegangen, aber das ist schon eine Weile her.

Ob hier wohl irgend jemand Koks dabei hat? Steve, der Typ da drüben, sieht ganz danach aus. Normalerweise hat er was dabei. Ich kann den Typen nicht *ausstehen*, aber er hat immer beste Qualität...

Nein, ich habe geschworen, nie mehr Kokain zu nehmen, denn das letzte Mal war es so ein *Horrortrip* und... Aber es hat ganz gut angetörnt, anfangs wenigstens. Manchmal macht es halt Spaß. Mein Gott, Freud hat es doch auch genommen, so schlecht kann es doch dann gar nicht sein!

Aber jetzt, jetzt verpasse ich mir ein neues Ich! Jetzt bin ich plötzlich auf dem totalen Gesundheitstrip! Seit *vier* Tagen kein Kokain mehr! Ich mag es auch gar nicht mehr. Eigentlich hab ich's nie gemocht, es lag einfach so rum und ich hab's genommen. Ich war auch nie total drauf wie zum Beispiel Steve. Der ist wirklich total drauf. Für *ihn* ist es, glaube ich, schon ein Problem. Er kann einfach nicht aufhören. O. K., manchmal hört er eine Zeitlang auf, aber nie sehr lange. *Ich* kann es sicher, davon bin ich überzeugt. Eigentlich habe ich einen starken Willen, wovon ich bloß eine Zeitlang keinen Gebrauch gemacht habe. Mein starker Wille hat nur mal ausgesetzt, aber jetzt ist er wieder da, ich spür's genau. Ich bin sicher, daß sich's auch ohne Kokain ganz gut leben läßt.

So nebenbei, dieses gesunde Leben ist schon ein Ding. Ich find's gut, so bewußt zu leben. Klar, man sieht Leute, die angejoggt kommen, und denkt sich: »*Jiihhh!*« Aber das kratzt mich nicht mehr. Ich bin jetzt fast dreißig, und die Drogen gehören doch irgendwie zu meiner Vergangenheit. So gesehen, hatte ich eigentlich nie ein *Problem*, ich war nur *jung*. Ein Problem war es sicherlich nicht, es war nur ein bestimmter Lebensabschnitt, wo es *einfach* dazugehört, eine Menge Kokain zu nehmen. Und dann ist diese Zeit eben einmal vorbei.

Ich bin mir nicht sicher, aber ich glaube, es waren die schlechten Erfahrungen mit dieser Beziehung, die meinen Drogenkonsum ziemlich bestimmt hatten. Jetzt, wo Joan weg von mir ist, geht's mir wirklich ganz gut. Das heißt, ich *will,* daß es mir gutgeht. Heute bin ich in einen Laden gegangen und hab mir Chlorophyllsaft gekauft, so 'n grünes Zeug. Ich hab zwar davon Durchfall bekommen, aber heute abend geht's mir trotzdem recht gut. Ich habe das Gefühl, von vorne anzufangen. Man geht in so 'nen Laden, kauft Chlorophyll- und Karottensaft und sagt irgendwas. Ein neues Paar Turnschuhe hab ich mir auch noch gekauft. Ich möchte wieder laufen ... Heute morgen bin ich tatsächlich um halb zehn aufgestanden und hab meinen Heimtrainer direkt neben mein Bett gestellt. Wenn ich jetzt morgen früh aufstehe, brauche ich *nur* noch auf mein Fahrrad zu steigen, und los geht's. Zehn Minuten Bewegung reichen doch wohl. Anschließend geh ich dann vielleicht in dieses Bad in der Canyon Ranch; und dann dort das Mädchen meiner Träume zu treffen, das wär's. Ich denk mir, wenn sie eine wäre, die keine Drogen nimmt, dann würden wir doch zusammen logischerweise auch keine nehmen. Das würde mir sicher helfen. Das sind doch alles Sachen, die einem zeigen, daß es *weitergeht.*

Aber was mich schon ein bißchen beunruhigt, ist der Gedanke, es *ganz* aufzugeben. Ab und zu sollte man es doch genießen können. Wenn ich eine Zeitlang clean geblieben bin, ist es doch drin, das einmal auch gebührend zu feiern. Was sollte daran schon falsch sein? Steve macht das auch so, aber Steve hat ja auch ein *Problem.* Ich glaub, sobald ich das einmal unter Kontrolle gebracht habe, dann bin ich auch zu etwas fähig. Und den Anfang hab ich bislang auch Klasse hingekriegt. Mann, aber der Saft hat mir den Magen trotzdem ganz schön umgedreht. Ob wohl alles, was gut für einen ist, so scheußlich schmecken muß? Hoffentlich nicht, denn ich muß jetzt da wirklich durch.

Steve sieht schon jetzt ziemlich zu aus. Wie schrecklich das aussieht! Du siehst die Leute, wie sie total zu sind ... Mann, ist das traurig. Es schaut so *blöd* aus. Wenn ich mir vorstelle, daß ich mal genauso war ... Bin ich froh, daß ich jetzt auf der anderen Seite stehe. Es kratzt ganz schön an deiner Selbstachtung, wenn du dir vornimmst, keine Drogen mehr zu nehmen und dann doch umfällst. Entscheidend ist, davon bin ich überzeugt, nicht zu übertreiben und nur ganz wenig zu nehmen. Das schafft sicher nicht *jeder* – es gibt schließlich Typen, die *nichts* in Maßen tun können –, aber ich gehör sicher nicht dazu. In bestimmten Bereichen meines Lebens bin ich sehr genügsam, und mit ein bißchen Übung könnte mir das bei Kokain auch gelingen.

Gut, Kokain vielleicht nicht, aber gelegentlich könnte ich doch eine Speedtablette nehmen. Ich mag dieses Gefühl der Schwerelosigkeit, das ich habe, wenn ich Speed und Koks nehme. Klar, ich weiß schon, daß das unnatürlich ist, aber mit ein bißchen *Übung* ...

Mann, das tolle Gefühl ganz am Anfang! Wenn man wirklich *guten* Koks bekommt. Ab jetzt nehme ich nur noch *guten* Koks. Wenn ich welchen will, geh ich auf Nummer Sicher. Zu dem Dealer in Brentwood gehe ich nie wieder. *Nie wieder.* Das war wohl das Problem. Sein Koks verbrennt dir das ganze Gesicht, und da wird der Genuß zur *Tortur.* Ich nehme nur chemische Sachen, das brennt nicht so in den Schleimhäuten, und außerdem will ich besser auf meinen Körper aufpassen. Ich bin nämlich ziemlich außergewöhnlich, denn selbst in all den Jahren, als ich auf Drogen war, hab ich immer ab und zu Sport getrieben. Joan hat zwar deswegen rumgemeckert und behauptet, daß ich meinen Körper nur in Schwung halten wollte, um ihn dann wieder mit Drogen kaputtzumachen, aber ich halte das für ein wenig übertrieben. Auf jeden Fall bin ich besser dran als jemand wie *Steve,* der sich doch nur selber verheizt und sogar Hamburger und Zucker frißt. Ich esse nichts Krebserregendes, sondern trinke jetzt so ein paar Säfte ... Ich bin heute abgestürzt, aber ...

Ich bin *müde.* Wer ist denn die da drüben? Sieht gut aus ... Huuuh, ich will nicht schon wieder so 'ne Beziehung anfangen. Verdammt, ich bin *so müde.* Ich sollte nichts mehr trinken. Ich hätte gar nicht damit anfangen sollen, trinken bringt mich erst auf Kokain. Ich werde jetzt einfach *aufhören* zu trinken. O Mann, er sieht mich. Jetzt kommt er rüber. Ich sollte ihn gar nicht beachten, dann merkt er vielleicht, daß ich keinen Bock habe zu ...

»Tag, Steve, wie geht's? Ja, ja, mir geht's gut. Nein, es geht mir gut. So schlecht seh ich doch nicht aus. Mir war heute die ganze Zeit übel. Wie geht's dir? Anscheinend sehr *gut.* Nein, ich ... zur Zeit nicht. Ich habe aufgehört. Ja wirklich, und mir geht's super. Nein, ganz im Ernst.

Was meinst du damit: ›Hört sich nicht ganz sauber an‹? Mir geht's *echt gut*. Ich bin drauf und dran, das durchzuziehen. Nein, das richtet sich doch nicht gegen dich. Ich find's gut, wenn andere Leute noch auf Koks sind, verstehst du? Ich halte das nicht für Schwäche...

Nein, ich hatte *wirklich* kein Problem. Nur fing meine Nase an, zu... Keine Ahnung warum. Wahrscheinlich werde ich ab und zu mal ein bißchen nehmen. Aber jetzt nicht. Vielleicht... gut, vielleicht... Keine Ahnung, laß mich nur... Gibt's hier eigentlich was zu essen? O.K., ist vielleicht kein Ersatz für Dope, aber das ist – wer ist eigentlich das Mädchen da drüben? –, schon O.K., obwohl... Ich könnte... Nein, das ist... Ich bin nicht... Gut, gib mir 'ne Prise. Aber nicht mehr, auch wenn ich dich noch darum bitten sollte. Ist der Stoff auch gut? Kommt nicht aus Brentwood, oder? Gut, eine Prise.

(Schnüff) Mmmh! *(Schnüff)* Oh, super. *Phantastisch.* Mann, ist der gut! Verflucht gut! Brennt nur ein bißchen. Ist nichts beigemischt, was? Nein? Super! Nein, ich will wirklich nicht mehr. Ich kann jetzt damit umgehen, das reicht mir. Die Leute kommen auf eine Party, nehmen eine Prise Kokain, und das Eis ist gebrochen. So ist's richtig. Ich kann das jetzt auch. Ich brauche nur noch ein klein wenig davon.

Verdammt, geht's mir gut... Mir geht's wirklich gut, wenn ich daran denke, daß ich keine Drogen mehr nehmen will, das heißt, nur noch ein klein wenig. Schau, meine Hände zittern gar nicht. Mir geht's wirklich gut. Ja, ich *weiß,* ich sehe nicht besonders aus, aber ich konnte nicht richtig schlafen und hab den miesen Saft da getrunken.

Komm, laß uns zu dem Mädchen rübergehen. Ich will mit ihr reden. Wie heißt sie eigentlich? Lisa... und weiter? Was, sie ist eine Schauspielerin oder irgend so was? Ich *hasse* Schauspielerinnen. Obwohl, sie sieht ganz intelligent aus. Intelligente Leute tragen immer irgendwas Schwarzes. Mit welchem Typen spricht sie denn da gerade? Craig? Mann, ich will jetzt mit ihr reden. Mein Gott, das ist doch eine Niete. Die sollte lieber mit mir reden, ich bin der Richtige. Ich muß jetzt mit ihr reden. Gib mir noch was von dem Zeug, vielleicht geh ich dann rüber. Ich weiß schon, was ich gesagt hab, ist mir klar. Ich will doch nur noch ein klein bißchen. Was machst du jetzt da mit dem Stoff so rum? Du bekommst von mir schon was dafür. Ich will doch nur... Es ist so: Ich genieße mein Clean-Sein, indem ich nur ein ganz klein wenig nehme. *(Schnüff)* Mmmh! *(Schnüff) Jaaaa!*

Es müßte so was wie ein »holistisches Dope« geben, verstehst du, was ich meine? Du törnst dich auf völlig natürliche Art und Weise an, und es schadet dir überhaupt nicht! Wenn es mir mein Arzt doch nur wegen irgendeiner seltsamen Krankheit verschreiben würde! Aber das hier ist guter Koks. Wirklich guter. Wieviel hast du dafür bezahlt? Guter Preis. Wirklich guter Preis. Von wem hast du es? Ah ja, einmal hab ich von dem auch was Gutes bekommen. Ich kann mich an den Abend erinnern, als wir... Wir nehmen noch eine, ja? Nur noch eine.

(Schnüff) Aaahh! *(Schnüff)* Woooww! Nein, das ist nicht der Koks, das bin ich selbst! Ich war letzte Woche noch ziemlich erkältet. Ich glaube, es sind meine Nasennebenhöhlen. Ja, ich hab schon immer Probleme mit meinen Nebenhöhlen; in den letzten Jahren ist es schlimmer geworden. Ich muß wohl irgendwann mal zum Arzt gehen.

Ach nee, ich möchte sowieso nicht zu dem Mädchen rübergehen. Ich will mit dir reden. Ich glaube, wir können miteinander reden, wir haben doch was gemeinsam. Wir hatten bislang nicht besonders viel Kontakt miteinander, aber immer wenn wir uns gesehen haben, habe ich mich gut mir dir unterhalten, wirklich. Erinnerst du dich an die Nacht in Vegas? Damals hast du doch noch nicht gedealt, oder? Als jemand mal gemeint hat, du wärst ein Dealer, hätte ich ihn beinah umgenietet. Du bist ein guter Kerl. Ich mag dich wirklich.

Glaubst du, wir könnten von dem Zeug noch was nehmen? Mann, ich hör morgen eh auf, weil ich sowieso mehr auf mich achtgeben sollte. Puh, mein Herz klopft wie verrückt. Glaubst du, daß es aufhört, wenn ich noch was nehme? O. K., das klingt wie die typische Frage eines Kokainschnüfflers, aber ich glaub, wenn man eine bestimmte Menge nimmt und dann aufhört, dann kommt man zum höchsten Punkt und hat das Gefühl, *alles* in der Welt ist in Ordnung. Gott, ich liebe das Leben. Gibst du mir noch was?

Weißt du, ich brauch das einfach. Ich muß einfach testen, wie sehr ich das Zeug im Griff hab. Es ist doch blöd, wenn man plötzlich total aufhört mit dem Kokain. Die Lösung wäre doch, ich meine, die richtige Lösung, wenn man lernt, mit Drogen richtig umzugehen. Die Leute, die einfach so aufhören, die sind doch schwach. Die schauen sich Konzerte von den »Cocaine Anonymous« und solchen Leuten an und reden die ganze Zeit über Drogen, verdammt noch mal. Ist doch so, oder? Als ob sie nichts anderes zu tun hätten, als bloß mal eben keine Drogen zu nehmen. Mann, dann nehme ich doch lieber gleich wieder Drogen. Gibst du mir noch was?

O Mann, ist die Party langweilig! Ich bin ziemlich aufgekratzt... Gehen wir zu dir? Nein, Dann gehen wir zu mir. Komm, laß uns rausgehen, draußen ein bißchen rumlaufen. Hier ist niemand, mit dem ich was anfangen kann. Schau nur, wie sie alles in sich hineinstopfen. Gott, sieh dir diese Scheiße an, wie furchtbar! Komm, wir gehen nach draußen und quatschen ein bißchen.

Hab ich dir schon erzählt, daß ich die High school mit Auszeichnung bestanden hab? Ja, ich war ziemlich intelligent für mein Alter, eben ein frühreifes Kind. Ich weiß nicht, ich wollte schon immer was mit Schreiben zu tun haben, das hat mich schon damals interessiert. Aber eins kann ich dir sagen: Besonders aufregend geht es beim Fernsehen nicht gerade zu. Viel lieber würde ich Musik machen, aber ich kann kein Instrument spielen. Aber vielleicht lerne ich noch eins. Inzwischen könnte ich ein Instrument lernen, glaub ich. Spielst du ein Instrument? Ah, das ist interessant, sehr interessant. Wir spielen beide kein Instrument. He Mann, ich glaube, du und ich, wir haben beide eine Musikerseele, ich spür's. Du weißt schon, einfach so dasitzen und miteinander reden, wie Künstler eben.

Die in den schwarzen Klamotten da, vielleicht ist die eine Künstlerin. Ich wollte schon immer mit einem Mädchen befreundet sein, das Gedichte schreibt und in Jazzclubs geht, die mir ihr ganzes Leben öffnet und mit der ich einfach seelenverwandt werden könnte. Ob es so jemand wohl überhaupt für mich gibt?

Krieg ich noch was? Nur noch einmal, ich hab jetzt ein richtiges Hochgefühl. Wir könnten uns vielleicht noch ein bißchen was kaufen, was meinst du? Hier ist schließlich eine Party im Gang, und ich bin noch ganz klar. Wenn das kein Grund zum Feiern ist...

(Schnüff) Aaah! (*Schnüff*) Ooohh! Der hier ist irgendwie scharf, oder? Schwitze ich? Ich seh doch O. K. aus? Ich seh doch nicht etwa paranoid aus? Manchmal werde ich ganz paranoid bei der Vorstellung, ich könnte so aussehen. Ich will nicht, daß irgend jemand glaubt, ich sei paranoid. Eigentlich ist mir ja egal, was die Leute reden, aber manchmal... Es macht mir nichts aus, das zuzugeben. Ich bin doch auch nur ein Mensch. Es hat mich nie ganz kaltgelassen, was die Leute geredet haben.

Weißt du, ich mag das. Wir, du und ich, sitzen hier und quatschen einfach miteinander. Ist doch eine gute Unterhaltung, oder? Wir sollten alles auf Band sprechen. Was machst du denn eigentlich? Ah, du schreibst. Und worüber? Artikel über Stereoanlagen? Toll! Sollen wir uns noch was von dem Zeug reinziehn? Was, schon wieder alle? O. K., fahren wir nach Brentwood. Ja, ja, *normalerweise* hat er mieses Zeug, aber es ist nicht teuer und er ist immer da.

Blutet eigentlich mein Zahnfleisch? Ich habe so einen Geschmack im Mund. Anscheinend hab ich mir die Zunge blutig geredet. Vielleicht kriegen wir auch Mandrax, irgendwie fühle ich mich nämlich langsam ziemlich ... *unglücklich*, nicht im wörtlichen Sinn, aber irgendwie möchte ich doch woanders sein als hier, weiß aber nicht genau wo ... Laß uns nach Brentwood fahren. Ach komm, scheiß drauf, wir fahren nach Brentwood. Laß dein Auto hier, ich fahr dich dann zurück. Wieviel Briefchen Koks haben wir denn noch? Mist, komm, wir fahren nach Brentwood.

Mein Gott, hätte ich nur nicht diesen verdammten Saft getrunken, mir ist hundeübel. Mann, die sollten einem wirklich Anweisungen geben, wie man gesundes Essen zu sich nimmt. Was zuviel ist, ist zuviel, das gilt sogar für einen Gesundheitstrank. Aber wir sollten aufhören, von Übertreibungen zu reden, ich glaube, selbst in Maßen bringt es einem nichts. Immer nur Grünzeug, das kann doch gar nicht gut sein, oder? Gib mir doch noch was. Das ist der letzte, und dann steigen wir ins Auto und fahren nach Brentwood. (*Schnüff*). (*Schnüff*).

Was ist denn los mit dir? Du wirkst so angespannt. Alles in Ordnung? Mann, wie spät ist es eigentlich? Manchmal werde ich so nervös und weiß überhaupt nicht warum. Ich hab da mal was gehört, ›unbegründete Angst‹ oder so, das muß es wohl sein. Es gibt doch eigentlich keinen Grund für meine Nervosität. Ich fühle mich wohl in deiner Gesellschaft. Entschuldige, ich rede zuviel. Vielleicht ist das auch bloß die Nacht. O Mann, was für eine Nacht!

O Gott, wo kommt denn plötzlich der Typ her, den hätte ich glatt überfahren. O Gott! Gut, gut, ich fahre langsamer. Ich hab gar nicht gemerkt, daß ich schon 130 drauf hatte, verdammt. Komm, laß uns jetzt den Rest nehmen, falls wir angehalten werden. Was hast du gemacht? Alles selber genommen?

O Mann, ich hätte das nicht tun sollen. Ich hätte dieses ganze Zeug nicht nehmen sollen! Ich *hasse* mich. Warum habe ich das nur getan? Jetzt habe ich mir nicht nur von diesem Grassaft den Magen total verdorben, sondern auch noch dieses Scheißgefühl von dem Dope. Ob das Mädchen mit dem schwarzen Kleid wohl noch ... Das ist der Block, wir sind hier.

Mir geht's so schlecht. Warum habe ich das nur getan? Aber ich hab doch nichts Schlimmes getan? Wahrscheinlich war es das letzte Dope, es hat tatsächlich ein bißchen gebrannt. Jetzt kriegen wir was Besseres. Hoffentlich hat er was wirklich Gutes. Hoffentlich hat er Koks. Und vielleicht hat er auch ein Mandrax. Weißt du, wenn ich ... Mann, ich glaube, ich könnt jetzt gleich zwei Stück Mandrax gebrauchen ...

Was sagst du da, ich rede mit mir selbst? O. K., ist wahrscheinlich auch so. Was soll ich schon mit jemand reden, der Artikel über Stereoanlagen schreibt? Verdammt!

Komm, laß uns reingehen. Wir gehen einfach rein, ja? Wieviel Geld habe ich denn eigentlich dabei? Hundertzehn Piepen, das ist gut. Vielleicht nimmt er auch Schecks, wär toll. Obwohl ich das nicht gern mache. Was, wenn sie ...

Alex. Hier ist *Alex*!«

Ist dieses Arschloch denn taub?

»Hallo! He Mann, was ist los? Ja, ja, ich weiß, ist schon ziemlich spät. O. K., wir sind nur so rumgefahren und zufällig hier in der Gegend gelandet ... Du kennst Steve doch. Ja? O. K., können wir reinkommen? Danke.

Mmmh, hast du denn Koks da? Nur ein halbes Gramm? Was soll das, ich dachte, du bist *Dealer*? Kannst du noch was auftreiben?«

Mist, verdammter Mist!

»Gut, hast du Mandrax oder irgendwelche Barbiturate? Ich bin jetzt total nervös, Mann. Ich bin so kribbelig. O. K., gib mir das halbe Gramm und laß mal sehen ... Irgendwas, alles, was du da hast. Ich will einfach nur irgendwas. Und Steve will auch nur irgendwas.«

Verdammt, warum hab ich das nur getan? Gib mir doch einfach nur dieses halbe Gramm, ich nehm's und probier's aus, und dann sehen wir weiter. Ich muß herauskriegen, wie ich mich wieder beruhigen kann ... Ich will nicht mit diesen Typen zusammensein. Wer sind die überhaupt? Ich verachte diese Typen. Schau dir nur die *Haut* dieses Typen an, mein Gott, da wird man ja verrückt. Krabbelt da 'ne *Wanze* am Fußboden? Schau dich bloß mal hier um! Mein Gott, was für ein Loch! Was für ein mieses Loch!

Ich höre Stimmen, warum höre ich nur immer Stimmen? Moment, da ist der Koks, ganz ruhig. Ist doch keine große Sache. Nur ganz ruhig. Ich raff es nicht, ich glaub, ich kann nicht mehr fahren. Ich fühl mich wie ein Brandloch im Teppich. O verdammt! O Scheiße!

Geht etwa die Sonne schon auf? Nein, es ist wahrscheinlich nur... Das ist... das ist nur das Straßenlicht. Ich hoffe nur, die Vögel fangen nicht so bald an mit ihrem Lärm. Ich bring mich *um*, wenn diese verdammten Vögel anfangen, Krach zu machen. Ich muß jetzt dieses Mandrax haben, um mich ein bißchen zu beruhigen. Vielleicht sollte ich mal sein Badezimmerkästchen durchsuchen. Als Dealer wird ihm das wohl nicht passieren? Was soll's!

»Kann ich mal in dein Bad?«

Ich hasse den Typen. Mal sehen, was wir hier haben: Anakin, Afrin, Aktifed, Lomotil – klar, weil er die ganze Zeit Durchfall wegen des Baby-Abführmittels in seinem Kokain hat – Percodan! *Wow!* Zwei! Mit nur zweien kommst du nicht drauf, scheiß drauf, aber ich nehme die zwei trotzdem. »Endo 333«, super, meine Lieblingsdroge. Ich drücke lieber die Spülung, sonst hören sie, wie ich das Schränkchen schließe. O Mann, das tut gut. Obwohl ich schon so viel Koks genommen habe. Zwei Percodan mehr oder weniger spielen da auch keine Rolle mehr. Vielleicht sollt ich was Gesundes essen... Morgen werde ich sicher...

Genau, Mann, genau das ist es. Daran werde ich mich noch lange erinnern. Ich werde es mein Leben lang nicht vergessen, wie ich hier in Brentwood mit zwei Losern gewesen bin, mit denen ich rein gar nichts gemeinsam hatte, Drogen genommen und versucht hab, mich mit ihnen zu unterhalten. Ich könnte mich umbringen. Ich hasse mein Leben.

Das Percodan wirkt überhaupt nicht. Verflucht noch mal, hoffentlich hat er ein paar Mandrax da. Gott mach, daß er wenigstens ein Mandrax zu Hause hat!

»He Mann, jetzt nach dem Klo geht's mir besser. Hör zu, hast du nicht zufällig Mandrax da oder was in der Richtung? Ich weiß, ich hab dich schon danach gefragt, O. K., aber ich hatte heute einen ziemlich anstrengenden Tag. Ich habe da so einen komischen Saft getrunken und ... Keine Ahnung, vielleicht hat's was mit Astrologie zu tun, aber ...

›Ecstacy‹? Nein, aber gehört hab ich schon davon. Klar, wer noch nicht? Ist das Richtige, wenn du gerade mit Frauen zusammen bist, stimmt's? Tatsächlich, du kommst dadurch gut drauf? Ja, super, gib mir doch was davon. Wenn man dadurch gut draufkommt, super. Nein, ich bin eigentlich jetzt schon ganz gut drauf, *viel* zu gut eigentlich. Nein, laß uns, laß uns ... Gib mir eine davon. 'tschuldigung, ich wollte nicht grapschen.

Super! Die sind super, nicht wahr? Hast du irgendwas zum Runterspülen? Tequila oder so? O. K., Bier tut's auch. Wow! Und wann wirken die? Nein, seit dem Saft heute vormittag nichts. Tatsächlich? So schnell? Was ist denn da drin, hast du 'ne Ahnung? Irgend jemand meinte mal, es sei Heroin drin. Nein? Das ist gut, dazu habe ich nämlich keinen Bock. O. K., irgendwann habe ich mal ein bißchen davon geschnupft, aber zur Nadel würde ich nie greifen. Das macht einen wirklich zum Abhängigen. Ich bin eigentlich nicht so hart drauf!«

Mir ist plötzlich ein wenig übel. Der Saft wahrscheinlich!

»He, ist ja ganz hübsch hier. Irgendwie ist mir nie richtig aufgefallen, wie hübsch du eigentlich wohnst. Einfach freundlich. Keine Ahnung, ob man so eine Inneneinrichtung beschreiben kann, aber es sieht einfach so ... freundlich aus. Wenn man bedenkt, daß dies die Wohnung eines Dealers ist. Was ist das für Musik? Das ist phantastische Musik! Echt? Normalerweise mag ich ›Led Zeppelin‹ gar nicht. Mann, sehr interessant. Macht's dir was aus, wenn ich mich neben die Lautsprecher lege? Hast du ein Kopfkissen oder so was?«

O Gott, ich mach mich hier total zum Narren! Ich kenn die Typen gar nicht und liebe sie. Das müssen die Drogen sein, aber es ist ein ganz anderes Gefühl. Vielleicht liegt's am Percodan. Ich weiß schon, es ist schlecht, so viel durcheinander zu schlucken, aber dies scheint eine gute Mischung zu sein. Vielleicht war das genau das Richtige! Vielleicht sollte ich ab jetzt nur noch ein bißchen Kokain nehmen, oder vielleicht zwei Percodan und danach »Ecstacy«, und »Led Zeppelin« hören. Da könnte genau das richtige Rezept für mich sein. Als wäre überhaupt nichts gewesen, als hätte ich nie etwas genommen, als wäre ich clean geblieben. Das heißt, ich habe getrunken, aber das zählt doch eigentlich nicht. Wenn ich also in Zukunft eine Zeitlang clean geblieben bin und verspür dann dieses Kribbeln, dann gibt's nur eins: ich muß einfach mit diesen Typen hier zusammensein. Oh, ich liebe diese Typen.

O. K., ich will nicht mit ihnen ins Bett gehen, wenn mich auch die Vorstellung nicht gerade abstößt. Steve ist super, seine Haut ist zwar nicht toll, aber er hat einen Arsch wie eine Frau. Bis jetzt ist mir das nie aufgefallen. O Mann, ich bin so glücklich. Ich glaube, ich habe wieder eine Erfahrung gemacht.

»Steve, du darfst mich nie verlassen. Leute, ich komme ohne euch nicht mehr aus. Nie mehr!«

Ich möchte mich in gewisser Hinsicht mit ihnen verbunden fühlen. Ich möchte, daß sie spüren, wie ich empfinde. Vielleicht ist ihnen das peinlich. Ja, ich sollte mich einfach mehr von der Musik tragen lassen.

Das Mädchen in Schwarz ... Sogar die Party habe ich jetzt in guter Erinnerung. Vielleicht sollten wir ... Nein, dazu müßte ich hier weggehen. Ich könnte anrufen und das Mädchen herbestellen. Das wäre super.

Ich fühle mich eins mit allem. Ich erinnere mich, als ich einmal LSD nehmen wollte, erwischte ich das falsche Ende und nichts ist passiert. Vielleicht ist es hier ähnlich. Alles scheint genauso zu sein, nur schöner. Hier ist es viel schöner. Vielleicht sollte ich meine Wohnung auch so einrichten.

Meine Nase schmerzt noch immer. Vielleicht sollte ich nie mehr Kokain nehmen. Genau, ab jetzt nehme ich nur noch ab und zu »Ecstacy«. Das ist sicher besser für mich. »Ecstacy« ist erst seit kurzem illegal; dann kann es doch gar nicht so übel sein. Und keiner hat jemals gesagt, daß es schlecht ist. Man weiß einfach nicht, was mit einem passiert, wenn man es nimmt.

Warum bin ich nicht schon früher darauf gekommen? Ich bin so glücklich. Jetzt ruf ich einfach an und frag nach dem Mädchen auf der Party. Wie war doch gleich ihr Name? Nein, vielleicht sollte ich einfach ... Ob es wohl primitiv ist, sich in fremden Wohnungen einen runterzuholen? Ich richte mich einfach auf und ...

»Nein, nein, mir geht's gut, Mann. Ich muß nur aufs Klo. Was? Nein, ich hab mal Heroin geschnupft, aber ich würde es nie spritzen. Was, du würdest es für mich tun? Oh, dann wäre das ja wohl was anderes, oder? Und ich müßte nicht... Und du verpaßt mir nur ganz wenig, ja?«

Das hört sich ja ganz gut an. Heroin ist wie eine *Natur*-Droge. Obwohl, ich weiß nicht, verrückt ist es schon.

»Du stellst doch nichts Schlimmes mit mir an, oder? Du hast gerade so einen komischen Gesichtsausdruck. Ja sicher, ich vertraue dir. Aber gib mir nur ein bißchen. Wir fahren doch noch zurück, Steve, oder? Aber vielleicht versumpfe ich hier auch. Das wäre doch cool, oder? Ich mag Brentwood ganz gern.«

Ich kann's nicht fassen. Ich fang an auszuklinken. Das ist so verrückt. Ich hätte nie gedacht, daß ich so etwas tun könnte. Aber es wird das einzige Mal sein.

»O. K.«

O Gott! Jetzt versteh ich alles. Es ist so phantastisch. Schmatz. Es schmeckt wie Müsli. Scheiße, ich mag das Zeug wirklich. Es ist, als würde man in seiner Phantasie den Nil hinuntertrudeln; ein tiefes Meer in deinem Schädel. Das muß das Leben sein.

Macht mich das jetzt abhängig? Nein, ich feiere doch nur heute nacht. Was für eine wunderbare Nacht!

Ich nehme nie mehr Kokain. Vielleicht ein bißchen »Ecstacy«, ein bißchen Heroin, aber niemals wieder Kokain. Und morgen fange ich an, an mir zu arbeiten. Ich werde mit dem Rad trainieren. Vielleicht nachmittags. Hätte ich doch den grünen Saft nicht getrunken. Irgendwie ist mir übel.

»Ups, 'tschuldigung. Ich wisch es schon weg.«

O Gott, so leicht kam es mir noch nie hoch. Hätte ich doch bloß immer schon so kotzen können. Das tat gut.

»Jaja, nimm nur mein Auto. Ich warte hier. Ich... bin... hier...«

So ein nettes Appartement hier. Alle Menschen sollten sich lieben. Das meine ich wirklich.

Ich habe mich schon lange nicht mehr so entspannt gefühlt. So entspannt war ich eigentlich noch nie. Es ist, als hätte mich Jesus in die Tasche gesteckt und wäre mit mir endlos über das Wasser gewandelt.

Meine Eltern waren so glücklich, als sie mich bekamen. Das ist einfach... alles. Meine Zähne fühlen sich so weich an. Genau deshalb nehmen die Leute das Zeug. Es wär doch auch gar nicht so schlecht, wenn man an wirklich gutem Heroin krepiert. Mir wär's egal, wenn ich noch zwei Wochen lebe und dann endlich sterbe, durch solch ein Heroin. Obwohl, ein paar Jahre noch leben, das wäre auch nicht schlecht. Eigentlich kann man dazu doch nicht einmal Droge sagen. Es ist doch einfach nur die Antwort auf die Gesellschaft, in der wir leben.

Was diese Kunststudentin wohl auf der Party gesucht hat? Sie hatte so weiches, silbriges Haar. Sie schien sich für alles so zu interessieren, als wolle sie nur im Hier und Jetzt leben. Und jetzt weiß ich, wie sie empfindet. Das ist einfach ... perfekt.

Wenn sie jetzt hier wäre, das wäre wie Adam und Eva. Wir würden aus diesem Appartement ein Paradies machen. Überall, wo wir sind, wäre das Paradies. Und ich könnte wirklich mit meinem Herzen sprechen. Es geht nur darum, den richtigen Menschen zu finden. Wenn sie jetzt da wäre, dann würde ich sie halten, einfach nur halten, ganz lange, so als seien wir Zwillinge, die darauf warten, hier in diesem Appartement in Brentwood geboren zu werden.

Wahrscheinlich ist sie meine Seelenverwandte. Wenn ich nun meine Seelenverwandte getroffen hätte und nie mehr wiedersehen würde? Aber wir trafen uns doch und haben uns im Astralflugkörper, in dem wir dann geflogen sind, geküßt. Jetzt fliege ich auf sie zu. Wenn sie meine Seelenverwandte ist, und ich bin überzeugt davon, dann werden wir uns wieder treffen. Wir treffen uns immer wieder. Es gibt keine speziellen Treffpunkte für Seelenverwandte. Sie sind immer zusammen und niemals getrennt.

Wir werden ein Kind haben und es mit Heroin großziehen, so daß seine Kindheit glücklich sein wird. Und ich werde lauter schwarze Hemden und T-Shirts für das Kind kaufen. Und sie wird Bongos in einem Jazzclub in East Village spielen, während ich Gedichte der »Stream-of-Consciousness-Poesie« rezitiere, die jeder für brilliant hält. Ich bin brilliant. Ich bin phantastisch.

Manchmal frage ich mich wirklich, ob ich nicht der Messias bin, aber ich scheine mich noch nicht richtig in diese Rolle hineingefunden zu haben.

Welche Farbe wohl die Augen von Jesus hatten? Und ob er eine Brille gebraucht hat?

Er hatte so ein liebes Gesicht ...

SUZANNE UND ALEX

Sechzehnter Tag

Heute kam ein neuer Typ an, Alex heißt er. Sieht ziemlich gut aus, irgendwie wie Heathcliff. Vor einer Stunde soll er einen Anfall gehabt haben. Sam, der dabei war, meinte, es sei ziemlich beeindruckend gewesen.

Carl hat mir erzählt, Sam hätte wegen einer Vergewaltigung im Gefängnis gesessen. Ich habe mit einem »Oh« darauf reagiert. Beiläufig habe ich dann Sam selbst danach gefragt, und er meinte, er sei gelinkt worden, eigentlich sei es sein Freund gewesen. Ich habe ihn gefragt, was er denn gemacht hätte, bevor er im Knast war. Er sagte, er habe Konzertkarten auf dem Schwarzmarkt verkauft, unter anderem auch für das Konzert eines meiner Exfreunde; geradeso als wollte er sagen: »Was für ein Zufall, daß wir uns schließlich begegnet sind.« Sam hat's nicht gerade mit Schwulen und kann deshalb Bart überhaupt nicht leiden. Er nennt ihn »Barf«.*

Wanda hat mir erzählt, daß sie beim Sex gerne gefesselt wird und die Kleider vom Leib gerissen bekommt. Sie sagte, das mache sie wirklich glücklich. Ich weiß nicht, was mich glücklich macht, aber Wandas Glück kommt mir nicht bekannt vor.

...Dieses verdammte Arschloch von Steve! Wie hat er nur die Nummer von meinen Eltern herausbekommen? Und wie haben die mich in eine Drogenklinik bringen können? Mann, das ist vielleicht demütigend.

Jetzt habe ich also eine Überdosis genommen. O.K., ich kann's nicht leugnen. Früher habe ich nie Heroin gespritzt. Ich habe ihnen gesagt, daß ich es nie mehr tun werde. Ich war auf dem »Ecstacy«-Trip und habe geglaubt, alles wäre O.K. Ich war einfach offener für das Heroin nach dem ganzen »Ecstacy« und dem Percodan. Deshalb

* Barf = Kotze, Anm. der Übersetzer.

werde ich kein »Ecstacy« mehr nehmen. Ich hab's doch eigentlich nur genommen, weil er kein Mandrax hatte. Ich muß hier raus.

Wie konnte mir das nur passieren? Wie konnte mir das nur passieren? Ich bin hier unter lauter *Drogenabhängigen*. Es ist so erniedrigend. Ich sage ihnen die ganzeZeit, daß ich nicht abhängig bin, aber sie lachen mich nur aus. Mein Problem sind nicht die Drogen, es waren doch nur diese beiden Drogen, die alles andere eingeleitet haben. Hoffentlich haben sie Joan nichts erzählt.

Entgiftung! Ich habe doch nur einmal Heroin genommen, wovon werde ich denn jetzt entgiftet? Meine Mutter – Gott, war die aufgebracht – hat was von Alkoholentzug gesagt, aber ich habe doch gar nichts getrunken... Gut, jeden Tag ein paar Schluck, aber noch nicht in dem Maß, wie sie's hier annehmen. Ich kann gar kein Alkoholiker sein. Das ist völlig verrückt. Ich bin doch erst 29 Jahre alt.

Und dann wollen sie, daß ich zu diesen Treffen gehe, zu diesen Anonymen Alkoholikern. Ich mag keine Gruppen. Ich will allein sein. Ich bin von Natur aus eine Einzelgängerin. Ich kann mir schon vorstellen, was für ein Abschaum dort herumhockt. Greg Friedman ist immer zu Gruppensitzungen gegangen, und sogar der hatte bald genug. Er sagte: »Mit der Hälfte dieser Leute hätte ich niemals Drogen genommen. Wie soll ich dann mit ihrer Hilfe clean werden?« Er ist zwar später dann an Kokain krepiert, aber das hab ich ihm abgenommen.

Es ist ein Zeichen von Schwäche, sich auf Gruppen zu verlassen. Jeder sollte sein Leben allein meistern! Jeder hat es doch selber in den Händen. Ist doch bekifft, wenn man mit seinem Kram an die Öffentlichkeit geht. Ich will nicht, daß mir irgend jemand gegenüber sitzt und die ganze Zeit über Drogen faselt. Ich finde das einfach blöd. Und was kommt dabei heraus? Du hörst mit den Drogen auf und beschäftigst dich einfach mit was anderem, bis du tot bist. Ich will mich aber mit Drogen beschäftigen, bis ich tot bin, wenn ich überhaupt irgend etwas bis zu meinem Tod machen muß. Man lernt doch schließlich aus seinen Fehlern; ist doch alles nur menschlich. Man muß erst ein paarmal auf die Schnauze fallen, bevor man weiß, wo's langgeht. Man wird doch aus Schaden nur klug.

Hätte ich doch nur was zum Rauchen hier...

Siebzehnter Tag
Heute ist mir aufgefallen, daß alle Leute, die mich irgendwie beeindruckt haben, es nicht geschafft haben: Marilyn Monroe, Judy Garland, Montgomery Clift, Lenny Bruce, Janis Joplin, John Belushi...

Solche Leute nennt man in unserem Kulturkreis dann Helden. Da steckt irgendwas dahinter – die Botschaft, daß es gar nicht so übel ist, sich auf diese Art und Weise umzubringen. Das machen nämlich alle interessanten, außergewöhnlichen Leute. Eine ziemlich verrückte Botschaft. Die meisten meiner Idole aus dem Show-Bereich – Entertainer, Schriftsteller oder Schauspieler – waren Alkoholiker, Drogenabhängige oder Selbstmörder. Ist doch seltsam. Und ich werde jetzt Mitglied in diesem Club. Das ist der Punkt, an den ich mich hier drinnen klammere: Mann, ich weiß jetzt Bescheid – wie all die Toten.

Das Verklären der Süchtigen!

...Du hältst es im Kopf nicht aus, Suzanne Vale ist hier! Daß die abhängig ist, hätte ich nie gedacht. Sieht ein bißchen aufgedunsen auf, aber sonst ist sie ganz niedlich.

Hier ist alles ziemlich uncool. Es muß zwar nicht immer alles cool sein. Das hier ist für manche Leute vielleicht ganz gut, aber... *Schau* sich einer diese Typen an! Ich habe doch nichts mit denen gemein, außer vielleicht mit Suzanne. Sie ist jetzt ein paar Wochen hier und scheint voll dazuzugehören. Aber sie ist eben eine Schauspielerin. Schauspieler scheinen sich überall anpassen zu können. Ich werde mich hauptsächlich mit ihr unterhalten. Wär super, wenn wir uns ineinander verlieben würden. Dann könnte ich es ihnen zeigen: ich und Suzanne Vale verlassen als Pärchen die Drogenklinik!

Herrgott, dieser schwarze Typ! Wenn der nicht bald das Maul hält, drücke ich ihm nachts ein Kopfkissen aufs Gesicht. Wie kann man jemand wie ihn mit jemand wie mir zusammensperren? Es sollte verschiedene Kliniken geben: eine für Arschlöcher, und die andere für Leute, die einfach nur Probleme mit Drogen haben, aber keine Arschlöcher sind. Nicht daß ich persönlich Probleme mit Drogen hätte, aber schließlich muß ich hier einen Monat bleiben, und dann tue ich lieber, was von mir verlangt wird. Ich erzähle ihnen einfach, daß ich mich für drogenabhängig halte, weil ich sonst hier überhaupt nicht mehr rauskomme. He, wenn Suzanne Vale das kann, dann kann ich das schon lange.

Die hat einen wirklich tollen Humor. Aber den braucht man hier auch. Wirklich erstaunlich, daß jemand wie sie drogenabhängig ist. Wenn man hört, daß ein Star eine Überdosis genommen hat, dann klingt das immer, als wär das nur zum Spaß passiert. Das gehört einfach zum Mythos. Es ist, als wär's im Film passiert, wenn es einen Filmschauspieler erwischt hat. Bei mir war es vielleicht eine Überdosis, aber bei ihr muß das was ganz anderes gewesen sein. Ich wünschte mir, daß es bei mir so ähnlich wie bei ihr gewesen wäre. Auch ich hätte gern so eine Star-Überdosis gehabt. Hätte nichts dagegen gehabt, einmal Suzanne Vale gewesen zu sein.

Vielleicht gehe ich mit ihr mal in den Park und setze mich mit ihr auf eine Bank. Aber sie quasselt immer nur mit dem Schwarzen oder *hört* ihm zu. Mein Gott, wenn der anfängt zu reden, könnte ich davonlaufen... Seine Stimme klingt, als hätte er Helium oder sonst was Verrücktes verschluckt, total hoch und hohl. Der hört überhaupt nicht mehr auf zu reden. »Dazu möchte ich noch folgendes sagen.« Herrjeh!

Wie kann sie nur immer zu diesen Treffen der AAs gehen? Ich verstehe ja, warum irgendwelche armen Schweine da hingehen. Die wissen doch nicht, wo sie sonst hingehen sollen, aber... Wie halten die sich hier alle nur gegenseitig aus? Ich gehe nicht eher zu diesen Treffen, bis sie mich neben Suzanne sitzen lassen. Ich konnte noch gar nicht richtig mit ihr sprechen. Ich will nichts überstürzen. Ich will cool erscheinen, ich will, daß sich alles von selbst ergibt. Ich will keinen Mist bauen, nicht meine Spielchen treiben. Aber berühmte Leute mögen es nun mal nicht, wenn man ihnen auflauert, ihnen nachstellt und sie belagert. Das nimmt ihnen die ganze Lust.

Sie würde mich sicher mögen. Sie ist ziemlich freundlich und will von allen gemocht werden, was auch ziemlich nervig werden könnte. Wenn wir zusammen sind, muß sie sich das abgewöhnen, denn das würde mir ziemlich zusetzen. Nein, eifersüchtig bin ich nicht, aber es würde mir auf die Nerven gehen. Ich muß ihr dann einfach klarmachen, daß *ich* dann die erste Geige spiele.

Es kann schon sein, daß mir nicht klar war, wieviel ich genommen habe. Gut, ich geb's ja zu, ich habe zuviel genommen. Aber die können doch nicht erwarten, daß ich auch noch zu trinken aufhöre. Mit Kokain werde ich aufhören. Das ist auch nicht so schwierig. Ich hab ja schon mal damit aufgehört. Damals hatte ich ziemlich viel genommen. Ich hör einfach wieder auf, das macht mir nichts aus. Aber was mache ich, wenn ich auf einer Party bin und es wird auf jemandes Geburtstag angestoßen? Oder wenn mein Bruder heiratet? Soll ich denn auf meinen Bruder mit einem Glas Perrier anstoßen? Vergiß es! Gut, er ist erst vierzehn, aber trotzdem kann man von mir nicht erwarten, daß ich auf alles verzichte.

Die Frau, die andauernd den Kopf schief hält, wenn sie mit einem redet, Julie heißt sie, sagte, daß ich ständig die Unterschiede zwischen mir und den anderen herausstreiche, ja, daß ich wie besessen von diesem Gedanken sei, und daß ich lieber mal nach Ähnlichkeiten suchen sollte. Sieh dir die da an, sie überfrißt sich gerade. Das möchte ich nicht tun. Mein Gott, wann hört das hier endlich auf? Will man vielleicht, daß ich keinen Wein mehr trinke? Das ist doch absurd. Diese ganze Gruppe ist absurd. Sid, das fette Arschloch, hat versucht, mir weiszumachen, daß ich Alkoholiker wäre, wenn es keine Drogen gäbe. Das ist doch total daneben, und überhaupt, was soll das, Drogen gibt's nun mal, oder? Scheiße, ich bin dran.

»Ich? Ah so, ja, ich heiße Alex. Ich weiß wirklich nicht, was ich sagen soll. Puh... Ich bin hier... Warum ich hier *bin*? Ich bin hier, weil... Gut, ich hab da in Brentwood ziemlich viel Drogen geschluckt und dann Probleme bekommen... Auf ein paar Drogen hab ich empfindlich reagiert. Allergie und so... Ich hab niemals... Ich hab da Heroin genommen, das erste Mal in meinem Leben...«

Mein Gott, Suzanne muß glauben, ich bin der totale Vollidiot. Sie sagt da ganz frei heraus, sie sei drogenabhängig. Vielleicht sollte ich das auch einfach sagen. Vielleicht steckt da irgendwie was Männliches drin.

»... Deshalb glaube ich ja, man kann sagen, daß ich mit Drogen Probleme hatte. Und mit Alkohol. Ich trinke Alkohol, klar, aber erst muß ich mehr darüber wissen, um zu verstehen, daß ich Probleme damit habe.«

Das klang gut. Mann, das klang wirklich gut.

»Ich weiß, ich neige manchmal dazu, ein bißchen zuviel zu schlukken. Ich hab's schon öfter getan. Selbstverständlich bin ich auch bereit zu lernen, wie ich diese Gier zügeln kann. Ich bin echt froh, hier zu sein. Gut, glücklich bin ich nicht, aber ich bin nun mal hier, und ich werde versuchen, das Beste daraus zu machen.«

Das klang unheimlich cool. Und sie hat mich dabei genau angesehen. Die mag mich. Die sieht, daß ich offen für alles bin, daß ich ein echter Kerl bin, aber trotzdem empfindsam und mir meiner Gefühle bewußt. Sie muß die Entwicklung, die ich jetzt durchlaufe, doch anerkennen. Zuerst war ich wohl ein wenig wirr, kann sein, aber dann habe ich mich doch klipp und klar ausgedrückt. Ich machte den Eindruck, als hätte ich alles im Griff, was... Seien wir ehrlich, selbst an einem fertigen Typen wie mir, ist doch noch was Romantisches. Aber eigentlich bin ja nicht ich, sondern alles hier um mich rum ist ziemlich fertig.

Dem Image der Klinik hier täte es doch sicher gut, wenn herauskommt, daß Suzanne Vale die Bekanntschaft eines bedeutenden Fernsehautors gemacht hat. Auch ihrem Ruf könnte es bestimmt nicht schaden, wenn bekannt würde, daß sie mit einem Autor ausgeht. Es würde ihr doch mehr Seriosität verleihen.

Sie ist ziemlich witzig und hat tolle Augen. Was glaubt denn Stan, dieses Arschloch von Therapeut, eigentlich, wer er ist? Dauernd quatscht er sie blöd an, weil sie angeblich ihren Humor als Waffe einsetzt. Eine »liebenswert-kriegerische Waffe«. Wir sind doch hier, weil wir Probleme mit Drogen haben, und nicht, um auseinandergenommen oder abgeklopft zu werden. Das sollen sie mal mit mir probieren. Dem Typen würd ich's schon zeigen. Die sind nur sauer, weil sie hier ständig bleiben müssen, aber Suzanne irgendwann rausgeht und einen Film über den Laden machen wird. Vielleicht werde ich darüber schreiben. Mann, das alles hier könnte sich wirklich bezahlt machen.

Ob Ficken hier wohl erlaubt ist...?

Achtzehnter Tag

Sid hat heute seine Abschlußprüfung bestanden. Es wurde eine kleine Abschiedsfeier gegeben, um ihn wie eine torkelnde Schaluppe wieder in die Wirklichkeit zu entlassen. Das Ganze war schon ziemlich bewegend. Alle Junkies saßen in einem großen Kreis auf Stühlen im Fernsehraum. Man ließ eine Münze herumgehen, und jeder sagte – oder versuchte es zumindest – etwas Ermunterndes oder Intelligentes, damit die Münze Sid Glück bringen würde. Mir fiel nichts ein, also sang ich: »I've gotta be me.« Carol heulte.

Ich heule fast nie. Irgendwie spare ich mir die Gefühle auf, so als ob ich was Bestimmtes mit ihnen vorhätte. Ich warte auf den passendsten Moment und dann zack! Ich explodiere dann in einer grellen Lichtshow aus Gefühlen und Empfindungen – eine in zarten Schattierungen leuchtende Piñata voller angestauter Leidenschaft. Aber bis es soweit ist: keine Träne wegen Sid.

Obwohl, wie er mir die Füße gehalten hat, das wird mir schon abgehen. Normalerweise vermisse ich die Leute nicht als Person, sondern nur das, was sie so tun:

Wie sie ihre Hüte tragen
Wie sie meine Füße zusammenquetschen
Was sie getan in vergangenen Tagen
O nein, o nein . . .

Ob ich wohl jemals wieder weinen kann? Und was könnte mich so weit bringen? Wenn ich sehe, wie Heathcliff, Cathys toten Leib in den Armen, ins weite Land hinausblickt? Die Erinnerung daran, daß mein Vater meinen zwölften Geburtstag vergessen hat? Wenn das schöne Gefühl, immer wenn Sid meine Füße gehalten hat, plötzlich wieder in mir hochkrabbelt, gerade wenn ich mitten im Verkehrsstau stehe?

Dieser neue Typ, Alex, mag zwar ganz gut aussehen, aber er scheint auch ein Arschloch zu sein.

. . . »Ich bin Alkoholiker.« »Ich bin Alkoholiker.« Warum muß jeder hier die ganze Zeit darüber sprechen und sich damit erniedrigen? Ich zum Beispiel bin Löwe, warum reden sie denn nicht darüber? Die sollten das Gute aus jedem von uns ans Licht bringen, und nicht den ganzen Mist. Warum gibt es hier keine positive, aufbauende Einstellung?

Ich geh rüber und rede mit Suzanne. Vielleicht könnten wir heute sogar zusammen essen. Ich möchte mit ihr reden...

Wer sind die hier denn alle? Wanda zum Beispiel ist ganz hübsch, aber dieser Typ, wie heißt er doch, Sam, hat mir erzählt, daß sie versucht hat, sich umzubringen. Ich mag Suizide nicht. Es ist doch ein klares Zeichen von Schwäche, wenn man sich zuerst betäubt und dann im Krankenhaus eine Überdosis nimmt. Woher wissen die das alles eigentlich voneinander? Ist denn jedermanns Krankenbericht zu jeder Zeit für jeden einsehbar? Wir könnten genausogut immer neue Infos rumgehen lassen. Verdammt, hier gibt es keine Privatsphäre...

Eine Sache gibt's, die ich noch nicht ausprobiert habe, aber wette, daß es klappt: Hypnose. Das könnte die Lösung sein. Und ich könnte in eine Gymnastikgruppe gehen, das heißt in die, in die ich schon eingetragen bin. Aber irgendwie habe ich keinen Bock, weil dort lauter Schwule sind. Aber vielleicht kann ich mich mit jemand anfreunden und mit ihm gemeinsam Gymnastik treiben. Und es mit Hypnose versuchen. Man kann tausend Sachen machen, bevor man in einer Gruppensitzung landet. Ich will einfach nicht für den Rest meines Lebens eines dieser AA-Mondgesichter abgeben.

Obwohl, Suzanne geht ja hin... Die scheint dafür ja offen zu sein. Mit ihr würde ich sogar zu solchen Treffen gehen. Dann wär's auch gar nicht so schlimm, wenn meine Freunde dahinterkommen würden. Ich könnte dann sagen: »He, was wollt ihr? Ich bin da nur hingegangen, weil meine Freundin Suzanne Vale auch dort war.«

Hoffentlich erzählt niemand Joan, daß ich hier bin. Die würde wahrscheinlich nur sagen: »Ich hab's gewußt, ich hab's schon immer gewußt.« Blödes Weib! So oft, wie sie immer geglaubt hat, war ich nie zu. Ich bin nur von Natur aus etwas übersensibel.

Mein Vorgänger bei Joan war auch ein Drogie. Das heißt... *Er* war ein Drogie. Ich mochte nur Drogen, er aber war ein *Drogie*... Joan geht mit Leuten aus, die Drogen nehmen, um ihren Missionarszwang loszuwerden. »Joan D'Arc«, die heilige Johanna, Schutzheilige der Süchtigen. Und immer, wenn ich mir etwas Gutes tun wollte, hat sie mich prompt verarscht. So hat sie mich zum Beispiel, als ich mir einen Heimtrainer zugelegt hatte, »Mister Gesundheit« genannt und gefrotzelt, ich würde das eh nie benützen.

Alles konnte ich ihr gegenüber eh nie sein. Als ich einmal gelesen hatte, daß Aluminiumdosen die Ursache für die Alzheimersche Krankheit wären, habe ich versucht, sie davor zu warnen. Sie aber meinte nur: »O Mann, du bist die reinste Giftmüllhalde und versuchst, mich wegen meiner Diät-Limo anzumachen?«

Sie konnte es nie ertragen, wenn es mir mal gutging. Wenn wir zusammen waren, schien sie immer irgendwas Witziges zu erwarten; während sie mich beäugte, hielt sie den Kopf leicht nach hinten und zog die Schultern an, so daß ich mir immer auf frischer Tat ertappt vorgekommen bin. Dabei hatte ich einfach nur Drogen genommen, mehr nicht. Sie hätte sich doch um ihren eigenen Kram kümmern können. Mann, bin ich froh, daß das vorbei ist. Jetzt kann ich wieder frei durchatmen: Aaaahhh! Hoffentlich kriegt sie nicht raus, daß ich hier bin. Mehr will ich gar nicht. Ich kann sie schon hören, wie sie sagt: »Ich hab's dir doch immer gesagt. Ich hab's genau gewußt. Blablabla.«

Mit Suzanne wäre das alles ganz anders. Die könnte nie mit dem Finger auf mich zeigen, denn schließlich ist sie selber an so einem Ort gelandet. Joan ginge es bestimmt nicht gut, wenn sie hörte, daß ich mit Suzanne Vale ausgehe. Aber ich will hier nichts überstürzen. Ich will nicht, daß jeder gleich merkt, was los ist. Ich glaube nicht, daß sie merkt, wie ich sie die ganze Zeit anschaue. Ich sitze ja auch nicht in der Gruppe neben ihr, oder beim Mittagessen an ihrem Tisch. Ich bleibe immer auf Distanz, lasse die Sache ganz cool anlaufen. Das ist sicher die beste Taktik. Wahrscheinlich ist sie es gewohnt, daß sich ihr die Leute an den Hals werfen. Ich dagegen halte mich zurück und schau ein wenig traurig und empfindsam. Darauf wird sie anspringen – hoffe ich.

Vielleicht hat dies alles hier doch seinen Sinn. Ich kann jetzt mit meinem Leben wieder mehr anfangen. Ich werde eine Beziehung mit Suzanne haben, ich werde beruflich alles wieder ins Lot bringen und meinen Eltern das ganze Geld, das sie mir die letzten Jahre geliehen haben, wieder zurückzahlen. Genau, so mach ich's. Dann wird mich Dad auch nicht mehr so von oben herab mustern – er scheint das auch noch für witzig zu halten. Und Mom wird nicht mehr an mir herumnörgeln. Vielleicht kann ich mir dann auch eine größere Wohnung leisten und...

Mir geht's super! Das ist genau der richtige Moment, sich zurückzulehnen und nachzudenken, wie man sein Leben so richtig in den Griff bekommt. Irgendwie sehe ich jetzt alles viel nüchterner – vielleicht zum ersten Mal, wenn ich ganz ehrlich sein soll. Vielleicht engagiere ich mich sogar in der Politik, wer weiß...

Neunzehnter Tag

Heute abend hat ein neuer Typ eingecheckt. Er hat sich sogar selbst angemeldet, nicht ohne vorher allerdings in der Bar gegenüber noch ein paar Drinks hinuntergekippt zu haben. Als er hier ankam, war er bester Laune und trug ein lustiges Hawaii-Hemd. Er heißt Ted.

Als er sich bückte, um das Aufnahmeformular zu unterschreiben, fiel ein Kokainfläschchen aus seiner Tasche. »Huch«, sagte er, kicherte blöd und hob das Fläschchen wieder auf. »Meine gute Kokainflasche. Guck mal, der Löffel ist handgearbeitet. Er ist aus *Bronze.*« Lucille, meine Lieblingsschwester, nahm sie ihm aus der Hand und sagte: »Der ist wunderschön. So einen hab ich noch nie gesehen.« Er hat dann die ganze Lebensgeschichte seines Löffels erzählt, und Lucille hat ihm zugehört, als sei es die faszinierendste Geschichte über einen Kokainlöffel, die sie je gehört hat. Noch während sie ihn in sein Zimmer geführt hat, hat er versucht, ihr das handwerkliche Geschick, das zu seiner Fertigung nötig gewesen war, zu erklären.

Carl und ich waren Zeugen dieses Geschehens. Als sie außer Hörweite waren, meinte er: »Mann, ist doch egal, was es für ein Löffel ist, Hauptsache, Kokain ist drauf.« Ich mag Carl. Er kommt mir vor wie ein Discjockey aus der Hölle, wo es nur noch einen einzigen Sender gibt, den man nicht abstellen kann. Zweifellos hat er einen großen Einfluß auf die Leute. Alex fängt buchstäblich zu schwitzen an, wenn Carl ins Zimmer kommt.

Ich könnte schwören, daß Alex mich absichtlich übersieht. Er hat noch kein einziges Wort zu mir gesagt. Eigentlich habe ich nicht das Gefühl, daß mir etwas abgeht.

...Schau sich einer Suzanne an. Sie verhält sich, als würde sie sich voll auf den Mist hier einlassen, wobei sie doch offensichtlich genauso gelangweilt ist wie ich. Sie läßt hier nur alles über sich ergehen, um spätestens in zwei Monaten mit mir in einer Bar zu sitzen. Das ist es, genau!

Auf so was wie hier kann sich doch kein Mensch ernsthaft einlassen. Zumindest kein intelligenter Mensch. Ich kann mir beim besten Willen nicht vorstellen, was hier sinnvoll sein soll. Ich war ja jetzt auch bei diesen Treffen, also können sie nicht mehr einfach sagen: »Er hat doch bloß Vorurteile.« Ich war ja schließlich dort. Greg hat recht gehabt. Die sind alle langweilig, und man kriegt dort kaum Luft, weil alle paffen. Alle paffen und trinken Kaffee. Sind Nikotin und Koffein denn keine Drogen? Das kann doch *wirklich* nicht gesund sein.

Diese Julie. Wenn sie noch mal damit anfängt, von wegen wir sollten versuchen, Gemeinsamkeiten zu suchen anstatt Unterschiede herauszustreichen, dann bekomme ich einen Schreikrampf. Was kümmern mich denn Unterschiede? Das habe ich gar nicht nötig. Die sieht doch eh jeder. Ich habe nichts mit den Leuten hier gemeinsam. Ich bin in einer *völlig* anderen Situation.

Zum Beispiel dieser Carl! Diese Geschichte, die er im Park erzählt hat, wie er damals im Gefängnis gelandet ist – was für ein Idiot! Sogar Suzanne hat er damit angewidert. O Gott, und dieser Scheiß-Manson-Typ! Redet mit keinem ein Wort. Lungert die ganze Zeit herum. Dabei sieht er aus, als ob ihm beim Schnüffeln Leim in die Augen gekommen wäre. Mein Gott, er kennt Manson – den Manson – persönlich! Es ist doch ungefährlicher, draußen Drogen zu nehmen, als mit diesen Leuten hier keine Drogen zu nehmen.

Wenn der Typ da, Sam, noch einmal zu mir herkommen und den Arm um mich legen und noch mal »Kumpel« zu mir sagen sollte, dann beschwere ich mich ernsthaft. Aber bei wem denn? Bei Julie? Die hat immer so viel Parfum aufgetragen, daß ich niesen muß. Meine Nase ist noch immer entzündet von den ganzen Pollen und all dem Scheiß. Ich bin allergisch veranlagt. Deshalb kann ich mich nicht unter Leuten aufhalten, die zuviel Parfum auftragen. Was für ein Alptraum!

Dagegen Carol, die ist in Ordnung. Ich glaube, sie mag mich, was gar nicht so verwunderlich ist, da ihr Mann als Vertreter eh nie da ist. Hoffentlich verknallt sie sich nicht in mich. Ich hätte keine Lust, ihren Mann auf einer seiner Geschäftsreisen abzupassen und ihm zu erklären, warum ich es mit seiner Frau treibe. Das könnte übel ausgehen.

Ansonsten ist sie wirklich in Ordnung, mit ihren rotgefärbten Haaren. Das ist mir gleich aufgefallen, als ich letzte Woche hier ankam und sie gesehen hab: »Keine echte Rothaarige«, hab ich mir gedacht.

Wär nicht schlecht, bereits hier wieder ein bißchen mit dem Arbeiten anzufangen. Das gehört schließlich auch zum Leben. In der letzten Zeit habe ich nichts geschrieben, aber ich muß jetzt mit irgendwas anfangen. Wenn ich mit Suzanne zusammen bin, muß ich schließlich finanziell mithalten können. Ich will ihr nicht auf der Tasche liegen.

Scheiße, da kommt Sam. Mann, komm ja nicht hierher, laß dir bloß nicht einfallen, zu mir zu kommen! O. K., schau ein bißchen aus dem Fenster. Ein *Schwarzmarkthändler*, um Himmels willen! Was soll ich bloß mit jemand wie ihm gemeinsam haben? Der hat nicht einmal mit Konzertkarten gehandelt, die mich interessiert hätten.

Wenn ich doch nur ein Instrument spielen könnte....

Zwanzigster Tag

Heute hat Carl die Superstory erzählt, warum er im Gefängnis gelandet ist. Er wollte ein Kino ausrauben, ist ins Büro gegangen und hat der Sekretärin eine Knarre unter die Nase gehalten. Die hat ihm erzählt, daß nur der Geschäftsführer die Kombination für den Safe wüßte und daß der gerade nicht da sei. Carl sagte ihr, er würde warten. Kurz darauf kam der Platzanweiser zur Tür herein, und Carl mußte jetzt beide in Schach halten. Dann kamen zwei Kinder herein, die den Platzanweiser suchten. Dessen Mutter wartete draußen, um ihn heimzufahren. Schließlich kam auch die noch daher und schloß sich der munteren Gesellschaft an. Recht bald standen dann ungefähr 15 Leute in dem winzigen Büro und glotzten in Carls Knarre. Carl sagte, das Ganze sei grotesk und eine ziemlich heiße Sache gewesen.

Als der Geschäftsführer schließlich eintrat, ging die Alarmglocke los. Die Polizei kam, Carl machte sich aus dem Staub und wollte mit dem Auto verduften. Die Polizei schoß auf ihn, die Kugel flitzte genau durch Carls Afro-Look, worauf er in die Hose schiß. Dann mußte er auf dem Rücksitz des Polizeiautos mit vollgeschissener Hose sitzen, während sie seine Personalien aufnahmen. Ich fragte ihn, ob er uns auf den Arm nehmen wolle. Darauf er: »Mann, stell dir vor, da saust dir 'ne Kugel durch die Frisur, da würdest sogar du dir in die Hose machen, meinst du nicht?« Carl ist echt der Hammer.

Heute habe ich mit meinem Agenten geredet. Er würde es begrüßen, wenn ich eine Fernsehserie machte. Ich möchte irgendwas tun, womit ich die ganze Zeit über beschäftigt wäre. Frühmorgens aufstehen, so wie alle anderen den ganzen Tag arbeiten und dann todmüde ins Bett fallen. Das wäre die perfekte Ablenkung und der ideale Job für mich.

Schön wär's.

... Also gut, ich seh mir erst mal *The Outer Limits* und dann vielleicht noch *Star Trek* an, bevor ich zu dieser Scheiß Gruppentherapie gehe. Ich weiß, wir sollen eine Liste der Sachen machen, die wir genommen hatten, aber da können die sich noch so abzappeln, ich mach das nicht. Die ganzen Typen hocken da und sehen sich Basketball an. Ich hasse Basketball. Und dann schreien sie alle wie verblödete Machos. Ist mir doch wurscht, ob es um die Ausscheidungsspiele geht. Wir schauen uns immer *The Outer Limits* an. Das hat hier schon Tradition. Ich muß unbedingt hier raus.

Suzanne ist bei Carol im Zimmer. Warum die wohl immer zusammenstecken? Langsam glaube ich, Suzanne ist ein bißchen eingebildet. Glaubt die denn, sie hat es nicht nötig, mich anzusprechen? O. K., sicher, auch ich habe sie vielleicht noch nicht angesprochen, aber mit anderen hier unterhält sie sich doch auch – sogar mit einer ganzen Menge. Ich glaub nicht, daß ich einen so abweisenden oder unattraktiven Eindruck mache.

Julie hat mich ein bißchen in Bedrängnis gebracht, als sie sagte, daß ich mich in der Gruppe isoliere. Aber nicht ich isoliere mich, sondern die *anderen* hier ignorieren mich. Ich behaupte ja nicht, daß das Absicht ist, aber irgendwie merke ich schon, wie sie mir alle aus dem Weg gehen.

Aber was reg ich mich auf? Draußen hab ich doch genug Freunde. Aber warum kommt sie eigentlich nicht her und redet mit mir? Gestern habe ich gehört, wie sie mit ihrem Agenten telefoniert hat. Könnte ich doch auch nur ein geschäftliches Gespräch wie sie führen, dann müßte sie doch mitbekommen, wie toll und ausgeglichen ich bin. Dann würde sie auch auf mich zukommen und mich irgendwas Geschäftliches fragen.

Ja, genau. Genau das werde ich tun. Ich rufe ... Nein, ich werde niemand anrufen. Ich tu einfach so, als ob ich meinen Agenten anrufen würde. Carols Zimmer liegt gleich neben dem Telefon, und Suzanne ist bei ihr. Dann bekommt sie sicher mit, was ich rede. In Ordnung, das mach ich. Das ist eine gute Idee. Aber was soll ich denn sagen? Ich sag einfach, ich hätte eine Idee zu dieser Sache mit dem Drogen-»Reha« und ... Moment, ich sollte nicht gleich mit der Tür ins Haus fallen. Ich erwähne nur so beläufig, daß ich eine gute Idee hätte. Es muß ganz vage klingen. Nur nichts zu genau sagen. In Ordnung. Alles klar, jetzt aber ran, Mann!

Ach du Scheiße! Jetzt telefoniert Carl. Unglaublich, das ist wirklich unglaublich. O Mann, wie ich diesen Ort hasse. Wahrscheinlich spricht er gerade wieder mit seiner blöden Frau. Andauernd streitet er mit seiner Frau herum. Was geht denn mich dieser ganze Mist über sein verpfuschtes Leben an?

»He Mann, brauchst du noch lange? Ich muß geschäftlich telefonieren.«

Das klang wirklich super. Hoffentlich hat sie es mitbekommen.

»Danke, Mann.«

Ich wähl irgendeine Scheinnummer und sage ... Welchen Namen soll ich nehmen? Jeff ... Markoff.

»Jeff Markoff, bitte. Alex Daniels hier. Ja ... Jeff? Tag, hier ist Alex. Tut mir leid, daß ich erst so spät zurückrufe.«

Das klang total gut. Mann, sie kommt, sie kommt aus dem Zimmer. O. K., O. K., jetzt dreh ihr ganz zufällig den Rücken zu und rede laut genug, daß sie dich hören kann.

»Jeff, hör mal, es geht um die Idee, die wir Fox vorgeschlagen haben. Ich bin jetzt soweit, einen ersten Entwurf zu machen und ... Was, super! Das Ding ist geschaukelt! Ja, es ist immer belegt hier, andauernd telefonieren Leute. Ja, gut, ich warte hier, bis die Verträge kommen. Ja, ich unterschreibe, sobald ich hier raus bin. Super. Und wie geht's sonst? Gut? Bis dann. Mach's gut.«

Das war perfekt. Wirklich perfekt! Sie hat mich angesehen. Sie muß beeindruckt sein. Vielleicht gehe ich jetzt rein und schau mir ein bißchen Basketball an. Jetzt bin ich schon ruhiger, ich hab einen kleinen Schritt vorwärts gemacht. Jetzt weiß sie schon mehr über mich. Ihr ist jetzt klar, daß ich nicht irgendein kleines Arschloch in einer Drogenklinik bin. Ich habe einen Job. Und einen Auftrag, einen richtigen Auftrag. Einen Job, einen Auftrag und eine Zukunft.

Ist das ihr Lachen? Sie lacht die ganze Zeit, sie läßt sich's halt gutgehen. Bald verbringen wir zusammen eine schöne Zeit...

Einundzwanzigster Tag

Alex hat heute was ziemlich Erstaunliches getan. Als Carol und ich aus ihrem Zimmer gegangen sind, stand er am Telefon und hat total seltsam und laut gesprochen. Er kam mir fast vor wie eine weiße Ausgabe von Carl. Er hat irgend etwas über »Fox« und über erste Entwürfe gefaselt, aber als ich an ihm vorbeigegangen bin, konnte ich das Belegtzeichen aus der Ohrmuschel hören. Ich kam gerade noch ums Eck, dann mußte ich einfach losprusten. Er hat wahrscheinlich versucht, Eindruck bei uns zu schinden. Carol glaubt, daß er auf mich steht. Wahrscheinlich hat sie recht. Typen wie der stehn auf mich.

Carol und ich machen jetzt jeden Nachmittag Sport. Sie hat mir erzählt, wie perfekt ihr Ehemann ist, ja, wie bewundernswert, und wie glücklich sie beide sind. Irgendwann meinte ich: »Aber Carol, irgendwas muß doch faul mit ihm sein.« Sie zuckte mit den Achseln und sagte: »Er arbeitet 16 Stunden am Tag. Ich sehe ihn erst spät nachts, und nur sonntags bleibt er zu Hause bei mir und liest Manuskripte.«

...Der Film ist doch absurd. »Süchtig nach einer Koks-Line«, was für ein Titel! Herrjeh, und dann diese Trickfigur im Vorspann, ein Tänzer, der von irgendeinem Typen wie Koks geschnupft wird! Und die Leute, die sich im Halbdunkel über ihre Kokainprobleme unterhalten! Ich könnte wirklich was Besseres schreiben! Sobald ich hier wieder raus bin, tu ich's vielleicht wirklich. Ich schreibe ein Skript für einen wirklich guten Drogenfilm. Ich helfe damit einer Menge Leute. Ich werde dafür bekannt, daß ich Leuten helfe.

Mein Gott! Wa sollen denn das Mädchen und ihre Familie auf dem Sofa mit dem Blumenmuster? Das Sofa allein macht einen schon ganz krank und dann noch die Leute auf dem Sofa mit dem Blumenmuster, wie sie über Kokain faseln. Solche Probleme mit Kokain hab ich nie gehabt. Und mir sind nie Leute mit Knarren begegnet. Gut, einmal, in Las Vegas, das lagen ein paar Knarren im Zimmer rum, aber gejagt hat mich damit niemand.

Ich habe nie solche Leute getroffen, wie sie in dem Film gezeigt werden. Die sind doch alle viel älter, außer dem jungen Mädchen da. Wie soll ich mit solchen Leuten zu tun gehabt haben? Ich mein, da ist doch niemand in meinem Alter. Vielleicht gibt es solche Leute wirklich, aber dann sind es wirklich schreckliche Leute. Wenn man schon mit Laien einen Film macht, dann sollten sie zumindest interessant sein.

Mich zum Beispiel hätten sie nehmen können. Meine Geschichte ist doch gar nicht so übel. Ich habe zwar keine Drogenprobleme wie diese da, aber die Erfahrungen, die ich gemacht habe, sind doch so interessant, daß ich ruhig vor Gruppen darüber sprechen könnte. Manchmal spiele ich mit dem Gedanken, so was Ähnliches wie die AA aufzumachen – die »Anonymen Kokser« vielleicht. Ich mache dann einfach meine eigenen Kokain-Treffen, zu denen Leute kommen, die echt Bescheid wissen. Dorthin könnten dann nur Leute kommen, die wirklich was drauf haben; Suzanne zum Beispiel, vielleicht noch Carol und ihr Mann.

Suzanne redet immer noch mit Carol. Ich sollte mich einfach neben sie setzen. Wir könnten darüber sprechen, wie sehr wir diesen Film hassen und wie toll unser eigener dagegen werden wird. Wieviel Geld man wohl dafür...

Zweiundzwanzigster Tag

Heute abend sind sich Sam und Julie derart in die Haare geraten, daß Sam schließlich davongestürmt ist. Typisch Julie, sie hat ihn ziemlich herablassend behandelt. Sam ist dann rot angelaufen und hat sich aufgeplustert, als puste er einen unsichtbaren Ballon auf. Das Ganze hat sich zugespitzt, als er sich ereiferte: »Wie kannst du nur so mit mir reden? Für wen hältst du mich denn eigentlich?« »Für wen ich dich halte?« erwiderte Julie. »Für jemand, der in einer Drogenklinik sitzt. Für wen denn sonst?«

Sam flüchtete in sein Zimmer und donnerte einige Bilder gegen die Wand. Dann schnappte er sich die Brieftasche und einen Packen »Chee-Tos« und stürmte aus der Klinik. Julie rief Sams Frau Amy an und sagte ihr, daß sie sich auf ihren Mann einstellen könne. Ob er sich wohl vollaufen läßt?

Um halb vier haben Carol, Ted und ich uns *The Incredible Mr. Limpet* angesehen. Wir waren uns einig, daß Knott hervorragende Arbeit geleistet hat. Um so mehr waren wir darüber erstaunt, daß es offensichtlich keine Fortsetzung gibt. Wir beschlossen, uns um die Rechte für den Film zu kümmern, sobald wir hier raus sind.

Vielleicht sollte ich ein Kind kriegen.

Ob ich mich mal einarbeiten sollte? Nein, ich glaub nicht, obwohl... ein besserer Therapeut als Sam wäre ich allemal. Er ist zu jedem so unfreundlich. Speziell gegen mich hat der doch irgendwas! Ich finde das nicht fair. Die sollten einen hier ganz objektiv behandeln.

Es sollte ein *richtiger* Arzt hier sein. Lieber würde ich von einem Mediziner behandelt werden als von Amateuren, deren einzige Qualifikation darin besteht, daß sie vor acht Jahren eine Menge Drogen genommen haben und nun schon acht Jahre clean sind. Das ist doch zu wenig, was die an Qualifikation mitbringen.

Andauernd erzählen sie mir was von einer wirklich ernsthaften Lage. Gut, wenn es wirklich so scheißernst ist, dann sollten aber doch auch richtige Ärzte hier sein. Eine fachgerechte medizinische Behandlung fehlt hier doch völlig. Ich jedenfalls hab nicht das Gefühl, daß ich hier in den richtigen Händen bin. Ich weiß nicht, ob das hier alles gut für mich ist. Andauernd höre ich von Drogen, die ich bis jetzt nicht mal dem Namen nach kannte. Es kommt mir so vor, als stecke man Diebe mit Mördern zusammen – plötzlich werden diese selbst zu Mördern. Und ich werde jetzt zu einem Drogenabhängigen! Was wäre denn, wenn ich nun hier rausgehe und mir von irgendwoher »Lodes« hole, das Zeug, das Sid genommen hat. Bevor ich hierhergekommen bin, habe ich jedenfalls noch nicht gewußt, was »Lodes« ist.

Scheiß-Typen! Erzählen mir die ganze Zeit, daß ich nie clean bleibe, daß ich nie dagegen ankäme. Denen werd ich's zeigen! Ich schaff's! Auch ohne sie. Was, ohne ihre lächerlichen Treffen würde ich es nie schaffen? Daß ich nicht lache! Ich sollte lieber zu einem Arzt gehen als zu Treffen, bei denen Leute über mich zu Gericht sitzen, die schon eine Menge Rauschgift geschluckt haben. Ich mein, was soll das denn für einen Sinn haben? Ja, was soll das eigentlich? Ich habe keinen Bock, mit einem Haufen typischer Säufer, die sich die ganze Zeit Nikotin und Koffein reinziehen, in einem Raum zu sitzen. So habe ich mir jedenfalls mein Leben nicht vorgestellt.

Stan muß etwas gegen mich persönlich haben. Wahrscheinlich will er Suzanne vor mir abschirmen. Man hat ihr sicher was über mich erzählt – Stan, dieser Scheiß-Typ! Und dann Julie? Die mit ihrer Perlenkette! Manchmal möchte ich sie ihr regelrecht vom Hals reißen und den Perlen nachschauen, die den Gang hinunterhüpfen. Und dann ihr Parfum! Das haut doch den stärksten Mann um! Ich weiß überhaupt nicht, über was ich denn eigentlich mit diesen Leuten reden sollte. Oder warum soll ich mir denn eigentlich blöde Filme über eine Couch mit Blumenmuster, diesen verständnisvollen Eltern, der fertigen Tochter und der Gruppentherapie ansehen?

Gruppentherapie mit meinen Eltern? – Lieber würde ich sterben. Lieber würde ich eine Handvoll »Lodes« schlucken und daran krepieren, als mit meinen Eltern in einem Zimmer hocken und über mein »Drogenproblem« reden. Sie sollen weiterhin meine Rechnungen bezahlen und mich ansonsten in Ruhe lassen. Klar, sie sollen die Rechnungen nicht für immer zahlen, nur so lange, bis ich wieder auf eigenen Füßen stehen kann. Ich glaube, das sind sie mir schuldig. Sie haben schließlich im Laufe der Zeit alles versaut, so daß ich dann irgendwann mal bei Drogen gelandet bin.

Wenn sie hier tatsächlich glauben, daß ich eine therapeutische Sitzung mit Stan und meinen Eltern über mich ergehen lasse, dann fürcht ich, haben sie sich schwer getäuscht...

Dreiundzwanzigster Tag

In meinem tiefsten Innern gibt es anscheinend drei sich abwechselnde Gefühlszustände: Verlegenheit, Wut und Gereiztheit.

Manchmal bin ich auch aufgeregt, aber ich glaube, daß das ganz positiv ist. Stan hat uns heute eine Liste mit Gefühlszuständen gegeben und gesagt, wir sollten die umringeln, die wir vor kurzem empfunden haben. Ich habe geschwindelt, als ich sieben umringelt habe.

Mark wollte heute nicht in die Gruppe gehen – er blieb in seinem Zimmer und hat »Doors« gehört. Beim Frühstück hatte er den Walkman so laut gestellt, daß die Musik aus seinen Nasenlöchern zu dröhnen schien.

Beim Mittagessen verkündete Marvin, daß er glaube, ein Alkoholiker zu sein. Wir stimmten alle in »God bless America« ein.

Amy hat heute Sam zurückgebracht. Er schien immer noch wütend zu sein. Ich konnte seinen Gefühlszustand nachempfinden und war dementsprechend gereizt. Das waren zwei von meinen drei möglichen Gefühlszuständen.

... Das ist also der Dank dafür, daß ich ihr geholfen habe. Undank ist der Welt Lohn. Alle gehen sie jetzt einkaufen, und ich muß hier in diesem blöden Zimmer bleiben. Ich hasse Stan, ich hasse ihn.

Ich kann's einfach nicht glauben, daß Suzanne ohne mich gegangen ist. Ich versteh sie nicht. Ich hab sie doch nur verteidigt. Er hat sie angegriffen, und ich habe sie verteidigt, und dafür werde ich nun ans Kreuz geschlagen. Das ist also der Dank dafür. Scheiß-Stan! Weiß der denn überhaupt, wen er vor sich hat? Was ich alles vorhabe? Was für eine Zukunft mir beschieden ist? Ich muß hier raus.

Ich haue einfach ab. Was sollen die schon dagegen tun? Die Polizei anrufen? Ich verletze doch kein Gesetz. Ich spazier hier nur raus ... Was hab ich denn hier eigentlich noch zu suchen? Ich hasse diesen Ort! Ich hasse diese Schwestern mit den kleinen Namensschildern, die einem nie Aspirin geben. Tylenol geben sie einem. Und mir brummt der Schädel! Mir brummt der Schädel wie wild, und sie geben mir nur Tylenol. Das reicht doch einfach nicht!

Ich verdufte einfach von hier, dann geht es ihr bestimmt schlecht! Es wird ihr leid tun, daß sie kein Wort mit mir geredet hat, nicht einmal, nachdem ich ihr beigestanden habe. Stan hat sie angegriffen, weil sie zu nett sei oder so – was wollte er eigentlich damit sagen? Ich habe keine Ahnung, was er damit meint. Es bereitet ihm Probleme, wenn jemand zu anderen nett ist. Der denkt wohl, er ist Gott. Aber Gott hat niemals Drogen genommen!

Warum geht er mich die ganze Zeit so an? Sagt mir, ich sei »nervös«. Nein, ich bin nicht nervös! Ich bin nur etwas angespannt, nicht nervös. »Nervös«, da ist so was wie ... Ich bin ... Manchmal bin ich angespannt. Ich glaube, daß jeder, der in dieser Welt leben muß, irgendwann auch mal angespannt sein muß. Ich bin doch nicht der einzige. Stan zum Beispiel, ist der vielleicht nicht angespannt, wenn er die Kiefer zusammenpreßt, daß es gerade so knirscht?

Ach Scheiße, ist mir doch egal! Alle hier sind mir egal. Mir ist egal, daß Wanda von ihrem Vater nicht gemocht wird. Carl mit seinen dürren Beinen ist mir erst recht egal. Ebenso Sam mit seinen dilettantischen Tätowierungen. Und dann erst Mark! Mark, der Kumpel von Manson. Mit all denen soll ich was gemeinsam haben?

Und dieses Scheiß-Szenegeplapper. Als würde man sich einer Elektroschockbehandlung unterziehen. Ich wollte das damals schon nicht tun, und auch jetzt habe ich keine Lust. Ich will nicht nur rumsitzen und mit anderen Kriegsgeschichten über Drogen und Alkohol austauschen. Ich hab die Schnauze davon voll! Es kotzt mich nur noch an. Das ist doch alles Scheiße.

Und diese Suzanne! Sogar Carol kam rein und hat gesagt: »Komm mit uns einkaufen.« Aber Suzanne, die ich verteidigt hab und wegen der ich eins auf die Mütze bekommen hab, ist die vielleicht gekommen? Wenn sie es gewesen wär, die mich gefragt hätte, wäre ich mitgegangen – vielleicht.

Mir stinkt's hier echt. Ich hasse die Decke auf meinem Bett, ich hasse das Geräusch der Spülung im Klo, ich hasse die Schamhaare der Homos im Waschbecken, und ich hasse Tischtennis. Und das Essen schmeckt mir überhaupt nicht. Ich kann diese netten kleinen Desserts nicht ausstehen, diese klebrigen, viereckigen, weißen und rosafarbenen Kuchen, und Götterspeise hab ich schon immer gehaßt. Außerdem hab ich keinen Bock mehr, mir hier ständig *The Outer Limits* anzuschauen. Ich hab schon jede Serie gesehen. Zu Hause hab ich sie auf Video. Ich kann mir *The Twilight Zone* und *The Outer Limits* ansehen, so oft und wann ich will. Ich muß nicht hier sitzen und mir das Zeug ansehen, und außerdem hab ich's nicht nötig, mir vorhalten zu lassen, wie nervös ich sei. Ich bin nicht nervös, ich bin *stocksauer*. Das hier ist doch bare Zeitverschwendung. Ich schleich mich einfach an der Schwesternstation vorbei und schwupp...

Verdammt! Suzanne wird mich für einen Schwächling halten, der mit dem Mist hier nicht zurechtkommt. Und ob ich damit zurechtkomme! So dumm können die mir gar nicht kommen, daß ich damit nicht zurechtkäme. Ich bleibe. Deswegen werd ich mich aber noch lange nicht anpassen. Ich habe meine eigene Meinung, davon können die mich nicht abbringen – die nicht! Die können mich nicht einfach aussondern wie ein fehlerhaftes Stück auf einem Förderband.

O Gott, ich will hier raus...

Vierundzwanzigster Tag

Heute ist Alex aus der Sitzung gerannt. Stan hat mich kritisiert, weil ich so »wunderbar mädchenhaft agiere«. Er behauptet, ich wolle nur nicht, daß die Leute mich einfach mögen, sondern auch einen Einfluß auf das Leben dieser Leute gewinnen, von dem sie sich nie wieder richtig erholen. Das war keine besonders spektakuläre Entdeckung. Ich bin seit meinem neunzehnten Lebensjahr in Therapie. Klar, daß Stan mir nicht mehr die tiefen Einblicke in mein Innerstes nebst den dazugehörigen Aha-Erlebnissen verschaffen kann, auf die ich nicht vorher schon selber gekommen wäre. Aber er hat es auf jeden Fall mal versucht. Er hat irgendwas darüber gesagt, daß ich wahrscheinlich darauf hoffe, die Leute mögen meine Nervosität für Lebhaftigkeit halten. Ich wollte gerade eine wohlüberlegte Retourkutsche fahren, als Alex plötzlich aufsprang und mich in Schutz nahm.

Stan hat ihn dann mit der Bemerkung niedergemacht: »Oh, du hoffst wahrscheinlich, die Leute verwechseln deine Nervosität mit intellektuellem Unterkühltsein.« Manchmal kann Stan ein richtiger Schweinehund sein. Ein ehemaliger Junkie, der sich zum Marathonläufer hochgearbeitet hat. Der Drogie der Siebziger hat sich zum Athleten der Achtziger gemausert. Alex ist jedenfalls in sein Zimmer gerannt und wollte nicht mehr mit zum Einkaufen gehen. Carol hat noch versucht, ihn zu überreden, aber Stan meinte nur, wir sollten ohne ihn gehen. Mir tut er leid.

Das Einkaufen war toll. Wir waren zu zehnt und sind die Einkaufsstraße hinuntergekrabbelt wie eine überdimensionale, vollbekiffte Spinne. Wir haben Popcorn, Zuckerwatte, Cola und Schokolade gekauft. Stan hat behauptet, ich würde wie eine Heroinabhängige essen (dabei nasche ich nur wie ein kleines Mädchen). Es gab Probleme, die ganze Bande zusammenzuhalten. Sam wollte eine Sonnenbrille kaufen, während Wanda eher auf Haargel stand und Carl lieber drei Hot Dogs essen wollte. Was für ein Glück, daß ich eine Überdosis genommen habe. Sonst wäre ich nie in dieses »Reha« gekommen, geschweige denn mit Junkies einkaufen gegangen.

Wäre schön gewesen, wenn Alex mitgegangen wäre, anstatt sich in seinem Zimmer zu verbarrikadieren. Obwohl er schon mehr als eine Woche hier ist, habe ich noch kein einziges Wort mit ihm gesprochen. Er scheint total angespannt zu sein. Anscheinend kapiert er nicht, daß das hier eine sehr ernsthafte Angelegenheit ist. In einer Hinsicht bin ich wirklich froh. Man mußte mir übel mitspielen. Man mußte mir den Magen auspumpen. Das war für mich eine anschauliche Demonstration der Tatsache, daß mein Leben schiefgelaufen ist. Wenn mir das letzte Mal, als ich Drogen genommen habe, schon der Magen ausgepumpt werden mußte, warum sollte ich mir dann einbilden, ich würde mich das nächste Mal mit einer normalen Menge bescheiden? Was ist denn überhaupt eine »normale Menge« Percodan? Alex glaubt wohl noch immer, ihm genüge eine »normale Menge« Kokain. Ohne die Erfahrung mit der Überdosis ging's mir wohl auch so.

»Nein, wir brauchen gar nicht über das zu reden, was gestern passiert ist! Mehr als bisher werde ich in dem Laden hier auch nicht sagen. Ja, ich weiß, daß meine Eltern hierherkommen. Oh, das hättest du gern? Daß wir uns zu viert unterhalten? Das fändest du gut? In Ordnung, ihr drei könnt euch ja unterhalten, aber mich laßt ihr da raus, ja? Mir reicht's nämlich endgültig. Ich hab mich schon sowohl mit meinen

Eltern als auch mit dir unterhalten, und es hat mir jedesmal nicht gefallen; außerdem würde ich euch alle zusammen sowieso nicht aushalten. Verdammt, ich halt's hier nicht mehr aus! Du kannst mich am Arsch lecken! Ich hab diese Anstalt nicht nötig, und so ein Arschloch von Exjunkie wie dich schon gleich gar nicht.

Was, echt? Ich hätte nichts kapiert? Ich hab's ganz genau kapiert, Mann. Schon vom ersten Tag an. Ich hab gleich gewußt, daß du ein Arschloch bist und alles hier total beschissen ist. Ich muß nicht hier sein, um von Drogen wegzukommen. Nein, wirklich nicht. Was mir zugestoßen ist, war doch nur ein Ausrutscher, du kannst mir noch so lange einreden wollen, ich sei drogenabhängig, das trifft mich überhaupt nicht – du Heroindrücker, du! Carl hat mir erzählt, daß du sogar mal jemand gekillt hast, um an Drogen zu kommen, und du willst mir noch was erzählen? Ich bin hier in der besten Gegend groß geworden, und du, Mister Junkie-Mörder, willst *mir* erzählen, wie man davon loskommt? Mit dir hab ich nichts gemeinsam, Sayonara, du Arschloch, ich hau ab!«

Ha, dem Arschloch hab ich's gegeben, diesem mordenden Exjunkie und Hurensohn! Dem hab ich's echt gegeben! Mann, wie mir dieser Laden, diese sterilisierte Luft hier, stinkt!

»Halt den Aufzug an!«

Ich wette, die glauben jetzt alle, ich geh hier raus und nehme sofort wieder Drogen. Da täuschen sie sich aber gewaltig. Ich bin kein Junkie-Abziehbild wie all die kaputten Typen hier. Ich bin anders. Ja, ich weiß, das glaubt hier schließlich jeder von sich, aber was ist mit einem armen Schwein wie mir, der *wirklich* anders ist? Warum muß ich denn für jedes Arschloch, das hier reingekommen ist und behauptet hat, es sei anders als die anderen, auch noch bezahlen?

Aaahhh! Endlich draußen. Aaahh! Was für eine Erleichterung! Jetzt muß ich nie mehr mit einer Scheiß-Gruppe in den Park gehen und mir Carls Geschichten über seine blöde Frau anhören. Ich will überhaupt nichts vom Privatleben anderer mitbekommen. Ich will nicht mal selbst ein Privatleben führen. Mir steht's bis oben mit dem sogenannten Privatleben.

Puh! So was wie hier mache ich nie wieder mit. Ist ja wie im Gefängnis! Ich könnte *singen* vor Erleichterung. Als erstes werd ich wohl heimgehen. Vielleicht lese ich was. Ich werd mir einen ganz faulen Sonntag machen. Ich werde ihn jetzt genießen, diesen geruhsamen Tag zu Hause, nach der Erfahrung mit diesem Sträflingslager in der Klinik. Aber jetzt hab ich's hinter mir. Wenigstens hab ich noch etwas Dampf ablassen können. Das ist doch keine schlechte Methode, so mit seinen Emotionen umzugehen, oder, Stan?

O. K., bleibt nur noch die Frage, wie ich jetzt heimkomme. Hm! Ich hätt noch ein bißchen Kohle, das reicht wohl fürs Taxi. Aber zuerst geh ich noch zu »Blum's« und feïere bei Kaffee und Kuchen. Ich werd ein bißchen was essen, ein paar Bier trinken und dann heimgehen...

Nee, ich werd kein Bier trinken. Ach, scheiß drauf. Klar, aber was ist, wenn dieses Arschloch daherkommt und mich mit den ganzen Bierdosen sieht? Ich hör ihn schon sagen: »Siehste, Alex, ich hab's dir doch gleich gesagt!« Mann, vergiß es, verstehst du? Hör genau zu, was ich dir sage! Ich bin kein Alkie. Ich eß einen Kuchen, dann vielleicht ein bißchen Schokoladeneiscreme und Pommes frites, und dann geh ich heim. Fleisch kommt auf keinen Fall in Frage. Keinen Bock, meine ganzen Arterien zu verstopfen...

Aaahh! Meine eigenen vier Wände. Mann, tut das gut, zu Hause zu sein. Mein Wagen ist wieder in der Garage... Wie der wohl zurückgekommen ist? Egal, auf jeden Fall ist er hier. Mal sehen, hab ich irgendwelche Post? Was, nur zwei Briefe in *zehn Tagen*? Und wer hat angerufen? Mein Gott, Joan. Die muß es von meiner Mutter wissen. »Ich bin so froh, daß du in eine Klinik gegangen bist.« Gott, diese Stimme mit dem altklugen Unterton. Reizend! Warum gehst du eigentlich nicht in eine Klinik? Und wer hat sonst noch angerufen? Scheiße, meine Mutter! Meine Eltern wissen Bescheid, daß ich aus der Klinik raus bin. Super, nicht mal in meiner eigenen Wohnung bin ich sicher vor ihnen! Das ist ein Alptraum!

Halt, was ist das? Ein Mandrax! Nein, wenn ich jetzt eins davon nehme, sagen sie nur wieder, sie hätten recht gehabt. Mann, ich bin keiner von diesen herkömmlichen Junkies, die sie so kennen. Ich schmeiß es in den Abort: Tschüs Mandrax, hallo Leben ohne Drogen.

Vielleicht haue ich lieber ab, bevor meine Eltern kommen. Ich nehme den Wagen. Ich fahr einfach nur rum und genieße das Leben wie niemals zuvor. Ich bin clean, und das Mandrax habe ich eben weggeworfen. Das beweist doch, daß ich alles im Griff habe. Ich bin überhaupt nicht so, wie sie geglaubt haben. Mann, hier ist ja Valium. In den Ausguß damit. Ich zeig's denen schon. Ich schmeiß alle meine Drogen weg. Zuerst das Valium und dann das Piece Shit. In Ordnung, wunderbar! Kein richtiger Süchtiger könnte seinen Stoff wegschmeißen. Wenn die mich jetzt sehen könnten in ihrer bekifften Drogenklinik! Alles klar! Kein Junkie! Ich bin kein Junkie.

Es ist höchste Zeit zu fahren. Vielleicht sollte ich ins Kino gehen – alleine! Das wäre doch ein Zeichen des Fortschritts! Ich habe Leute gesehen, die alleine ins Kino gehen. Irgendwie mag es ja nach Verzweiflung aussehen, aber wahrscheinlich ist es das überhaupt nicht. Ich hab noch keinen Bock, meine Freunde zu sehen. Und über das, was passiert ist, will ich noch nicht reden. Ich muß mir erst noch mal ein paar Sachen durch den Kopf gehen lassen. Mann, mir geht's wirklich gut, jetzt, wo ich das ganze Zeug weggeworfen habe. Denen werd ich's schon zeigen...

Moment mal. Augenblick... Mein Geheimversteck: das zerfranste Wörterbuch mit der eisernen Ration. Ich schmeiß es einfach... Nein, ich schmeiß mein Kokain nicht einfach weg. Ich lasse es da, aber rühr es nicht an. Das wird sie überzeugen. Ja, da ist es ja! Wenn ich wirklich ein Junkie wäre, würd ich es jetzt schon schnupfen und nicht nur anglotzen.

Nun, ich bin eben kein Junkie. Ich kann mir gut vorstellen, wie sie lachen und sagen: »Ja, ja, guckt ihn euch an, typisch drogenabhängig!« Aber ich bin's nicht. Ich hab das ganze Valium, den Shit und das Mandrax weggeworfen, und diesen Koks hier schaue ich mir nur an. Aber ich nehm ihn nicht. Na bitte!

Gut, gut, ich fahr jetzt los. Soll ich vielleicht das Gramm mitnehmen, um meine Willensstärke zu testen? Nee, ich laß es einfach hier – als Symbol für mein neues Ich!

Süchtig? Ich? Ha, daß ich nicht lache! Denen zeig ich's schon noch...

Fünfundzwanzigster Tag

Alex ist heute abgehauen. Er hat sich mit Stan gestritten und ist dann verschwunden. Ich war mit meiner Mutter in meinem Zimmer, als wir ihn plötzlich von unten aus einem verschlossenen Zimmer »Scheiße« und so weiter brüllen hörten. Es war wohl nicht der totale Zusammenbruch. Er hat sich hier von Anfang an der ganzen Sache entzogen und war ständig auf dem Sprung, von hier abzuhauen. Aber dann dieser Abgang. Es war ein ziemliches Melodram.

Es ist furchtbar, mitanzusehen, wie jemand wieder in ein Loch fällt. Ich schätze, er hatte nicht genug Angst. Nur weil alle anderen denken, daß er auf der Schnauze gelandet ist, muß es ihm noch lange nicht genauso ergehen.

Mom hat mir ein paar Erdnußbutter-Kekse und eine Biographie über Judy Garland mitgebracht. Sie meint, mein Problem sei es, daß ich zu ungeduldig bin und mir immer gleich die Sicherung durchbrennt, wenn ich nicht sofort bekomme, was ich will. Ich habe geantwortet: »Sofort dauert mir zu lange.«

Die schlagfertige Märtyrerin.

... Was für ein *blöder* Film, »Doctor's Orders«. Was habe ich mir denn eigentlich dabei gedacht? Aber ich werd's mir merken! Allein die Tatsache, daß gleich gegenüber ein Film läuft, ist noch keine Gewähr dafür, daß der Film nicht vollkommen bescheuert ist. Mann, ich könnte wirklich ein besseres Skript schreiben. Ich sollte ein Skript schreiben. Ich werde mein Skript schreiben.

Dafür wär natürlich ein bißchen Speed nicht schlecht. Ich hab schon immer viel besser geschrieben, sobald ich Speed genommen hatte; dann fließen die Gedanken von alleine. Mein erstes Skript für einen Pilotfilm habe ich mit Dexedrin geschrieben – in zwei Tagen! Ich wette, das gelingt mir sofort wieder. Es ist mir unerklärlich, wie die mich als süchtig bezeichnen können, wenn ich es doch für die Arbeit brauche ...

Mein Skript also, mein Skript über meine Erfahrungen im »Reha« und meine Einblicke in diese ganz andere Welt. Vielleicht eine Geschichte über jemand, der zufällig in eine Klinik kommt, wie bei »Einer flog übers Kuckucksnest«. Der Typ verträgt einfach nur bestimmte Drogen nicht, aber man steckt ihn dennoch zu all diesen Drogies in eine Klinik. Dort lernt er eine bekannte Künstlerin kennen. Die beiden verlieben sich und heiraten. Vielleicht nehme ich ein paar Didrex und beginne zu schreiben. Ich glaub, wenn ich zum Schreiben nur Speed nehme, ist das schon O. K. Das ist doch nur berechtigt, wo ich doch immer einen Haufen Schwierigkeiten gehabt hab, wenn ich ohne Drogen schreiben wollte. Seien wir ehrlich, rein sachlich betrachtet ist Speed doch eigentlich gar keine Droge. Man bekommt es vom Arzt, und wenn der es einem verschreibt, dann ist es doch wohl eine Medizin. Und zum Schreiben brauche ich eben Medizin.

Mann, es tut so gut, wieder ein normales Leben zu führen und einfach nur die wohlvertraute Straße im Laurel Canyon entlangzukutschieren. Heute ist eine schöne Nacht, und ich hatte einen guten Abend. Ich bin mit meinem Auto zum Kino gefahren. Ich lebe wieder, wie ich es will. Alles läuft so, wie ich es mir vorstelle. Von jetzt an geht alles wieder bergauf.

O Scheiße! Meine verdammten Eltern! Nicht mal ein Abend im Kino geht ohne ihre Beteiligung über die Bühne. Obwohl ich jetzt schon fast dreißig bin. In dem Alter sollte man eigentlich alleine fähig sein, nach einem Klinikaufenthalt wieder im normalen Leben Fuß zu fassen. Für mich jedenfalls ist das kein Problem. Ich hab's wirklich nicht nötig, vom Kino heimzukommen und dabei *das Auto meiner Eltern in meiner Einfahrt* erblicken zu müssen. Wenn die mich dauernd wie ein Baby behandeln, wie soll ich dann je erwachsen werden? Gut, wenn sie mich für ein Baby halten, dann verhalte ich mich auch entsprechend. Die können's schon so haben. Wenn sie mich für einen verdammten Junkie halten, dann bin ich eben einer. Ich gehe aus und besaufe mich. Gut, wenn sie irgendwas brauchen, worüber sie sich Sorgen machen können, dann gebe ich ihnen einen Grund dazu. Diese verfluchten Arschlöcher! Ich fahre nach Brentwood, verdammt, ich fahr einfach wieder nach Brentwood ...

Das hätte ich nie getan, wenn sie zu Hause geblieben wären. Das hätte ich nie getan, wenn sie ihren Cadillac nicht vor meinem Haus geparkt hätten, wo ich mich doch nur erholen und das bißchen Rest meiner Jugend noch genießen will, das bißchen Zeit, das mir noch bleibt. Da gehst du gemütlich ins Kino, hast alles super im Griff, und dann ... Mann, diese Arschlöcher! Jetzt bin ich in Brentwood, und das ist allein ihre Schuld. Sie haben mich dazu getrieben. Wenn sie mich einfach in Ruhe ließen, dann würde ich vielleicht auch mal selbständig werden. Mann, vergiß es, ich tu jetzt einfach, was ich will. Das ist es: Ich mach jetzt einfach das, was sie eh von mir erwarten. Hoffentlich ist der Typ da. Normalerweise ist er immer da. Wenn sie schon glauben, daß ich ein hoffnungsloser Junkie bin, dann ...

»Tag, Mann. Nein, mir geht's gut. Nein. Klar, du mußtest meine Eltern anrufen. Jaja, war schon in Ordnung, Mann. Ich war im Krankenhaus, in der Entgiftung. Mir geht's gut, ich bin heute raus. Ich bin nur ein bißchen verärgert. Sie haben einfach ... Du weißt ja, wie Eltern sein können, sie gehen dir nicht von der Pelle. Sie schaffen es einfach nicht, sich um ihren eigenen Dreck zu kümmern und dich in Ruhe zu lassen. Ich kann nicht mal mehr zu mir nach Hause. Sie sind jetzt dort und wühlen wahrscheinlich in meinen Sachen rum.

Hast du noch Eltern? Sie nerven dich? Ja. Du hast Glück, daß du meine nicht erwischt hast. Wenn du meine hättest, hättest du sie schon am Hals. Mann, worüber reden wir denn eigentlich? Weißt du, ich hab schon lange nichts mehr genommen. Ich war clean und ... Scheiß drauf, verstehst du? Jeder glaubt, ich bin ein Junkie. Mann, du hast doch das gleiche Problem, oder? Ja sicher, Mann, die glauben, du hast ein Problem, nur weil du Drogen nimmst. Dabei hat doch nicht gleich jeder, der Drogen nimmt, damit auch Probleme. Es gibt doch 'n Haufen Idioten, die uns verurteilen, bloß weil wir es genießen, zusammen Drogen zu nehmen. Ich glaube aber ...

Ach, ist ja auch egal, was ich denke. Komm, laß uns was nehmen. Ich war bei meiner Bank und hab mir 500 Dollar geholt, und außerdem hab ich meine Rolex hier. Ich brauche sowieso nur ein paar Gramm, verstehst du, ich habe gedacht ... Ich hab da nämlich eine Superidee für einen Film. Darin geht's um ein »Reha«. Um einen Typen, der ... Vielleicht kann ich dich da irgendwie als technischen Berater mit einbaun, wenn's soweit ist ... O. K., auf alle Fälle möchte ich dazu was machen. Ich red jetzt einfach frei von der Leber weg. Ich habe mir das nämlich so gedacht, daß ich einfach drauflosschreibe. Weißt du, völlig ungekünstelt sich freischreiben, in einem Zug so durch. Dann möchte ich alles noch mal genauer durcharbeiten und mal testen, was man so dabei fühlt, wenn man »high« ist, vielleicht vom Koks oder so ...

Keine Ahnung, vielleicht 10 Gramm? Du weißt doch, ich zahle zuverlässig. Und außerdem kennen wir uns doch schon seit Jahren.

Mann, wir sind hier doch verdammt noch mal alte Partner. Oder du nimmst einfach meine Uhr. Die hat ein paar Mille gekostet, dafür bekommst du noch acht- oder neunhundert. Ich hab sie von meinen Eltern bekommen. Das Eingravierte kannst du leicht rausmachen lassen. Keine Ahnung, wie das gemacht wird, aber ich glaube, sie schmelzen es einfach weg. Was hältst du davon? Super!

Vielleicht kannst du bei meiner Sache mitmachen. Hast du eigentlich schauspielerisches Talent? Ich weiß nicht, aber du siehst mir ganz danach aus. Das ist mir gleich aufgefallen, daß du ein interessantes Gesicht hast. Vielleicht könntest du den Dealer spielen. Den Typen, der ihm das Kokain verkauft. Keine Ahnung, kommt mir nur grad so in den Sinn. Kreativer Prozeß und so, du weißt schon ...

Ich brauch jetzt einen ›Blow‹. Laß uns doch was nehmen, nur einen Zug, um den Stoff zu testen. Ja, 10 Gramm klingt nach viel, aber ich nehm ja nicht alles auf einmal. Ich will ein Skript schreiben, und wenn man mit so was mal anfängt, dann heißt das auch immer wieder überarbeiten und so ...

(*Schnüff*) Oooh! (*Schnüff*) Oh, Mann! Das ist genau meine Wellenlänge. Oh, du weißt, was ich mag! O Mann, das zieht rein! Puh! Mann, das ist ja jetzt schon eine ganze Zeit her. Ich hatte wirklich so 'nen Streß in den letzten Wochen, das kannst du dir gar nicht vorstellen. Mann, da gebt ihr zwei mir ein bißchen Heroin, um mich ein bißchen locker zu machen, und ich lande schließlich in dieser verdammten Klinik bei Suzanne Vale. Das glaubst du nicht, was? Ja, ich glaube, sie hatte ein ziemliches Problem mit Drogen, was bei jemand, der so ›süß‹ aussieht wie sie, schon erstaunlich ist. Ja stimmt, sie ist sehr zierlich, weshalb sie wahrscheinlich auch so schnell zusammengeklappt ist. Stimmt, dort gab es wirklich einen Haufen interessanter Leute. Das heißt, das stimmt eigentlich nicht, die einzig Interessante war nur sie, aber insgesamt war es eine interessante Erfahrung. Das gäbe doch einen guten Fernsehfilm. Über diesen Typen, der schreibt, und wie er ... Gib mir doch noch einen Zug.

(*Schnüff*) Aaahhh. Oooh. (*Schnüff*) O Mann, wie mich das erinnert an die vielen Nächte ... Mann, die guten alten Zeiten, ich fühle mich wie ... Ich mein, das ist wie früher. Ja, genauso war's auch früher, aber es ist diesmal noch viel toller, verstehst du?

Ob ich sie gefickt habe? Nee, im »Reha« geht das nicht, aber ich sehe sie sicher wieder. Sie spielt wahrscheinlich die Hauptrolle in dem Film. Gibst du mir jetzt den »Blow?« Gut. Hier hast du das Geld und hier ist meine Uhr. Mann, das tut mir wirklich gut. Tut mir leid, daß ich so bekloppt war am Anfang. Gibst du mir noch einen ... Hier, laß dir auch einen von mir geben. Mir ist heute abend danach, dich einzuladen.

(*Schnüff*) Mann, tut das gut! Das ist besser als sonst, nicht wahr? (*Schnüff*) Oh, oh! Gibst du mir noch ein Bier für die Heimfahrt? Ich fahr in die Wüste, ziehe mich dorthin zurück und schreib an dem Ding. Danke, Mann. Es war super.«

Das Bier ist echt gut. Ein kleines Bier, eine kurze Fahrt. So geht's mir gut. Ich bin froh, daß ich weg von diesen Typen bin. Wenn ich ihn sehe, bekomme ich jedesmal eine Gänsehaut. Wo ist eigentlich mein Messer? Da haben wir's ja! Da haben wir's ja!

»(*Schnüff*) Aaahh. (*Schnüff*) Aaahh.«

Ach was soll's, ich nehm noch einen.

»(*Schnüff*) Mmmh! (*Schnüff*) Aaahh! (*Schnüff*) (*Schnüff*)«

Gott sei Dank kann mich keiner sehen. Sie würden mich wohl für so einen richtigen Dickschädel halten. O. K., das Skript! In meinem Kopf spielt sich schon was ab. Da geht's also um einen Typen, der normalerweise gar nicht so viel Drogen nimmt. Eines Tages verbringt er mit Schulfreunden oder sonst irgendwelchen Typen einen Abend und kommt echt gut drauf. Dann bieten die ihm »Ecstacy« an, er nimmt es und kommt noch besser drauf. Schließlich bieten sie ihm auch noch Heroin an, und er landet in einem »Reha«, wo er eigentlich total fehl am Platz ist. In dem »Reha« trifft er all diese unmöglichen Leute, Carl zum Beispiel, der eine gute Figur in einem Film abgeben würde. In Wirklichkeit ist er zwar ein Arschloch, wie so viele in der Klinik – aber sie alle geben klasse Filmtypen ab! O Mann, mit diesem Stoff läßt sich's viel besser schreiben. Verdammt, es schreiben doch eine ganze Menge Leute unter Drogen. Lewis Carroll soll, während er *Throug the Looking Glass* geschrieben hat, die ganze Zeit über halluzinogene Pilze gegessen haben, und Edgar Allen Poe war ein Opium-Freak. Freud, Sherlock Holmes ... Mann, tut es gut, weg zu sein von der Klinik, von diesen Filmen, einfach nur weg von dort zu sein.

»(*Schnüff*) (*Schnüff*)«

In meinem Ohr pfeift's, ob das wohl ... Meine Kehle ist wie ausgetrocknet... Ich bin ziemlich nervös, aber das kann doch nicht vom »Blow« kommen, der ist sicher gut. Aber fahren will ich auch nicht mehr unbedingt. Ich komm mir im Auto ziemlich eingesperrt vor. Ich sollte... Klar! Warum fahre ich eigentlich in Richtung Wüste? Scheiße. Ich geh ins »Ramada Inn«. Dort gibt's wahrscheinlich auch Schreibpapier und einen Kugelschreiber. Dann kann ich mit einem Rohentwurf anfangen. »Ramada Inn«, daran komm ich oft vorbei. Ich hab mich schon immer gefragt, ob... ich nehm noch ein bißchen was, um aufs Zimmer zu kommen.

»*(Schnüff)* *(Schnüff)* *(Schnüff)* *(Schnüff)* Woooww!«

Scheiße, sobald ich oben bin, muß ich es zerhacken, das Zeug ist zu klumpig.

»*(Schnüff)*«

O.K., ich glaub, jetzt geht's. In Ordnung, ich geh jetzt...

»Ja, Tag, hallo. Ich brauch ein Zimmer für zwei bis drei Nächte. Nein, ich... Ich hab kein Gepäck, nur das hier... Bißchen Obst. Ja, ich eß nur bestimmte Sachen.«

Mann, das geht dich doch einen feuchten Dreck an.

»Gibt's hier ein Schwimmbecken? Ja? Super!«

Mann, das wird gut, ich werde ein wenig Farbe bekommen. Absolut super! Ich werde ein bißchen schreiben, schwimmen und dabei abspecken... Mir ist heiß. Mann, ist das hier drin heiß.

»Nein, ich brauche keinen Pagen. Nur... auf welchem Stockwerk? Acht? Alles klar!«

Mann, schauen die einen komisch an, wenn man kein Gepäck dabei hat. Aber natürlich hab ich Gepäck dabei. Hier ist meine wunderbare, leicht errötete Braut in Weiß. Ooohh, meine Hände zittern! Was das wohl... Ich hab wohl zu wenig gegessen, bin aber auch gar nicht hungrig, obwohl... Sobald ich droben bin, lasse ich mir was kommen. Scheiße, wo ist denn der verdammte Aufzug? O Gott...

»Nein, ich bin schon O.K. Moment, ich unterschreibe für die paar Sachen. Was hab ich denn: sechs Long-Island-Eistees, zwei Smirnoffs, einen Hamburger, Pommes frites und Kuchen. O Mann, der Hamburger ist ja noch nicht mal durch. Und dann dieses durchweichte Brot und die schmierigen Pommes! Mann, ein amerikanisches Hotel müßte doch wenigstens so was zustande bringen...«

Ich werd nervös, immer nervöser. Das kommt wahrscheinlich vom Essen. Ich sollte lieber schreiben. Zuerst werd ich mir noch was reinziehen, und dann setze ich mich wirklich hin. Warum's hier bloß keinen Dimmer gibt? Ich komme mir mir vor wie in einer Zahnarztpraxis. Jetzt genehmige ich mir erst mal einen Drink... Aaah, genau das hab ich jetzt gebraucht, genau das. Und jetzt noch einen »Blow«, dann geht's aber ans Werk.«

»(*Schnüff*) Auu! (*Schnüff*) Auu!«

Verdammte Scheiße! Das Zeug hier ist doch gestreckt, das spür ich doch! O.K., ich werd es unter die Zunge legen. Wenn doch nur jemand hier wäre, der es mir bis in den Schlund hinunterblasen würde – aber dann müßte ich mit ihm reden. O.K., wo ist das Papier? Alles klar. Der Typ ist also in der Klinik, hm, wie war das doch gleich?

Ob die hier wohl... Ah ja, die haben Kabelfernsehen. Mal sehen, was auf MTV läuft. Ah, diese blonde Hure schon wieder, es muß wohl schon ziemlich spät sein. Wie spät... Ach so, ich hab ihm ja meine Uhr gegeben...

O.K., mein Skript! Wo war ich gleich wieder stehengeblieben? Vielleicht noch einen Zug...

»(*Schnüff*) Auuu! (*Schnüff*) Ooohh!«

Ob hier wohl noch eine Apotheke aufhat? Mein rechtes Nasenloch hätte ein bißchen Vaseline nötig... O.K., O.K. Also, ein Typ reagiert allergisch auf Drogen, aber man glaubt, er hat eine Überdosis und steckt ihn in eine Klinik. Eine Superidee! Mann, die Story steht doch eigentlich schon. Mann, jetzt geht's voran.

»(*Schnüff*) (*Schnüff*)«

Mein... mein Herz schlägt wie verrückt... Einen kleinen Wodka! O.K., jetzt aber ran! Der Typ fühlt sich wie in *Frances* von seinen Eltern verfolgt, seine Eltern sind... Warum haben sie ihn in die Klinik gesteckt? Gegen seinen... Sie sind verrückt! Sie sind die Drogenabhängigen! Nein, drogenabhängig sind sie nicht, aber sie haben keinen Bock mehr, sich um ihn zu kümmern. Obwohl, eigentlich ist er alt genug... Ich nehm noch einen Zug.

»(*Schnüff*) (*Schnüff*) Aaahh!«

Wenn ich doch nur Zigaretten hätte! Obwohl, eigentlich rauche ich gar nicht. O.K., die Eltern haben ihn einliefern lassen, weil sie drogenabhängig sind, nein, weil... Es geht um ein Erbe. Erbe ist immer gut.

Aber hinterlassen ihm seine Eltern nicht sowieso etwas? Nein, ich hab's, er war der Lieblingsenkel seines Großvaters, und der hat ihn als Alleinerben bestimmt, aber die Eltern bekommen alles, wenn irgendwie bewiesen wird, daß er nicht fähig ist, das Erbe anzutreten. Super! Absolut super! Klar, er erbt ein riesiges Vermögen. Ha, die Muse hat mich geküßt.

»(*Schnüff*) (*Schnüff*)«

Oh, ich glaub, mir wird schlecht. Dieser Hamburger! Ich leg ihn raus auf den Gang... Jetzt ist's besser. Also gut, er ist in der Klinik und trifft diese Schauspielerin – er könnte ein Musiker oder Songschreiber sein –, die sich dann in ihn verliebt. Er hilft ihr dabei, wieder auf die Beine zu kommen. Dann flüchten sie beide aus der Klinik, und dann kommt diese ganze Verfolgungsjagd, wo Leute wie Stan – ein Haufen Leute wie Stan – hinter ihnen her sind, um sich die Schauspielerin zu schnappen und mit Drogen vollzustopfen. Aber warum? Warum versuchen sie, sie wieder mit Drogen vollzustopfen?

»(*Schnüff*) (*Schnüff*)«

Weil sie dann mit ihr Werbefilme über die Klinik drehen und beide Artikel über Drogenabhängigkeit schreiben könnten. Das würde die Klinik berühmt machen. Ich glaub, ich nehm noch was... Ich muß mich ausziehen. Mir klebt alles am Leib... Ich... Mann, das ist wirklich gut. Ich verstehe nicht, wieso Drogen schlecht sein sollen...

Aber was passiert, wenn es ihnen nicht gefällt? Mann, ich hab plötzlich Angst. Wenn das nun überhaupt kein guter Einfall ist? Und wenn Suzanne gar nicht mitspielen will? O Mann, mir geht's plötzlich sehr schlecht. Ich trink was... das Eis schmilzt schon. Warum man wohl Long-Island-Eistee dazu sagt? »Long-Island-Eistee«, das wäre doch ein guter Filmtitel!

»(*Schnüff*) (*Schnüff*)«

Was läuft denn auf MTV? O Mann, wie ich diesen Song hasse, ich hasse ihn. Schau dir nur diese Band an! Verdammt, schau sie dir an! Ich bin wohl nicht das, was man »gutaussehend« nennt. Ich hab nie gut ausgesehen! Kein Wunder, daß meine Eltern mich nicht mögen! Aber vielleicht mögen sie mich doch! Wo sind meine Eltern? Wahrscheinlich sind sie bei mir zu Hause und stöbern in den Schubladen nach Kokain. Ich bin aber kein Drogenabhängiger! Ich hab einfach in einem Hotel eingecheckt, um zu arbeiten. Wie spät ist es? Ich will's gar nicht wissen! Ich ruf einfach...

»Vermittlung? Wie spät ist es? Danke.«

Scheiße, schon halb fünf. Vielleicht sollte ich schlafen. Wenn ich jetzt ein bißchen schlafe, kann ich morgen nachmittag aufstehen und dann weiterarbeiten, dem Ganzen Substanz und so richtig Schliff verleihen. Vielleicht rufe ich sogar Barry Diller an. O Mann! Gut, ich leg mich hin. Ich lieg ganz nackt. Ich fühl mich gut. Ich hab eine Superidee für ein Skript, die erste seit langer Zeit...

Ich muß versuchen zu schlafen. Abschalten. Dieses Scheiß-Piepsen des Radios. Ruhe! Ich muß abschalten! Entspannen, einschlafen und wie neugeboren aufwachen.

Oh, mein Herz klopft wie rasend! Ich kann nicht mal die Augen zubehalten! Ich trinke besser was. Scheiße, nur noch ein Schluck Wodka! Mann, wie ich schwitze und stinke! Ich hätte nicht soviel Kokain auf einmal nehmen sollen. Vielleicht sollte ich mal eine Zeitlang aufhören, Kokain zu nehmen. Ich nehm jetzt noch ein bißchen was, und dann ist eine Zeitlang Schluß.

»(*Schnüff*) Auuu!«

Was tu ich denn da? Mann, bin ich blöd! Ich muß doch auch so einschlafen können. Nie wieder Kokain! O Gott, laß mich schlafen oder ich werde nie wieder schreiben können! Ich werde nie wieder irgend etwas tun können! Ich bin total erschöpft, und mir brennen die Augen. Ich bleib hier einfach liegen, bis es etwas nachläßt, dann werd ich schon etwas Schlaf abbekommen.

Was ist das für ein Lärm? Mann, was ist denn da los? Das kann doch nicht die Klimaanlage sein, hier drinnen ist's siedend heiß. Scheiß drauf, ich zieh mir jetzt noch eine »Line« rein. Ich kann ja auch genausogut die ganze Nacht aufbleiben. Mann, früher hab ich das doch auch häufig gemacht. »He, Mann, laß uns die Nacht durchmachen!« Das bringt dich schon nicht um. Warum reg ich mich darüber bloß so auf?

Ich muß mich zwingen, irgendwas zu essen, um den Alkohol zu neutralisieren. Ob der Hamburger wohl noch immer draußen liegt?... Ah, da ist er ja! Also. Nase zugehalten und runter mit dem Zeug! Vielleicht sollte ich mir einen kleinen »Blow« genehmigen, um den Geschmack erträglicher zu machen.

»(*Schnüff*) (*Schnüff*) Ah, das kommt gut!«

Aha, es dämmert. Ich schaue mir den Sonnenaufgang an, à la John Denver. Verdammt, ist das hell! Macht nichts. Ich dreh die Klimaanlage weiter auf...

Gut so, in Ordnung. Mach bloß aus einer Mücke keinen Elefanten! O. K., ich hab ein paar »Blows« genommen, passiert jedem mal... Ich brauch diese Erfahrung doch für das Skript. Schließlich gibt es da eine Figur, die zu einem bestimmten Zeitpunkt ziemlich viel nimmt. Vielleicht der Dealer...

O. K., ich bin ziemlich nervös. Was jetzt? Am besten, ich nehm ein Bad und schreibe in ein paar Stunden weiter. Vielleicht schaue ich mir einen alten Film an, als Inspiration sozusagen. Mann, diese Tapete ist doch tatsächlich gelb! Wie soll man sich denn in Zimmern mit gelber Tapete entspannen? Wahrscheinlich sehen Millionen Zimmer so aus...

Ob Suzanne sich wohl Gedanken über... Sie muß mich doch vermissen! Aber wir werden uns wiedersehen. Mann, sobald ich dieses Skript fertig habe... Dann wird sie zu mir kommen und sagen: »Haben wir uns schon mal irgendwo gesehen?« Klar, ich werde sie verblüffen! Ich werde alle verblüffen!

Ich hätte nicht so viele »Blows« nehmen sollen. Warum habe ich mir nur so viel besorgt? Es ist noch so viel übrig... Das Skript! Klar, weil ich ein Skript schreiben muß. Aber in einem gelben Zimmer kann ich nicht schreiben. Schau dir bloß diese Bettdecke an!... Einfach nur hinlegen, den Kopf zur Seite legen und atmen. Das ist es! Atmen, atmen! Alles ist in Ordnung. Du hast Freunde, du hast eine Freundin gehabt – sie war zwar eine Hure, aber es war trotzdem eine Beziehung –, dir geht's gut, du siehst gut aus, du hast einen ziemlich schönen Körper... hör auf, das reicht... Du hast Eltern, du schreibst fürs Fernsehen...

Aaahh, jetzt geht's mir etwas besser. Vielleicht sollte ich jetzt wieder irgendwas tun. Ich werde das restliche Kokain zerhacken. Ich hab keine Lust mehr, solche Riesenbrocken zu schnupfen. Deswegen geht's mir wahrscheinlich auch so schlecht... Vielleicht nur noch einen Zug...

»(*Schnüff*) (*Schnüff*)«

Hier ist's so hell, so verdammt hell! Im Badezimmer ist kein Fenster! Ich werd's dort zerhacken. Aber in einem dunklen Badezimmer kann ich nicht bleiben. Man wird mich für verrückt halten. Aber wer soll mich schon sehen? Ich werde im Dunkeln baden. Ich werde mir einige »Lines« bauen, für später. Zuerst aber entspanne ich mich mit einem heißen Bad...

Nun, siehst du, das Wasser läuft, ich hab's geschafft. O. K., das ist gut. Das ist gut. Ich hab eine Superidee für ein Skript. Ich bin jung, mein Leben liegt noch vor mir. Auf geht's! O. K., jetzt geht's ans Zerkleinern. Ja, in Ordnung! Verdammt, es ist ziemlich viel...

»Was? Wer ist da? Nein, ich will nichts! Nein, das Bett soll so bleiben! Nein! Bleiben Sie draußen! Verschwinden Sie aus meinem Zimmer!«

Ich hab das Kokain *fallen lassen*! Genau in die Badewanne! Ich hab das ganze Zeug in die Wanne geschüttet!

»Raus hier!!! Raus! Ich werde dieses Hotel verklagen! Meine Uhr! Ich hab meine Zweitausend-Dollar-Uhr weggegeben für... Raus! Verdammte Scheiße, raus aus meinem Zimmer!!!«

Was jetzt? Was soll ich bloß tun? Raus aus dem Wasser damit! O Gott, o mein Gott, es schwimmt alles im Wasser! Was soll ich bloß tun?... Ich flippe gleich aus! Mann, beruhige dich und denk nach! Irgendwo muß doch eine Lampe sein! Ich muß den Rest trocknen, der noch in der Tasche ist! Ich muß retten, was zu retten ist! Dreitausend Dollar gilt es zu retten! O. K. Zuerst den Wasserhahn abdrehen! Was hab ich nur getan? Es ist alles in Ordnung, ganz ruhig! O Gott, o Gott! Das Zimmermädchen! Das darf einfach nicht wahr sein! Das gibt's doch nicht!... Leg den nassen Koks auf ein Handtuch, damit er trocknen kann! Ah, mein Herz! Ich habe einen Infarkt! O Gott, ich sehe lauter Sterne!... Ich bin tot!... Nicht die Nerven verlieren...

»Uhhh, uhhh...«

O Gott, ich muß einen Arzt kommen lassen!... Was soll ich bloß tun? Die rufen die Polizei an! Das Zimmermädchen wird die Polizei anrufen, weil ich wie ein Verrückter geschrien habe!... Was soll ich bloß tun? Mann, reiß dich zusammen!...

Zu Hause hab ich noch ein Gramm! Wenn ich doch nur noch ein paar Züge nehmen könnte, dann könnte ich mich leichter aufraffen!... Aber das hat eh keinen Zweck, ich schaff's nicht!... Die rufen die Polizei!... Aber meine Eltern sind sicher nicht mehr da. Ich geh und hol mir das Gramm! ... Mann, ist das ein Alptraum! ... Vielleicht kriege ich die Kohle für das Kokain zurück, schließlich hab ich ja nichts mehr davon! Es ist ja alles naß geworden! Dafür kann ich doch nichts! Warum kann man Drogen nicht versichern lassen? ... O. K., O. K., ich muß hier weg! Ich bin O. K., wo ist das Hemd? Nichts wie weg!

Alles klar, kein Zimmermädchen zu sehen! Ah, der Aufzug! Scheiße, da sind Leute drin! Alles klar! Nicht die Nerven verlieren! Ruhig durchatmen! Mann, die lachen über mich! O mein Gott! Wie konnte mir das nur passieren?

»Was meinen Sie damit: ›Wie ist das Wetter in Miami?‹, was soll ich schon über Miami wissen?«

Was wollten die bloß von mir? Mann, wie gestylt die alle aussehen! Schau sie dir an, sie gehen in die Arbeit! So etwas werde ich nie wieder erleben! Ich bin wie ein Tier, wie ein Tier! Ich habe Probleme mit Drogen! Die sind wie die Jünger der Neuen Kirche, und ich bin der intergalaktische Dämon! Ich bin nichts! ... O Gott, ich muß in mein Zimmer zurück und nachdenken! Ich bin in Schwierigkeiten! In ziemlich großen Schwierigkeiten! ... Ich weiß nicht mehr, was ich tue! Ich hab die Dinge überhaupt nicht mehr im Griff! ... Was soll ich bloß tun? Ich bin dabei, mich umzubringen! ...

Ich muß jemand anrufen! Meine Nase blutet! Ich brauch jetzt jemand ... Was mache ich denn eigentlich hier? Was habe ich die ganze Zeit gemacht? Ich habe 15 Gramm Kokain bekommen und hab in ein Hotel eingecheckt. Was denke ich gerade? ... Mein Arm fühlt sich taub an! ... Ich habe keinen Geschmack mehr im Mund! ... Mir ist übel, speiübel! ... Stan kann ich nicht anrufen! Das darf er nicht erfahren! ... Was denn eigentlich? ...

Deshalb kann ich vielleicht keine ... Ich kann keine Drogen mehr nehmen. Ich hab zuviel genommen, ich habe mir damit selbst ins Gesicht geschlagen ... Ich rufe Julie an, die war immer nett. Sie war ein bißchen zu nett, aber das war schon O. K. Vielleicht kann ich sie dazu bringen, daß sie niemand davon erzählt. Mir ist das alles so peinlich ... Was rede ich denn da? So helft mir doch, ich bin ein ...! O Gott, ist das hart! Mir geht's gar nicht gut! Ich muß ... Ich verstelle einfach nur meine Stimme und sage, ich bin ein Freund von ... Nein, nein, ich ... Verdammte Scheiße, ich ruf einfach an und sage, sie sollen kommen und mich holen! Das werden sie sowieso tun, auch wenn ich sie nicht verständige! In Zimmern wie diesem werde ich mein ganzes Leben verbringen, und Drogen werden runtergespült, und da werden gelbe Tapeten und Hamburger sein, die sich bewegen...

Ich muß irgendwohin, wo man sich um mich kümmert! Alles klar, ich ruf jetzt einfach an! Ich werde mich wieder unter ihre Fittiche begeben, und alles wird wieder in Ordnung sein. Ganz ruhig, alles geht in Ordnung... Ich habe solche Angst... Ich ruf einfach...

»Ja, hmmmh, ist Julie Marsden da? Ah, hallo, Lucille. Hier ist Alex. Nein, nein, mir geht's gut. Hm, kann ich mit Julie sprechen? Ach so! Ja, hast du ihre Nummer? Es ist wichtig. Ja, es ist... Alles klar, danke.«

Vier-sieben-sechs-zwei-neun-vier-fünf. Vier-sieben-sechs-zwei-neun-vier-fünf. Vier-sieben-sechs-zwei-neun-vier-fünf. Alles klar. Alles klar...

»Hallo, bist du's, Julie? Hier ist Alex. Nein, mir geht's gut... Nein, ich bin... in einem Hotel. Ich... verdammt, könntest du mich holen? Ja, ich kann nicht... In Ordnung! Ja, es ist das ›Ramada Inn‹, Zimmer 823. Alles klar, ich bin hier. Nein, ich bin hier.«

In Ordnung, bleib einfach sitzen, preß die Knie zusammen! So ist's gut... O Gott, o mein Gott...! Alles ist in Ordnung, sie kommt. Jemand kommt. Alles wird gutgehen... Ruhig, ganz ruhig... Alles wird gut... Es kommt jemand...

Sechsundzwanzigster Tag

Alex ist zurück. Kurz gesagt hat er in ein Hotel im Valley eingecheckt, und ein ganzes Pfund Kokain dabei. Als er schon einiges davon genommen hatte, kam jemand ins Zimmer, und er hat vor Schreck den Rest in die Badewanne gestreut und ist vollkommen ausgeflippt. So ähnlich soll es abgelaufen sein. Bart hat es mir erzählt, aber der übertreibt für gewöhnlich ja ein bißchen. Auf jeden Fall ist er dann zum Aufzug gerannt, um noch mehr Koks (!?!) zu holen, und da haben ihn alle Leute ausgelacht und ihm irgendwas von Florida erzählt. Alex ist dann noch mal ausgerastet, in sein Zimmer zurück und hat Julie angerufen.

Da dies Tagesgespräch Nummer eins im »Reha« war, hat natürlich jeder versucht, mehr Einzelheiten zu erfahren. Wanda war gerade in der Schwesternstation, als Julie mit Alex reinkam. Sie meinte, er hätte furchtbar ausgesehen, mit blutiger Nase und so, und er hätte sich an Julies Arm festgehalten, den Kopf tief gesenkt – wie jemand, der durch das Spalier einer Horde von Reportern auf dem Weg zu einem Prozeß laufen muß. Da Wanda die einzige war, die ihn gesehen hat, haben wir versucht, mehr aus ihr herauszubekommen, aber sie wußte auch nichts Näheres. So läuft das schon den ganzen Tag!

Carl hat mitbekommen, wie Julie Stan erzählt hat, daß sie etwa gegen elf Uhr zu Alex gekommen war; dieser hatte sie reingelassen und wie einen verloren geglaubten Verwandten an sich gedrückt. Er war ganz außer Rand und Band gewesen, hatte geschwitzt und geschrien: »Ich bin so froh, daß du hier bist! Danke, daß du gekommen bist!« Das hatte er ein paarmal wiederholt. Und während er so geredet hatte, war ein Brocken Koks von seiner Nase auf den Boden geplumpst. Alex hatte sich sofort niedergekniet, mit seinen angeleckten Fingern den Koks wieder aufgehoben und in den Mund gesteckt. Dann hatte er Julie einen Long-Island-Eistee angeboten und sie gefragt, ob er wohl jetzt alles seinen Eltern gestehen müßte.

Selbst wenn der III. Weltkrieg jetzt ausbräche, müßten wir weiter über Alex reden!

...O Gott, ich bin fix und fertig!...

Siebenundzwanzigster Tag

Heute sind drei Leute gekommen, um am Abend beim AA-Treffen zu uns zu sprechen. Der erste Typ erzählte uns von seiner Vergangenheit als »Blackout-King«. Ihm passierte es früher ständig, daß er plötzlich einen Blackout hatte und nicht mehr wußte, ob er nun von jemand verfolgt wurde oder umgekehrt selber jemand verfolgte. Einmal geriet er mitten in eine Auseinandersetzung zwischen ein paar Leuten und wußte plötzlich nicht mehr, auf welcher Seite er nun eigentlich stand. Er sagte, daß er am Ende nur noch durch einen Trick »high« werden konnte: nachdem er sich den Arm abgebunden hatte, hatte er den Notarzt wegen einer Überdosis verständigt; dann hatte er eingehängt, auf das Heulen der Sirene des Notarztwagens gewartet und sich den »goldenen Schuß« gesetzt – er war sich ja sicher, daß sie sein Leben noch retten würden. Dieses Beinah-Sterben versetzte ihn jedesmal in einen einzigartigen Rauschzustand.

Der zweite Typ erzählte uns seine nicht enden wollende Lebensgeschichte als Kokain-Dealer und Knastbruder. Irgendwann mal kam er auf eine Party in San Francisco zu sprechen. Worauf er hinaus wollte, war, daß er da ein Mädchen getroffen hatte. »Ich wollte mit ihr ein bißchen spazierengehen«, fuhr er fort, »aber ihr war es schon zu spät. Dann ging sie nach New York und wurde ein großer Star. Heute sitzt die Frau in diesem Zimmer. Jetzt sind wir Mitglieder des gleichen Vereins.«

Ich erschauderte, als ich merkte, daß *ich* gemeint war. Aufschneiderisch setzte er hinzu, daß ich mir mal eingebildet hätte, ich wäre zu gut für ihn, mir aber jetzt meine Scheiß-Hochnäsigkeit wohl abgeschminkt hätte. Hier in der Klinik sind alle der Überzeugung, daß es einigen von uns schlechter geht als anderen. Ich beschloß, daß es in diesem Fall einem von uns schlechter ging als dem anderen, und es machte mir auch nichts aus, dieser eine zu sein, solange ich bloß nicht auf sein Niveau abrutschte. Den dritten Typen habe ich gar nicht erst reden gehört, weil ich bereits vorher die Versammlung verlassen hatte.

Auf dem Weg in mein Zimmer habe ich bei Alex vorbeigeschaut. Er lag noch im Bett, Lucille fühlte ihm gerade den Puls. Er glich dem Foto eines entführten Kindes, das den Eltern mit ein paar erpresserischen Zeilen zugeschickt wird. Er stellte sich schlafend, also habe ich auch nichts gesagt.

... Es ist so demütigend. Was soll ich denn den Leuten nur erzählen? Was sollen die denn jetzt von mir halten? O Gott, ich bin so ausgepowert. Gott sei Dank habe ich nicht mit meinen Eltern sprechen müssen. Dazu ist es wirklich noch zu früh ...

Mir geht's hundsmiserabel. Zum Glück bin ich nicht eingelocht worden. Mann, hoffentlich starren mich jetzt nicht alle an wie ein Tier im Zoo. Ich bin doch nur ein bißchen ausgeflippt. Ja, ich geb's ja zu, ich hab die Nerven verloren. Ich bin also jemand, der total ausgeflippt ist, und das heißt, daß mir das jederzeit wieder passieren kann. Vielleicht hab ich mir da was vorgemacht, was meine Verhaltensweisen angeht, keine Ahnung.

Aber dieses Skript sollte ich auf jeden Fall noch schreiben. Ich halte den Einfall immer noch für gut. Wie wäre es denn, wenn der Typ am Ende merkt, daß er abhängig ist? Er verläßt die Klinik, besorgt sich einen Haufen Drogen, um das Skript schreiben zu können, und dabei dämmert ihm, daß er abhängig ist. Ich hab keinen Bock auf ein schmalziges Ende, wo der Typ seine Lektion super gelernt hat, auf Treffen geht und all die hochjubeln läßt, die mal eben einen Kaffee machen gehen. Mann, das heißt doch nur, daß er nicht bei diesen Schwachköpfen landet, die dich am Flughafen abfangen mit den Worten: »Ich habe ein Geschenk für Sie!« Das ist ein ganz normaler, cooler Typ, mit dem sich jeder identifizieren kann. Ein Allerweltstyp, der halt bloß ein Drogenproblem hat. Für eine solche Idee, das wette ich, kann mich mein Agent mit Barry Diller zusammenbringen. Mann, das ist doch hochaktuell, das war noch nie da...

Vielleicht sollte ich's mal eine Zeitlang ruhiger angehen lassen. Ich brauch ja nicht gleich anzufangen. Ich komme mir wie ein Idiot vor, der im besten Mannesalter vor den Scherben seiner eigenen Vergangenheit steht. Es ist, als würde ich tüchtig vom Wind gebeutelt werden, oder wie...

Wenn ich mit ein paar von den Leuten hier spreche, können sie mir vielleicht helfen, mit diesen Gefühlen fertig zu werden. Ich muß sie ja nicht mögen, ich muß einfach nur von ihnen lernen, wie man von Drogen runterkommt. Nein, Stan nicht, aber vielleicht Julie, ja, mit der könnte ich wahrscheinlich gut zusammenarbeiten...

Ich versuche es eine Zeitlang einfach so, wie sie es haben wollen, was soll's? Ich habe nicht allzuviel zu verlieren. Einen »Jacuzzi-Pool« werde ich deshalb noch lange nicht benutzen...

Achtundzwanzigster Tag

Ich kann's noch gar nicht richtig glauben. In zwei Tagen fahre ich heim. Aber eigentlich ist der Abschied dann noch nicht endgültig. Sie meinten, ich könnte die ganze nächste Woche tagsüber kommen, zur Nachbehandlung sozusagen. Bart macht dasselbe. Ich werde also versuchen, das Beste daraus zu machen. Ich kann mir einen Tag ohne Bart und sein Geplappere schon gar nicht mehr vorstellen. Ob er wohl etwas auf meinen Anrufbeantworter draufspricht?

Mark hat heute seinen zwanzigsten Geburtstag gefeiert. Am meisten hat er sich über Stans »Big Mac« gefreut.

... O. K., O. K., ich bin Alkoholiker. Ich darf mich nie mehr zumachen. Wenn ich's doch tue, sterbe ich wahrscheinlich; oder es kommt noch schlimmer. Stan meinte einmal – ich *hasse* diesen Idioten –, zu sterben sei nicht am schlimmsten, noch schlimmer sei es, so weiterzuleben. Das wäre übel, wenn ich mein ganzes Leben in Hotels wie dem »Ramada Inn« mit pockennarbigen Dealern zubringen müßte. Sicher, das Kokain hat ihm kein besseres Aussehen verliehen – es bewirkt ohnehin nicht so viel –, aber nach dem ersten Zug ... Gut, ich sollte wohl nicht in Verklärungen über Dope schwelgen.

Das einzige, was ich jetzt tun kann, ist, mich auf das Schreiben zu stürzen. Selbst zu diesen Gruppensitzungen werde ich gehen – zumindest bleiben mir dann meine Eltern vom Leib – aber zu diesem AA-Affenzirkus bringen mich keine zehn Pferde! Es ist doch tragisch, mit irgendwelchen Leuten herumzuhängen, die kein Dope mehr nehmen – nein, es ist ja gar nicht freiwillig –, die kein Dope mehr nehmen dürfen, als würden sie mit einer unbrauchbaren Schnur in einem Fluß ohne Fische herumfischen. Mann, das ist eine tolle Analogie! Ich glaub, das Skript wird wirklich gut.

Weil Julie gesagt hat, ich könne wieder in die Gruppe zurück, habe ich schon angefangen, fleißig Daten zu sammeln. Außerdem soll Suzanne morgen die Klinik verlassen. Ich muß mit ihr sprechen, sonst war der ganze Aufwand umsonst. Mann, es darf nicht sein, daß ich mich in ihr getäuscht habe; wir haben doch einen Draht zueinander! Sie ist die einzige hier, bei der ich wirklich ein solches Gefühl habe.

Aber vielleicht habe ich mich einfach nicht richtig verhalten. Diese Leute hier sollten doch eigentlich meine Freunde sein, oder zumindest so was Ähnliches. Das klingt wie ein Witz. Wenn es einen Gott gibt, dann ist er so wie Shecky Greene, der mich mit einem Päckchen Kokain in einem »Ramada Inn« absetzt und mich dann wieder hierher zurückbringt. Gut, zumindest ist das eine ziemlich dramatische Story, und hier gibt's ein paar gute Figuren, mit denen ich arbeiten kann. Das ist meine Version eines Durchbruchs, und deshalb will ich nicht, daß irgendwann der Himmel aufklärt und Gott mir eine Nachricht runterplumpsen läßt. Ich habe keinen Bock auf Religion. So ein Mittelding zwischen dem, was Julie ist, und dem, was ich gewöhnlich bin, scheint mir jetzt genau das Richtige zu sein.

Ja, ich möchte schon Freunde haben, aber ich möchte coole Leute in der AA als Freunde habe, nicht diese ewig grinsenden Trottel und verrückten, beflissenen Republikaner. Ich will kein Republikaner sein. Was einige von denen darstellen, ist ziemlich uncool, und hoffentlich erwarten sie nicht... In Ordnung, ich nehme kein Dope mehr, aber zum Jesusjünger werde ich deshalb noch lange nicht. Genau das ist es! Irgendwo muß man eine Grenze ziehen! Ich nehme keine Drogen mehr, aber das heißt nicht, daß ich sie durch Herzchen und Blümchen ersetzen will. Vergiß es!

Ich muß mit Suzanne reden, bevor sie weg ist. Morgen früh gehen wir in den Park, dann werde ich auf sie zugehen und... Vorsicht, nicht zuviel vornehmen! Ich sollte mir nicht zuviel vornehmen, sonst gerate ich in Panik und raste aus. Aber wenn ich kein Wort zu ihr sage, beiß ich mir für den Rest meines Aufenthalts hier in den Hintern. Ich kann jetzt keine Gelegenheit mehr auslasssen. Und sie wird sicher mit mir reden. Wachablösung in der neuen drogenlosen Generation: sie geht und ich bleibe.

Wir haben sicher eine Menge Dinge gemeinsam. Wir könnten uns über Stan unterhalten, und daß wir ihn beide nicht aushalten können. Oder über Carl. Mit Carl kann man nicht reden, der hält nie die Schnauze, aber wir könnten über ihn reden. Vielleicht auch über Sid. Ich könnte sie fragen, ob sie Sid vermißt. He, wir beide wissen viel über die gleichen Leute...

Neunundzwanzigster Tag

Wanda meinte beim Essen: »Gott, wie ich dich beneide, weil du in all diesen Filmen mitgespielt hast! Du hast es wirklich geschafft!« Das finde ich gut! Ich werde von jemandem beneidet – und das in einer Drogenklinik, wo ich nicht raus kann.

Manchmal zweifle ich an meinem Realitätssinn. Jetzt aber darf ich mich auf eine neue, ewige Wirklichkeit freuen, eine Wirklichkeit, die mich träumt, ohne mich aufzuwecken, eine endlose Wirklichkeit. Manche empfinden sie als eine Herausforderung, andere als eine Verurteilung. Wie man sie auch immer bezeichnen mag, wir hier im »Reha« – die, die seit kurzem clean sind – sind voll und ganz ihre Sklaven, Marionetten an den Fäden dieser Wirklichkeit.

Nomaden, Jasager, Könige.

...Alles klar, Parkzeit! Diese *furchtbare* Krankenschwester, die mit der quäkenden Donald-Duck-Stimme, die ihre Schlüssel immer gegen meine Tür scheppern läßt, führt uns nun aus in den Park. Aber vielleicht ist auch eine ganz brauchbare Figur: der Krankenhausdrachen! Sie könnte eine gute Gegenspielerin für meinen Protagonisten abgeben.

Wie sehe ich aus? Scheiße, der Pulli stinkt noch immer. Aber das ist jetzt egal. Das ist meine letzte Chance. Ich muß mit Suzanne sprechen und heute hab ich dazu die letzte Gelegenheit. Auf geht's. Mann, wie erbärmlich! Alles steht vor der Schwesternstation rum und wartet...

Da ist sie ja! O Gott, ihr Koffer steht schon vor der Tür. Das Ende des Zeltlagers, besser gesagt: des Drogenlagers! Jetzt aber ran, bevor sie ihre Zelte endgültig abbricht! Wem könnte ich mich denn anschließen, damit ich nicht auffalle? Ich bin doch wie ein Fremdkörper! Hätte ich mich ihnen nur schon mal angeschlossen, dann wäre das jetzt viel normaler... Moment mal, da ist ja Carol!

»Hallo, Carol. Nein, mir geht's besser. Ich... ich war total am Arsch. Ja. Ich hab ein paar Tage »Inderal« genommen. Mein Herzschlag geht zu schnell, hat man mir gesagt. Angst? Nein, vielleicht ist's der Entzug.«

Das klang blöd.

»Wahrscheinlich wegen der Angst.«

O. K., aber jetzt!

»Hallo. Hallo, Suzanne!«

Mann, hätte ich doch gleich mehr gesagt. Was soll ich denn noch ... Mann, schau doch nicht auf deine Füße! Du stinkst nicht, du stinkst nicht! Du siehst O. K. aus!

»Hm, wir haben uns noch nicht offiziell begrüßt, oder? Ja, ich hab gehört, du gehst heute. Bist du schon aufgeregt? Ja? Ja, ich war schon aufgeregt, als ich hier raus bin. Ja klar, ich bin nicht entlassen worden wie du jetzt. Glaubst du, du kommst zurück und besuchst uns hier mal wieder?«

Das war blöd! Ich klinge ziemlich verkrampft, ich muß einfach cool bleiben!

»Vor dir liegt jetzt sicher eine Menge Arbeit? Hat's denn deiner Karriere geschadet, ich mein, der Aufenthalt hier? Wär nicht auszuschließen, oder? Ah, der Park! Gehen wir in den Park!«

Scheiße, mir fällt nichts mehr ein! Was kannst du denn noch sagen? Sag ihr, sie sieht gut aus. Ich kann nicht! Was sie wohl glaubt, was ich vorhabe? Eine Verabredung mit ihr ausmachen?

»Ich hab gehört, du kommst nächste Woche zu den Gruppensitzungen vorbei. Das find ich gut, das find ich sehr gut! Vielleicht sollte ich das später auch machen. Wenn auch ich wieder draußen bin, mein ich. Glaubst du, ich sollte das machen? Ich würde gern wissen, was du glaubst, ob ich's tun soll, denn ...«

Mann, ich klinge wie ein Hampelmann! Wie Jim Nabors oder so! Verdammt, laß dir was einfallen!

»... Äh, du bist doch schließlich die Älteste hier im Drogencollege und ich in jeder Hinsicht ein Frischling ...«

Das klang gut! In Ordnung, weiter so!

»... Hm, weißt du, es ist so, als hättest du gerade deinen Abschluß gemacht, während ich gerade im ersten Semester bin, keine Ahnung von Tuten und Blasen. Kannst du mir irgendwas raten, du weißt schon, was ich meine? Etwas anderes als keine Drogen mehr zu nehmen? Oho, ja so! Laß mich dich etwas fragen! Was hältst du eigentlich von Stan? Wirklich? Ich weiß nicht, ich finde ihn ... Kann ich da ganz offen sein? Ich find ihn ziemlich unfreundlich. Zum Beispiel neulich, als wir beinah schon mal ins Gespräch gekommen wären ...

Ja, ich fand, da war er irgendwie daneben. Ja, das heißt nicht, daß sich hier einer so oder so benehmen müßte. Ich weiß nicht genau ...«

Au, Scheiße! Sie muß mich für einen echten Trottel halten.

»... Weißt du, hier scheint es nur eine Regel zu geben, nämlich die, keine Drogen zu nehmen. Ich glaube aber, Höflichkeit und Anstand könnten ... Ich mein, egal wieviel Dope ich genommen habe, ich war immer freundlich zu jedermann. Meine Dealer mochten mich jedenfalls. Ich weiß, es klingt wie ein Witz, aber es ist wahr. Meine Dealer mochten mich wirklich. Also, hm ...«

Sag doch irgendwas. Nur jetzt nicht aufhören zu reden. Sonst geht sie noch weg. Sie ist doch Schauspielerin, und die reden schließlich gerne und ...

»Wie geht's denn jetzt weiter bei dir, mit deiner Karriere und so? He, darüber wollte ich schon lange mit dir reden. Ja, ich weiß, es hört sich so an, als sei ich irgendein Idiot in einer Drogenklinik, stimmt's? Aber weißt du eigentlich, daß ich fürs Fernsehen schreibe? Und ich hab schon lange die Idee im Kopf, über das hier zu schreiben, und gedacht, du könntest vielleicht einen Blick drauf werfen? Ja, ein Skript, ich hab mir gedacht, vielleicht möchtest du eine Rolle darin spielen? Aber ich will dir ja nicht auf die Nerven gehen ...«

Sag nicht solchen Quatsch! Lern, dich zu verkaufen!

»Du würdest es tun? Du würdest es lesen? Das wäre super! Na ja, ich hab's noch nicht geschrieben. Weißt du, ich möchte erst alles so richtig durchdenken, erst dann, wenn ich glaube, alles ist fix und fertig in meinem Kopf, fange ich an zu schreiben. Dann fließt es einfach heraus. Das hoffe ich zumindest. Aber ich habe noch nie versucht, ohne Drogen zu schreiben. Ein Tagebuch? Tatsächlich? Du führst Tagebuch? War das deine Idee oder ...? Ach so! Und am Ende müssen wir es nicht abgeben oder so? Das ist eine gute Idee? O. K., und du schreibst über ...? Du schreibst über die Leute? Du meinst Sid und Carl und die alle? Ja, das klingt gut.«

Mann, sieh sie dir an, sie langweilt sich ja zu Tode! Ich könnte mich, verdammt noch mal, umbringen dafür!

»Die Schaukel? Sicher! Aber sind wir zwei dafür nicht schon ein bißchen zu groß? Wir kommen doch mit den Füßen am Boden auf und ...?«

Nun komm schon! Sie hat dich gefragt, ob du mit ihr schaukelst. Jetzt mach!

»Willst du, daß ich dich anschubse? Das macht mir doch *Spaß*, dich zu schaukeln! Sollen wir den Kleinen mal fragen, ob er runtergeht oder...? Siehst du irgendwo seine Mutter? Schau, da wird eine frei, die Mädchen gehen gerade weg! O. K., ich werde dich anstoßen. Das wird super! Ich schau dir zu, wie du wegfliegst. Ich schaukle dich sozusagen über das Kuckucksnest!«

Schon wieder so eine blöde Anspielung. Die liest dein Skript nie! Aber nimm jetzt bloß nicht wieder alles zurück und fang nicht wieder an, dich zu entschuldigen. Sie muß mich ja jetzt hassen. Ich benehme mich wie ein Pomadenheini.

»O. K., los geht's! Holla!«

Das werd ich mein Leben lang nicht vergessen. Ich werde berühmt durchs Anekdotenschreiben. Ich stoße Suzanne Vale auf einer Schaukel an. Man wird glauben, wir seien ein Liebespärchen. Vielleicht verlieben wir uns ja doch noch.

»Bist du hoch genug?«

Jetzt bloß keine dumme Anspielung mehr. Bleib jetzt ganz ruhig! Lausche einfach dem Wind, den Bäumen...

»Das macht Spaß, oder?«

Pssst! Sag jetzt nichts mehr! Genieß einfach nur diesen Moment, diesen einmaligen Moment! Hoffentlich kommt keiner hier rüber zu uns! Ich will dieses Bild unauslöschbar in meinem Gedächtnis behalten: Ich stoße Suzanne Vale auf einer Schaukel an; wir sind im Park in der Nähe der Drogenklinik...

Dreißigster Tag

Ich hab den heutigen Morgen mit Alex im Park verbracht. Er ist gar nicht so übel – bestimmt nicht! –, aber man kann auch nicht gerade sagen, daß er umwerfend wäre. Jedenfalls hat er mich eine ganze Zeitlang auf der Schaukel angeschubst. Für zwei Sachen, da bin ich mir ganz sicher, sind Typen jedenfalls ganz brauchbar: zum Anschubsen beim Schaukeln und zum Umbringen von Mücken.

Ich habe eine bizarre Szene im Kopf: Der Junkie-Typ schubst

seine Junkie-Tussi auf dieser kleinen Kinderschaukel an, und um sie herum eine Menge kleiner, kreischender Kinder, die von ihren Müttern auf den Bänken beaufsichtigt werden: lauter kleine und zwei große Kinder.

Alex erzählte, er würde ein Skript über die Klinik schreiben. Der Aufenthalt hier ist sicherlich das bisher Abwechslungsreichste in seinem Leben. Er sollte das Ganze *Reha!* nennen. »Gerade als du dich in Sicherheit wähntest, war es klar, daß du in deine Koks-Phiole zurück mußtest.«

Ich kann es kaum erwarten, endlich zu fahren! Heute abend gehe ich ins Kino! Ich hab gehört, *Doctor's Orders* soll ziemlich gut sein. Hm, das Tagebuchschreiben hat mir Spaß gemacht. Vielleicht führe ich zu Hause auch eins. Es müßte aber gut werden, denn es könnte ja nach meinem Tode veröffentlicht werden.

Donnerstag gehe ich mit Sid auf einen Tanzabend der AA ins »Valley«. Vielleicht gehe ich alles zu überschwenglich an, aber was soll's ...

Ich brauche wohl eine Gehirnwäsche; es scheint alles so klar zu sein, wenn ich denke.

Notizen zum »Reha«-Film

Heute ist Suzanne gegangen. Über unser Treffen und das Gespräch im Park bin ich wirklich glücklich. Es hat zwar lange gedauert, bis wir uns getroffen haben, aber das Warten hat sich gelohnt. Gott sei Dank haben wir uns noch nicht kennengelernt, als ich noch so ein Wurm war. Sie ist einfach toll! Wenn sie nur fünf Pfund abnimmt, heirate ich sie auf der Stelle.

Ihren Vorschlag, ein Tagebuch zu führen, find ich recht gut. Ich würde viel dafür geben, ihr Tagebuch zu sehen. Sie gehört zwar nicht unserer schreibenden Zunft an, aber immerhin ist sie Suzanne Vale. Ob sie es wohl mal veröffentlicht?

Ob wohl irgendwas über mich drinstehen wird ...?

Brosamen-Bankett

»Ich bin leider zu spät dran«, sagte er. »Ich war noch auf einer Produktionsbesprechung. Hat meine Sekretärin Sie angerufen?«

»Ja«, sagte sie. »Alles in Ordnung, ich hab mein Buch mitgebracht.«

»Was lesen Sie da gerade?« fragte er. »Vielleicht kann ich es empfehlen? Oh, ›Siddharta‹, sehr schön!«

»Eigentlich lese ich es zum zweiten Mal«, sagte sie.

»Eine kluge Schauspielerin«, meinte er, »das gefällt mir. Wie hoch ist Ihr IQ? Meiner ist 148.«

»Ein genialer Produzent«, gab sie zurück.

»Ja«, antwortete er. »Das ist sehr zu meinem Vorteil in dieser Stadt.«

»Ich mag das, daß man hier ›Stadt‹ dazu sagt«, meinte sie. »Ich stelle mir darunter einen Textilladen, einen Glockenturm und einen Postboten vor – ›Hallo, guten Morgen, Mr. Phelbs, wie geht's denn so? Und Ihrem Rheuma?‹ Die ›Stadt‹ Hollywood! Kitsch-Stadt! ›He, Tag, ich bin der Bürgermeister der Kitsch-Stadt und begrüße Sie in unserer netten Stadt. Wie geht's?‹«

»Und auch noch witzig«, sagte er. »Andrea hat mir nicht zu viel versprochen. Sie gefallen mir.«

»Und«, warf sie ein, »erinnern Sie sich auch noch an Ihre Noten auf dem College?«

»696 Punkte in Englisch«, gab er Auskunft, »766 Punkte in Mathe. Ich bin einmal mit diesem Mädchen ausgegangen, das seine Zunge in meinen Mund stecken wollte, um meinem Hirn näher zu sein. Es war eine Null.«

»Wie haben Sie Andrea kennengelernt?« wollte sie wissen.

»Über Candy«, antwortete er.

»O ja, sie ist super«, meinte sie. »Ich wollte schon als kleines Mädchen so aussehen wie sie. Sie wissen ja, wie man in L. A. aufwächst, man muß ziemlich auf sein Äußeres achten. Bereits während meiner Schulzeit war das so. Ich hab nicht eher mit meinen Hausaufgaben angefangen, bis ich nicht festgelegt hatte, was ich anderntags anziehen sollte. Da gab es so ein Mädchen in unserer Klasse – Beth Ann Finnermann –, deren Kniestrümpfe nie nach unten rutschten. Nur meine eigenen haben sich immer so komisch um die Fußgelenke gewickelt. Damals habe ich schon geglaubt, mein Leben könnte besser laufen, wenn nicht andauernd meine Kniestrümpfe nach unten rutschen würden.«

»Nun, ich finde Sie sehr hübsch«, schmeichelte er.

»Mir ist erst seit kurzem klar«, erklärte sie, »daß ich nur gut aussehen kann, wenn ich fit und gesund bleibe. Früher habe ich geglaubt, diese Ansicht wäre abgedroschen, aber heute ist mir klar, daß gesund sein doch wohl attraktiv sein heißt, nicht wahr?«

»Sollen wir bestellen?« fragte er.

»Ja«, sagte sie. »Ich merke schon, ich rede zuviel, aber halten Sie mich deshalb nicht für aufgeregt. Vielleicht *bin* ich es, aber ich möchte nicht, daß Sie das von mir *glauben*. Ich hab heute das Mittagessen ausgelassen, und immer wenn ich das tue, bin ich total aufgekratzt. Außerdem sollten Sie wissen, daß ich gerade ›Pritikin‹ nehme. Mein Cholesterinspiegel ist wieder ziemlich hoch. Vielleicht sollte ich gekochtes Gemüse essen oder ein paar Proteine, Hühnchen zum Beispiel. Oh, das heißt nicht, daß ich davon abhängig bin, nein, ich probier ›Pritikin‹ nur mal eben aus. Wie dem auch sei, übertreiben werde ich damit sicher nicht, aber ich möchte meine Erfahrungen machen, aus reiner Neugierde. Jetzt weiß ich, was passiert, wenn ich Feinzucker, Öl oder tierische Fette zu mir nehme. Und ich weiß jetzt, was ich zu tun habe: Ich werde meine Arterien an Pizza gewöhnen müssen. Aber bloß keine Eier! Eier niemals!«

»Sie essen keine –«, fiel er ein.

»Oh, und seit ich vor einer Woche mit meinem Meditationsprogramm angefangen habe, nehme ich kein Koffein mehr zu mir«, sagte sie.

»Sie leiden sicher nicht an Anomalien, was das Essen betrifft?« fragte er.

»Tja, eigentlich bin ich ein verhinderter Fall von Anorexia«, sagte sie. »Meine Denkweise ist gewissermaßen ganz danach ausgerichtet, aber verhalten kann ich mich anscheinend doch nicht so.«

»Eine Zeitlang habe ich ein Mädchen gekannt«, begann er, «das an Bulimie litt. Ich habe das allerdings damals gar nicht bemerkt, denn sie hatte einen phantastischen Körper. Sie hat das Essen anscheinend gut verwertet.«

»Ich bin nicht der Typ für Bulimie«, meinte sie. »Ich könnt mich niemals zwingen zu erbrechen.«

»Sie sind sehr offen. Das gefällt mir.«

»Bei einer Frau?« fragte sie. »Hören Sie, es ist nicht einfach, hier was Besonderes zu bekommen. Wir sind im ›Pasta Hello‹, ich nehme einfach eine Lasagne.«

»Sind Sie sicher?« wollte er wissen. »Alles klar. Ober, bitte zweimal Lasagne, ein Heineken und...?«

»›Cola-Light‹«, ergänzte sie.

»Und eine ›Cola-Light‹«, ergänzte er. »Danke. Sie haben Meditation erwähnt, das ist interessant. Eine starke Persönlichkeit in einem transzendentalen Zustand, das muß interessant sein. Obwohl, nur ein bißchen transzendental herumexperimentieren, das wäre mir persönlich sicher zu wenig. Für mich käme wohl nur Satori in Frage. Ich hab mich schon ziemlich ausführlich mit dem Ganzen beschäftigt und eine Menge über Zen gelesen. Wenn man es sich über das bloße Lesen aneignen könnte, dann wäre ich schon längst soweit. Natürlich läuft es bei Zen immer aufs gleiche hinaus: ›Ich könnte den Film produzieren oder auch nicht.‹ Immer wieder dieses ›Oder-auch-nicht‹! Das geht dann ungefähr so wie der Witz, wieviel Buddhisten man zum Einschrauben einer Birne braucht. Vierzehn; sieben, die schrauben, und sieben, die nicht schrauben.«

»Kennen Sie auch den von dem polnischen Starlet, das nach Hollywood gekommen ist und mit allen Autoren geschlafen hat?«

»Ja, kenn ich«, sagte er, »find ich sehr gut. Bevor ich's vergesse, ich war schon immer von Ihren enormen Qualitäten begeistert. In *Nebel über dem See* haben Sie mir wahnsinnig toll gefallen, besonders in der Szene, wo Sie in diesem durchsichtigen Kleid an den Klippen stehen, mit diesen irren Haaren, und einfach nur schauen. Ich muß Ihnen gestehen, die Szene hat mich ganz schön erregt. Und nicht wegen Ihres sexy Körpers, sondern allein wegen Ihrer schauspielerischen Leistungen. Ich meine, Sie machten sogar in *Porkys Trottel* eine ziemlich gute Figur, was ich normalerweise für ausgeschlossen gehalten hätte. Sie verstehen, das mit der Figur meine ich anders als etwa bei Pia Zadora. Sie sind nicht auf den Mund gefallen! Sagen Sie, wie ist eigentlich ein so kluges Mädchen wie Sie zum Film gekommen?«

»Norma, meine Psychiaterin, meint, es hat damit zu tun, daß ich als Kind nicht genug Zuneigung bekommen hab«, sagte sie. »Das kompensiere ich jetzt dauernd, indem ich versuche, so viel Aufmerksamkeit wie möglich auf mich zu lenken. Das ist auch der Grund, warum ich so verführerisch wirke. Wissen Sie, wenn man dauernd mit irgendwelchen wichtigen Leuten einmalige Verabredungen treffen muß, dann kommt es immer gerade auf dieses eine Mal an; man muß jedesmal alles geben, sonst hat man überhaupt keine Chance, den Job zu bekommen. Und das wiederholt sich immer wieder, auch wenn man schon Erfolg hat. Du mußt ständig ihrer wie auch immer gearteten Vorstellung, die sie sich von dir gemacht haben, entsprechen. Selbstverständlich darfst du niemals zeigen, wie anstrengend das alles ist. Du mußt ihnen immer das Gefühl geben, daß es für dich nichts Schöneres gibt, als dich mit ihnen zu treffen, da du ja im Grunde genommen mit ihnen seelenverwandt bist. Dabei fühlst du dich total unwohl – mit *jedem einzelnen* von ihnen.«

»Produzenten treffen Leute und müssen so tun, als ob sie sie mögen«, sagte er. »Wir müssen sie entkrampfen. Jeder wird sensibler gegenüber den Gefühlen anderer und vergißt dabei seine eigenen.«

»In Hollywood findet man nirgends wirkliche Zuneigung«, sagte sie, »denn jeder ist hier so verdammt gut darin, Zuneigung nur vorzutäuschen. Dauernd läutet dein Telefon, du hast eine

Menge Freunde, aber hättest du nur ein klein bißchen weniger Erfolg, würde wahrscheinlich niemand mehr anrufen.«

»Ich weiß genau, was Sie meinen«, sagte er. »Ich bin jahrelang zu Nutten gegangen, weil ... Nun, seien wir ehrlich, ich bin ein ziemlich erfolgreicher Produzent und Autor, und ich werde wohl demnächst als Regisseur arbeiten. Columbia will mich tatsächlich für einen Film als Regisseur verpflichten, und ich glaube, jetzt ist genau der richtige Zeitpunkt dafür. Ich meine natürlich, ich nehme auch sonst nur solche Filme in Angriff, bei denen ich auch Regie führen könnte. Da gibt es zum Beispiel den über die High school, so ... Aber lassen wir das. Was ich eigentlich sagen will, ist, daß ich jetzt schon eine ganze Weile diese Dinge tue und mich die Leute vielleicht nur wegen meines Geldes mögen. Ich hab mir also gedacht, wenn mich schon jemand allein wegen meines Geldes mag, dann kann dieser Jemand auch genausogut eine Nutte sein, die mich sowieso nur ausschließlich wegen meines Geldes mag. Da gab es also dieses Mädchen. Ich weiß immer noch nicht, ob man das ein festes Verhältnis nennen konnte, auf jeden Fall sind wir eine Zeitlang zusammen ausgegangen. Ich hab mich aber, müssen Sie wissen, trotzdem noch mit anderen getroffen. Es ist nicht leicht für mich ... Ich weiß nicht warum, aber ich glaube ... Wenn man so erzogen worden ist wie ich, dann ...«

»Sie haben Beziehungsprobleme?« fragte sie.

»Nicht direkt. Ich habe keine Probleme damit. Ich will nur einfach keine Beziehung. Ich seh keinen Sinn darin. Ich meine, meine Karriere bedeutet mir sehr viel und ... Gut, man kann eigentlich nicht sagen, daß ich keine Beziehung *will*. Ich will mich einfach nicht binden. Wahrscheinlich ist das aber nur eine Ausrede, ich weiß es nicht. Mein Anwalt meint, daß ich schlicht und ergreifend Angst vor engen Beziehungen habe. Aber er lebt selbst mit einem Mädchen zusammen, und das sieht – wie soll ich sagen? – genauso aus. Ich weiß wirklich nicht, was das alles soll. Verstehen Sie mich nicht falsch, ich liebe Sex. Man kann sogar so weit gehen zu sagen, daß ich verrückt bin nach Sex. Ich meine, halten Sie mich jetzt bitte nicht für plump – ich bin ja für mein offenes Wesen bekannt –, aber ich würde nämlich gerne

Sex mit Ihnen machen. Sie sehen wie jemand aus, mit dem Sex wunderbar wäre.«

»Oh, wie romantisch!« erwiderte sie.

»Sie haben ja recht«, sagte er. »Ich bin gefühllos. Erst neulich habe ich eine Gefühlskälte an mir festgestellt, die mich erschrekken ließ. Es macht mir angst, wenn ich merke, daß mir außer meiner Arbeit eigentlich nichts viel bedeutet. Man kann mich wohl als ›Workaholic‹ bezeichnen. Wäre ich kein Produzent, würde ich ein Football-Team trainieren, weil das eine ähnlich konzentrierte Leidenschaft erfordert. Ich brauche das, ich blühe förmlich dabei auf, ja, ich *bin* diese Leidenschaft in Person. Ich liebe eine Umgebung, die mein Wesen ergänzt. Bei einem Konzert von Bruce Springsteen kann ich mich entspannen. Inmitten dieser geballten Ladung Energie fällt es mir leicht, mich zu entspannen. In der Armee wäre ich sicherlich ein Held gewesen, glaub ich, solange . . . Natürlich wäre ich nicht gerne verwundet worden, ich hasse Schmerzen! Das macht mich nicht ungewöhnlich, ich weiß.«

»Aber Sie wollten es schon mal prophylaktisch erwähnt haben«, sagte sie, »falls ich auf die Idee kommen würde, Sie mit der Gabel zu erstechen.«

»Auf jeden Fall würde ich«, betonte er, »gerne eine Beziehung haben wollen, weil alle eine haben, außerdem sieht es ganz nett aus.«

»Eine Beziehung ist für mich«, sagte sie, »wenn zwei Leute nackt vor einer Kerze sitzen und sich ganz schwere Musik anhören. Wenn ich's mir recht überlege, muß es wohl auch irgendwie bedeuten, daß beide das gleiche Video mögen und keiner *The Sot-Weed Factor* zu Ende lesen mag. Neulich war ich mit jemand weg. Irgendwann mal erwähnte ich, ich würde ›Sushi‹ nicht mögen. Ich habe ›Wal-Zahnfleisch‹ dazu gesagt, und er antwortete: ›Echt? Du magst es nicht? Ich hasse es auch!‹ Es hörte sich an wie: ›Endlich! Endlich jemand, der mich versteht!‹«

»Wir leben in Amerika«, bestätigte er. »Jeder, der Englisch spricht, versteht Sie. Wie man Sie interpretiert, ist wieder eine andere Frage.«

»Normalerweise gibt es da immer eine Sache, auf die dich

jemand anders erst lenkt«, sagte sie. »Das geht dann so: Irgend jemand sagt etwas Abfälliges über Therapeuten, und du greifst den Faden auf: ›Oh, Sie mögen keine Therapeuten? Ich mag sie auch nicht. Jeder kann sich doch auch selbst helfen, es ging doch auch früher ohne sie. Stellen Sie sich die Leute in der Pionierzeit vor! Ich kann den Baum da nicht fällen, weil ich mittags zu meinem Therapeuten muß! Mein Psychiater hat mir gesagt, das Töten von Indianern wäre ein Ausleben von Aggression!‹«

»Mir ist aufgefallen, daß Leute, die Haß- oder Einsamkeitsgefühle zugeben, auch zur Gruppenbildung neigen«, sagte er, »als kleinster gemeinsamer Nenner sozusagen. Ein kleiner Klub enttäuschter, angsterfüllter Leute, die ›Phi-Beta‹-Manie«*

»›Phi-Beta‹-Manie!« wiederholte sie. »Das muß ich mir merken!«

»Bei einer ersten Verabredung wie dieser lauert doch gleich von Anfang an dieses ganze Soforthilfe-Adrenalin. Man zeigt sich von der Schokoladenseite, so als sei das der Normalzustand, als sei das das Natürlichste der Welt. Aber es ist ganz anders, alles ist total verkrampft.«

»Ich bin mal mit einem Senator ausgegangen«, fiel ihr ein, »der mir die ganze Zeit schmeichelte: ›Sie sind toll; was sind Sie bloß für ein wunderbares Mädchen!‹ Ich hab mir nur gedacht: ›Hör bloß auf damit!‹ Er hat geglaubt, ich würde das wirklich hören wollen, anstatt mir zu sagen, was er wirklich gedacht hat. Und wenn er das wirklich gedacht hätte, dann hätte ich das auch gemerkt. Ich hätte selbst herausfinden können, daß er das gedacht hat. Ich weiß doch eh, daß ich eine tolle Frau bin. Ich will aber gar keine tolle Frau sein. Das bin ich für das Publikum. Für jemanden, mit dem ich verabredet bin, will ich etwas anderes sein.«

»Wenn die Schauspieler bei mir vor der Kamera auftauchen, bin ich mit ganzem Herzen dabei«, sagte er. »Ich habe selbst als Schauspieler angefangen. Ich bin auf der Schauspielschule gewesen; Jeff Bridges war mit mir in einer Klasse. Ich habe tatsächlich

* Eine Anspielung auf das »Phi Beta Kappa«, einer studentischen Elite-Vereinigung in den USA.

schon bei einigen meiner Filme mitgespielt. Ich glaube, ich bin ein Naturtalent. Mein Vater war Priester. Von ihm habe ich diese Energie geerbt. Eine Menge Priestersöhne – Olivier zum Beispiel und noch einige andere – sind zum Film gegangen. Ich jedenfalls mache alle Sprechproben mit meinen Schauspielerinnen. Warum sind Sie noch nicht zur Sprechprobe gekommen?«

»Vor sechs Jahren hab ich bei Ihnen vorgesprochen«, erwiderte sie. »Sic waren sehr nett, aber auch ziemlich beschäftigt. Es waren eine Menge Leute da.«

»Wirklich?« fragte er. »An jemanden wie Sie erinnere ich mich normalerweise. Moment, war das bei *Why is Ruth Dead?* Damals habe ich eine Menge Kokain genommen. Ich habe gelesen, daß Sie vor kurzem noch in einer Drogenklinik waren, dann müßten Sie sich doch vorstellen können, was ich meine. Mit Free-base hab ich's nie versucht, aber ... Ich habe eine Menge Kokain genommen. Und wissen Sie, ich mag Kokain *wirklich* gern. Ich mußte nur aufhören, weil ich Angstzustände bekommen habe. Dennoch, ich müßte mich eigentlich an Sie erinnern. Sie sind nicht nur hübsch, sondern vor allem auch intelligent. Mir fällt dabei was ein, was ich erst kürzlich mal gesagt habe – ich will mich zwar nicht selber zitieren, aber sonst wird es vielleicht niemand mehr zu Ihnen sagen. In Indien sagt man, der Körper sei die Hülle des Geistes, und der Geist ist doch wohl die Essenz des Menschen. Ja, und wir leben in einer großen Stadt aus lauter Hüllen. Was an Ihnen so faszinierend ist, ist doch, daß Sie wie ein Brief sind. Ich meine, um auf einen Brief eingehen zu können, braucht man doch einen zweiten, und wir beide sind doch wahrlich zwei Briefe in dieser Stadt der Hüllen –«

»Die Hülle, bitte!« rief sie.

»– wenn es also jemand gibt, der einen wirklich interessanten Brief hat, dann will man ihn doch lesen«, sagte er. »Das Problem ist nur, daß man so auf seine eigene Post fixiert ist, so versunken in die eigene Buchstabenwelt, daß man ... Manchmal denke ich mir, vielleicht habe ich SIE schon getroffen, aber ich war zu sehr mit mir selbst beschäftigt, um eine gute Figur zu machen, falls sie plötzlich auftauchen würde, so daß ich sie gar nicht erkannt habe.«

»Ich weiß, was Sie meinen«, sagte sie. »Manchmal bin ich mit einem Typen zusammen und denke mir: ›Den liebst du. Das ist *es*!‹ Aber wen ich wirklich liebe, das bin ich selbst, während ich mit ihm zusammen bin, und das hat nun fast nichts mit dem anderen zu tun. Es bietet mir nur die Gelegenheit, wieder einmal ich selber zu sein, mir wieder einmal zu beweisen, wie intelligent, agil und witzig ich doch bin und daß ich es noch immer verstehe, Blut in ihre Haifischbecken zu gießen, wenn ich nur will.«

»Ich beneide die Leute, die mich das erstemal treffen«, sagte er. »Dieses erste Treffen ist alles, ich kann ihre Augen beobachten, sehe, was vor sich geht, fast möchte ich ganz sie sein. Ich möchte jemand wie mich treffen.«

»Wenn sie mir treu ergeben sind«, fuhr sie fort, »dann beginne ich, ihre Schwächen aufzudecken und zu kritisieren. Eigentlich bin aber nicht ich es, die etwas an ihnen auszusetzen hat, es ist der ›Schlafende Riese‹ tief in mir drin, der mit einem lauten ›Holterdipolter‹ plötzlich aufwacht und stöhnt: ›Uuuaah, schau dir bloß diese *Haare* an‹, oder: ›O Gott, hast du den *Stuß* gehört, den der da gerade verzapft hat?‹ Der ›Schlafende Riese‹ kennt kein Erbarmen, er ist unerbittlich auf der Suche nach Fehlern und Peinlichkeiten, er spürt sie auf wie die Ostereier, so ist er nun mal, der Riese! Aber ich mag die Leute doch! Mir tut es leid, daß der Riese so ist. Etwas in mir will sie warnen: *›Seid doch nicht so blöd!‹* Als würde das den Leuten etwas nützen! Denn der Riese tönt unnachgiebig: ›Dieser hier ist nicht gut genug für dich!‹ Dabei liegen mir – im Gegensatz zum Riesen – die Typen wirklich *am Herzen*. Gut, es mag zwar nicht immer den Anschein haben, aber ich hab wirklich Mitgefühl mit den Leuten. Wenn irgendeine Mannschaft beim Sport verliert, dann leide ich ganz furchtbar mit ihr. Ich könnte im Boden versinken, wenn ich ihre traurigen Gesichter seh. Ich *weiß,* wie weh das tut. Ich meine, ich, nein, ich könnte nicht mal Wanzen zertreten, obwohl ich mich vor ihnen ekle.«

»Mein Problem ist«, begann er, »daß es mich nur nach bedürftigen Leuten verlangt. Jemand, der in Ordnung ist, würde ich wahrscheinlich gar nicht erkennen. Er könnte sogar ein Schild umgehängt haben, ›Ich habe keine Probleme, glauben Sie mir‹, selbst dann würde ich ihn überhaupt nicht bemerken.«

»Nur über wiederholte Bloßstellung des anderen«, sagte sie, »vermag ich Vertrauen zu ihm zu fassen. Die Route, die ich dabei zurücklege, legt die Routine fest. Ich übe mit jemandem ein Rollenspiel ein, und dann merke ich, daß es diese Rollen gar nicht gibt. Ist das Routine-Spiel mal in Gang gekommen, braucht man ziemlich viel Erholung, so daß es zu einer permanenten Erneuerung, zu einem ständigen Wieder-von-vorne-Beginnen kommt. Wenn ich die Typen sehe, dann kommt es mir vor, als hörte ich mein Lieblingslied, das dann zur Nummer 1 in der Hitparade geworden war und mir schließlich zum Hals raushing. Eine Zeitlang war es dann nicht mehr im Radio zu hören, dann höre ich es mal wieder und denke mir: ›O super! Toll, es wieder zu hören!‹ So geht's mir mit den Leuten!«

»Mir geht's so«, erklärte er, »daß ich mich selbst in anderen wiederfinde. Natürlich nie im Ganzen, sondern immer nur in gewisser Hinsicht. Es finden sich doch tausend Seiten an einer Person, man ist doch so vielseitig! In Indien kam mal ein Typ auf seinem Skateboard daher und meinte: ›Mein Bruder, mein Bruder!‹ Mich hat lange nicht in Ruhe gelassen, daß er mich seinen Bruder genannt hat, doch dann war's mir klar: ›Ja, natürlich! Er sieht sich selbst in mir! Jetzt versteh ich!‹ Gut, aber wenn ich mich dann mal in einem Leprakranken wiederfinden würde... Ich halte nach mir selbst Ausschau und finde mich in jedem und überall wieder; allerdings nicht in dem Maße, daß es von Bedeutung wäre.«

»Ich weiß nicht, was ich noch zu finden hoffe«, sagte sie. »Das ewige Suchen hat mich total in Anspruch genommen. Ich habe schon so lange gesucht, daß sich das Suchen verselbständigt hat. Ursprünglich wollte ich wohl wirklich jemand finden, einen starken Eindruck hinterlassen, mich binden. Heute, da ich damit gescheitert bin, jemanden zu finden, setze ich mein Suchen fort und tue aber so, als würde ich gar niemand finden wollen. Ich schaue mich nur noch um. Es geht um den Sieg, nicht um den Preis. Der Preis ist der Sieg, und wenn's nur drei Minuten sind, die du auskosten kannst. Das ist es auch, was die Annehmlichkeit des sexuellen Kontakts so ideal macht, auch wenn sich hinterher nur Enttäuschung einstellen kann. Denn alles, was man wollte, war das Verlangen, aber nicht das Besitzen. Sobald du vögelst, ist alles vorbei. *Sobald du vögelst!*«

»Sie sollten mal mein Haus sehen«, sagte er. »Für mich ist es meine Bärenhöhle. In ihr mutet alles etwas kalt, feucht und dunkel an. Ich bin ein Gewohnheitstier, deswegen mochte ich auch Kokain. Ein eindrucksvolles Ritual verbindet sich damit. Seit ich kein Kokain mehr nehme, habe ich mich auf andere Rituale konzentriert. Manche von ihnen bereiten mir allerdings alles andere als Spaß. Zum Beispiel hasse ich Zähneputzen – der Zerfallsprozeß wird dadurch nur ein wenig aufgehalten –, aber ich mache es trotzdem. Wenn ich darauf warten würde, daß mir alles, was ich so tue, auch gefällt, weiß ich nicht, ob ich überhaupt noch was tun würde, außer vielleicht, darüber zu lamentieren, was ich nicht getan habe. Deshalb kommt es für mich nicht darauf an, etwas gerne zu tun, die Hauptsache ist, du tust es. Ich muß es nicht mögen, ich muß es einfach tun. Das gerät mir nur zum Vorteil. Wenn ich etwas gern tue, dann mich zu rasieren. Ich stutze sehr gerne meinen Bart und pflege ihn mit After-Shave. Und ich mag es, wenn der Typ von drüben rüberkommt und mit mir trainiert. Außerdem habe ich einen ganz bestimmten Morgenmantel aus Frottee, den ich jeden Morgen nach der Dusche anziehe –«

»Der Spion, der aus der Kälte kam«, sagte sie.

»– und«, fuhr er fort, »dann habe ich noch einen anderen – ich weiß nicht einmal, aus welchem Stoff er ist –, den ich nur abends anziehe. Bestimmte Bettbezüge bei mir zu Hause bete ich geradezu an. ›Pratesi‹ heißen sie, italienische Bettbezüge, die flauschigsten, die man sich vorstellen kann. Früher träumte ich davon, meine Bettbezüge einer reinlichen norwegischen Familie ausleihen zu können, um sie dann nach drei Jahren ideal weichgeklopft wieder zurückzubekommen. Aber heute *kaufe* ich sie so. Und dann ist da noch mein Wecker und viele kleine Dinge mehr. Ich weiß, das klingt, als steckte ich noch in der analen Phase, aber ich erfreue mich wirklich an diesen Kleinigkeiten meines Lebens. Ich mag es, Dinge an dem für sie bestimmten Platz zu wissen.

Wahrscheinlich bin ich tatsächlich noch nicht aus der analen Phase herausgekommen. Es macht mir einfach wahnsinnigen Spaß. Sie sollten mal mein Haus sehen.«

»Sie gehören doch hoffentlich keiner Risikogruppe an?« fragte sie.

»Sehr witzig!« antwortete er.

»Erinnern Sie sich an die letzte Sitzung, als Sie sagten, ich sollte vielleicht eine Zeitlang keine Verabredungen mehr treffen, so lange jedenfalls, wie wir in diesem Punkt nicht weitergekommen sind? Schön, aber wie lange soll das denn sein, ›eine Zeitlang‹?

Nein, ich habe mich nicht verabredet, aber ich habe mich halt gefragt, wie lange es wohl dauern könnte, bis es Ihrer Meinung nach O.K. ist. Ja, ich weiß, wir sind noch nicht soweit, und ich habe auch keine Verabredungen getroffen. Ich bin nur mal mit jemand ausgegangen. Ein paar . . . dreimal. Ich habe ja versucht, hier anzurufen – gut, ich *wollte* Sie anrufen, aber Sie waren ja auch gar nicht in der Stadt. Ich hab mir dann einfach gedacht, daß ja nichts Schlimmes an so einer kleinen Verabredung sein kann.

Es ist so, ich hab da einen ziemlich interessanten Typen kennengelernt, und das macht mir zu schaffen. Ich weiß schon, man sollte sich lieber nach langweiligen Männern umsehen, aber ich erkenne halt immer nur die Signale der interessanten Typen. Und natürlich bedeutet ›interessant‹ auch immer gleich ›problematisch‹. Ich glaube sowieso nicht mehr, daß mit dem nächsten Mal alles anders wird. Ich bin überzeugt, es wird diesmal wieder das gleiche sein, nur eben auf eine andere Art.

Jedenfalls hat mich Andrea, meine Freundin, mit ihm zusammengebracht. Er ist Produzent, sehr erfolgreich und attraktiv und so weiter. Ich habe ihn zum Dinner getroffen, und es war ein netter Abend. Er ist stark gefühlsbetont – während der ganzen Zeit sind keinerlei peinliche Pausen entstanden. Das Komische an diesem Typen ist, daß er mir nicht unähnlich ist.

Wir haben eine ähnliche Weise, an die Dinge heranzugehen, und ähnliche Vorlieben. Gut, seine Vorliebe für Sex scheint ziemlich ausgeprägt zu sein. Sie wissen ja, ich hingegen habe auf diesem Gebiet nicht sehr viel zu bieten. Ich bin da nicht gerade in meinem Element. Ich weiß eigentlich gar nicht, was ich dabei tun soll. Immer wenn es soweit ist, wundere ich mich, wie ausgerechnet mir das wieder passieren konnte. Deswegen will ich es auch um jeden Preis vermeiden.

Ich habe ihn also getroffen und wir haben zu Abend gegessen, und ich habe mich wirklich von ihm verstanden gefühlt, oder zumindest hatte ich das Gefühl, wenn er einmal still war. Dieser Typ war so was wie mein Testosteron-Ebenbild, und weil *ich* ja schon mein eigenes Testosteron-Ebenbild bin, ist ein heilloses Durcheinander entstanden. Es war, als wäre ich mit einem Teil von mir zusammengewesen. Man möchte zwar meinen, daß ich schon genug mit mir selbst zu tun habe, es war aber dennoch sehr nett und dann wollte er noch, daß ich mir sein Haus anschaue. Das hätte ich mir ja denken können...

Und ich hatte nicht einmal ein Verhütungsmittel dabei. Hätte ich mich vielleicht für einen Restaurantbesuch mit meinem Diaphragma ›bewaffnen‹ sollen? Es ist ziemlich peinlich, wenn sie merken, daß du Sex von vornherein mit eingeplant hast. Es ist schon so, daß ich manchmal versuche, mit der Zeit zu gehen und ganz anders zu sein, aber irgendwann ist dann ein Punkt erreicht, wo mir das, was ich gerade tue, überhaupt nicht mehr in den Kram paßt. Ich habe ihm dann gesagt, daß ich keine Lust habe, mit Leuten, die ich gerade erst kennengelernt habe, zu schlafen. Das schien er zu verstehen. Er sagte: ›Warum übernachtest du nicht einfach hier?‹

Ja, ich bin dann also geblieben, wir waren ein bißchen zärtlich zueinander, und es war ganz nett. Als wir uns dann küßten, meinte er: ›Das gäbe ein tolles Foto von Dir.‹ Er erzählte mir, wie er in Indien beim Anblick des Himalaya-Gebirges ausgerufen hätte: ›Was für ein tolles Foto!‹ Und dabei war er selbst *vor Ort*. Es ist so, als wüßten wir nicht mehr, wo wir uns befinden. Wenn wir uns schon so von unserer eigenen Erfahrung abgekapselt haben, wie können wir sie dann noch sinnvoll *nutzen*? Und da wir unsere Erfahrungen ja gemacht haben, transformieren wir sie einfach in ein anderes Medium. Das größte verfügbare Medium ist das Leben, aber es ist auch unüberschaubar. Um unsere Erfahrungen abwägen zu können, müssen wir sie in überschaubare Bereiche transformieren, und das heißt auch, maßstabsgerecht verkleinern.

Ich habe also bei ihm übernachtet, aber am anderen Morgen war er mir total fremd. Gut, er war noch immer nett, aber er schien auch so ... Ich weiß nicht, es war ja *morgens*, und da ist ein bißchen Zurückhaltung schon erklärbar, aber irgendwie hatte ich das Gefühl, daß er langsam von mir wegdriftet und das machte ihn gleichzeitig unheimlich attraktiv. Wir haben dann miteinander geschlafen. Danach habe ich uns das Frühstück gemacht und ihm gesagt, das wäre absolut gegen meine Gewohnheit, wie im übrigen alles außergewöhnlich wäre, was ich gerade täte. Es war kein besonders spektakuläres Frühstück – die Spiegeleier waren angebräunt und die ersten zwei Scheiben Schinken durchgeköchelt. Irgendwie scheine ich beim Essen zeitlich nichts auf die Reihe zu bringen.

Er ist dann zum Schneiden seines neuesten Films *Ziz!*, und ich bin nach Hause gegangen. Gegen Abend hatte ich schon mit den meisten meiner Freunde telefoniert ... Manchmal bin ich mir nicht sicher, ob ich überhaupt richtige Freunde habe. Da gibt es vielleicht nur ein paar Leute, denen ich wirklich alles erzählen kann. Echtes Vertrauen ist zum oberflächlichen Umgang miteinander verkommen. Aber wie dem auch sei, jeder hat mir ungefähr das gleiche erzählt: ›Paß auf, der ist total sexbesesen, der vögelt alle, die ihm über den Weg laufen.‹

Das hatte ich kapiert, aber tief in meinem Innersten – arg tief geht's bei mir ja nicht, weil ich das Unterste zuoberst gekehrt hab – also irgendwo in mir drin, da hab ich doch gespürt ... Früher war das so ähnlich, da habe ich mich immer in Homosexuelle verknallt, weil die mich schon abgelehnt hatten, bevor ich sie überhaupt kennengelernt hatte. Schürzenjäger lassen einen zwar nicht auflaufen, aber sie akzeptieren einen auf eine herablassende Art und Weise, das ist ganz ähnlich. Bei ihnen geht es mir genauso wie mit schwulen Männern, bei denen ich auch immer eine Sonderstellung für mich reklamiert hatte: »Aber bei mir ist das ganz was anderes!« Das bedeutet jetzt nicht unbedingt, daß ich eine Beziehung haben werde. Ich mache mir da nicht allzu große Hoffnungen, aber irgendwo versteckt hinter diesem Nichthoffen liegt vielleicht doch ein Stück Hoffnung ...

Wären Sie letzte Woche doch nur dagewesen! Vielleicht hätte ich nicht mit ihm geschlafen, wenn ich mit Ihnen vorher gesprochen hätte. Denn ich selber scheine nichts Verwerfliches daran zu finden, daß ich mit ihm geschlafen habe. Ich brauche da schon Leute, die mich ermutigen, so was nicht zu tun. Könnten wir auf diesem Gebiet nicht verstärkt arbeiten? Nehmen wir uns doch hier mal eine Menge vor, so wie damals in Vietnam, als man das ganze Land mit einem Bombenteppich überzog und damit den Krieg eskalieren ließ. Lassen wir doch den Krieg in diesem Bereich meines Lebens eskalieren, und wenn es uns nicht gelingen sollte, aus mir einen besseren Menschen zu machen, dann könnten wir doch wenigstens erreichen, daß es mir nichts mehr ausmacht, kein besserer Mensch zu sein.

Nun gut, es wäre wohl besser gewesen, das Verhältnis wieder etwas abkühlen zu lassen. Er wurde dann am darauffolgenden Wochenende bei diesem ›Jackson-Hole-Filmfestival‹ erwartet. Ich wollte allerdings nicht, daß er merkte, wie sehr ich es mir wünschte, mit ihm etwas zu unternehmen. Deshalb erfand ich irgendwas von einem Besuch bei Freunden in Napa, den ich angeblich vorgehabt hätte. Montag früh hat er dann kurz vor zehn angerufen, wir sind zum Mittagessen gegangen und haben danach bei mir zu Hause miteinander geschlafen. Ihm gefällt es bei mir. Er war sehr nett zu mir, und ich mußte die ganze Zeit daran denken, daß ich eigentlich versuchen wollte, mich ihm gegenüber gleichgültig zu verhalten. Das war verrückt, denn in gewisser Hinsicht ist er mir einfach nicht gleichgültig. Ich meine, er sieht zwar gut aus und ist sehr agil und so, aber man muß auch seinen Ruf in Betracht ziehen. Schließlich war er mal von Kokain abhängig und schläft mit Nutten.

Unsere Gespräche jedenfalls sind wunderbar. Wir reden über die wichtigsten Dinge so selbstverständlich wie über das

Wetter. Einmal eröffnete er mir, er könnte am Abend nicht zu mir kommen, weil er sich wegen des Titelsongs für seinen neuesten Film mit dieser Rockband ›Bad Hetero‹ treffen müßte. Und weil Sie ja noch immer nicht zurückgekommen waren, bin ich nach Santa Barbara gefahren, einfach, um ein bißchen rauszukommen und Abstand von ihm zu bekommen. Oder vielleicht mußte ich auch nur raus, um *ausschließlich* an ihn denken zu können. Vermutlich kann man sogar sagen, daß ich richtiggehend besessen von ihm war.

Auf dem Parkplatz vor dem Hotel bin ich dann ein paar Tage später Evelyn Ames, einer Filmproduzentin, die ich seit Jahren immer wieder auf Partys treffe, über den Weg gerannt. Evelyn führt nun wirklich ein ausschweifendes Leben und genießt auch noch ihren Ruf, zumindest will sie den Anschein erwecken, als täte sie es. Außer den Typen muß wohl auch noch jemand anders an ihrem Ruf Gefallen finden.

Nun gut, wir gingen also Essen, und im Laufe des Gesprächs fiel der Name von Jack. So heißt er nämlich, Jack Burroughs – das heißt, eigentlich kam ich auf ihn zu sprechen – und irgendwie konnte ich mir es nicht verkneifen, sie zu fragen, ob sie schon mit ihm geschlafen hat. Ich kenne sie zwar nicht näher, aber sie gehört zu den Frauen, die man gar nicht so gut kennen muß, um sie so etwas zu fragen.

Sie bestätigte: ›Ja, ich habe mit ihm geschlafen.‹ Dann hat sie mich gefragt: ›Hat er auch das hier dir gemacht?‹ Und mitten im Restaurant demonstrierte sie mir, was sie meinte: sie umklammerte ihre Knie mit den Händen und zog sie ganz eng an ihren Körper. Ich antwortete: ›Nein.‹ Dann überlegte ich mir, wenn er mir nur dadurch, daß er mir diese Stellung erspart hatte, Respekt gezollt hatte, dann wäre das immerhin schon was. Evelyn vertraute mir auch an, daß er ihr während des Beischlafs von einem anderen Mädchen erzählte, die er bald aus Boston kommen lassen wollte und die eine wirklich weiche Haut hätte. Er knetete also ihre Haut und schwärmte dabei von der einer anderen Frau.

Dann verriet sie mir doch tatsächlich, daß sie ihn ja erst noch kürzlich gesehen hätte. Wir kamen darauf, daß er am Montag abend bei ihr war, nachdem er noch am Nachmittag bei mir gewesen war. Ich dachte bei mir: Verdammt, das ist wirklich ein Vollblutweib, aber dann noch zwei davon an einem einzigen Tag zu besitzen, das ist doch völlig abgedreht – was soll man sonst dazu sagen? Und Evelyn hatte ein schlechtes Gewissen, nachdem sie mir das alles anvertraut hatte, deshalb sagte sie: ›Wahrscheinlich mag er dich wirklich. Wir vögeln einfach nur miteinander, und während er in mir ist, schwärmt er ständig von anderen Frauen.‹

Das hat mir dann gereicht, das war einfach zuviel. Es war ziemlich demütigend, jemand über den Weg zu laufen, der am gleichen Tag mit dem Typen zusammen war, an dem auch du mit ihm zusammengewesen bist. Ich war total sauer. Auf der Heimfahrt bin ich dann derart schnell in eine Rechtskurve gefahren, daß die Räder fast von der Straße abhoben. Wie wär's denn, wenn ich verunglückt wäre? Nachdem ich ins Krankenhaus eingeliefert worden wäre, wäre er gekommen. Aber aus dem Besuch wäre nichts geworden, ich hätte ihn nämlich rausschmeißen lassen. Dann überlegte ich, daß ich jetzt eigentlich nicht mehr in der Klemme saß.

Als ich zu Hause war, bekam ich einen Anruf von Charlie, meinem Manager, der wissen wollte, ob ich wirklich mit diesem Typen Verabredungen treffe. ›Nun, Verabredungen treffen würde ich dazu nicht unbedingt sagen‹, lenkte ich ein, ›aber warum fragst du?‹ Mein Manager erzählte mir dann, daß eine Freundin von ihm am Dienstag abend mit diesem Typen ausgegangen wäre und dieser ihr erzählt hätte, er würde sich mit mir treffen. Das macht dann ungefähr drei in zwei Tagen – die Dunkelziffer nicht mitgerechnet; man stelle sich vor, was ich über eine Parabolantenne noch alles herausbekommen würde.

Ich wollte ihn anrufen und auffordern, mich nie wieder anzurufen, aber irgend etwas in mir gab die Hoffnung nicht auf, daß ihm dies jetzt leid täte und erkennen ließ, wie sehr er mich liebt und was ihm entginge, wenn er mich nicht heiraten würde. Bei diesen Gedanken fühlte ich mich wie ein kompletter Trottel; es ist, als wäre an meinen Genen herumgepfuscht worden. Seit frühester Kindheit habe ich mir immer vorgestellt, wie ich mit

Schürze in der Küche stehe, auf dem Fensterbrett kühlt der Kuchen ab und von oben kommt Babygeplärre. Ich habe geglaubt, diese Vorstellungen würden mich irgendwie fest an die Erde binden; ich brauche sie, um nicht irgendwann völlig abzudriften.

Gut, ich habe ihn dann angerufen und versucht, die Situation von der witzigen Seite her zu beleuchten, aber er hat mich angeschnauzt: ›Ha, der Esel schimpft mich Langohr!‹ Damit spielte er darauf an, daß ich mit zwei Typen, die er zufällig kennt, geschlafen hatte – in einem Zeitraum von *fünf Jahren!* – und daß ich mit ihm gleich am Morgen nach unserem Treffen geschlafen hatte und deswegen wohl eine Schlampe sein müßte. Demnach müßte wohl jede, die mit ihm geschlafen hat, eine Hure sein. Wir hatten also einen Riesenkrach. Und dann hat er mich noch bezichtigt, diese ganze Sex-Klamotte von vornherein inszeniert zu haben, worauf ich nur noch sagte: ›Gut, wenn ich schon das Ganze angefangen habe, dann breche ich es auf der Stelle wieder ab. Ich setze dir ein riesengroßes Denkmal!‹ Dann hab ich eingehängt.

Wenn er nicht zurückrufen würde, wollte ich ihn anrufen und nur sagen, daß er nie mehr auf die Idee kommen sollte, mich anzurufen. Er hatte den Anrufbeantworter an und nur einen Satz drauf genuschelt: ›Ich will keine Hure!‹ Ich bin total ausgerastet. Ich meine, damit war nicht nur ich gemeint, sondern das war auf jede Frau gemünzt, mit der er jemals zusammengewesen ist! Damit mußte ich mich wohl oder übel abfinden. Ich kann gar nicht sagen, wie erschüttert ich war. Jedenfalls war er für mich gestorben, was ich ihm auch mit eiskalter Stimme auf seinen Anrufbeantworter sprach. Aber am nächsten Morgen hat er angerufen und gesagt, er sei erkältet gewesen und seine Nachricht auf dem Band hätte ›Ich will meine Ruhe!‹ gelautet. Ich habe mir dann überlegt, daß ich mir vielleicht alles bloß eingebildet hatte. Dann war er noch furchtbar charmant, und vielleicht ... Obwohl, das mit dem Esel und dem Langohr hat er tatsächlich gesagt, aber vielleicht hat er es auch ganz anders gemeint.

Ich war so verwirrt gewesen, daß ich statt ›Ich will meine

Ruhe!‹ ›Ich will keine Hure!‹ verstanden hatte, und ich wußte, daß er ein paar üble Sachen losgelassen hatte, aber vielleicht hatte auch ich mich im Ton etwas vergriffen. Und letzte Nacht noch hatte ich mir geschworen, daß ich nie wieder ein Wort mit ihm wechseln würde – außer er entschuldigt sich, das tat er aber nicht–; und trotzdem redeten wir jetzt wieder so wie früher miteinander. Zuerst habe ich gedacht: ›Ich liebe diesen Typen!‹, aber dann wußte ich's: ›Nein, ich liebe ihn nicht. Ich bin in ihn vernarrt!‹

Er lud mich zum Mittagessen ein, aber ich sagte ihm ab. Ich erklärte ihm, wenn ich schon über herzlich wenig Selbstachtung verfüge, dann bedeute dies noch lange nicht, daß ich überhaupt keine Selbstachtung hätte. Am Abend hat er dann wieder angerufen und sich darüber lustig gemacht, wie wir uns getrennt hatten. Er wollte wissen, was ich gerade anhatte, und ich berichtete ihm, ich hätte ein voluminöses Ballkleid und Bowling-Schuhe an, außerdem würde ich eine Taucherbrille, eine rote Perücke und keine Unterwäsche tragen. Wir waren sehr gut drauf und alles war irgendwie wieder ganz neu, nur daß uns bislang gar nicht genügend Zeit verblieben war, daß daraus etwas Altbewährtes hätte werden können, oder? Wir waren an einem unlogischen Abschluß angelangt, bloß war es noch nicht ausgestanden!

Sonntag nachmittag rief er an und fragte mich, ob er abends kommen könnte, um mit mir diese Preisverleihungsshow anzuschauen. Ich war einverstanden. Ich klang wohl noch immer ein bißchen unterkühlt, und das hat ihn sicher angemacht. Er kann Leuten nicht widerstehen, die ihm widerstehen. Dann tauchte er auf, und wir haben den Rest vom Mittag aufgewärmt. Er sagte, es sei sehr schön gewesen und er hätte mich vermißt. Er blieb wieder über Nacht, und wir hatten auch ein wenig Sex miteinander.

Allerdings, dieses Mal kam er nach verdammt wenig Vorspiel zur Sache. Er hat mir doch tatsächlich diesen Witz erzählt: Wie geht das Vorspiel auf irisch? Wenn der Mann sagt: ›Raff dich auf! . . . Achtung Bridget!‹ Er wollte, daß wir den ganzen Morgen im Bett bleiben, aber ich hatte ja einen Termin bei Ihnen.«

Hoffentlich bin ich jetzt nicht schwanger, ich hab so ein Gefühl, daß ich sehr leicht schwanger werde. Als ich das ihm gegenüber erwähnt hatte, meinte er nur, es würde ihm dann nichts ausmachen, mich zur Abtreibungsklinik zu begleiten. Wenn Typen in den Achtzigern emanzipiert sein wollen, begleiten sie ihre Freundinnen beim Gang zur Abtreibung. Das sind die neuen Umgangsformen, irgendwie muten sie einfach linkisch an: Man kennt sich kaum eine Woche und geht dann Hand in Hand zur Abtreibung. Vielleicht sollte ich einfach ein Kind kriegen...

Mich beunruhigt folgende Überlegung: Wenn nun dieser Typ genau der Richtige für mich ist, ich aber einfach noch nicht lange genug in Therapie gewesen bin, um es als wohltuend empfinden zu können, daß ich ihn endlich gefunden habe, was dann? Wie lange glauben Sie, wird denn das alles wohl noch dauern? Sollen wir unsere Sitzungszeiten verdoppeln? Ich bin wohl nicht nur dabei, die Kabinen auf der *Titanic* zu wechseln, sondern ich verabrede mich auch mit der ganzen Crew. Vielleicht wäre es gut, wenn ich jeden Tag kommen würde...«

»Wenn wir diesen Film bis Weihnachten fertig kriegen wollen, muß noch eine ganze Menge passieren. Und wenn ich viel um die Ohren hab, dann versuche ich immer, mich zu entspannen, und das mache ich am liebsten, indem ich... O.K., früher habe ich ganz gern gekokst, heute gehe ich lieber mit Frauen aus. Nach all den Jahren ist das sicher kein Schock mehr für Sie, aber ich halte nicht in erster Linie Ausschau nach einer Beziehung, ich gehe gerne mit Mädchen aus und halte immer Ausschau nach der Richtigen.

Ich bin wirklich sauer, ich hab doch da letzte Woche diese Schauspielerin, Suzanne Vale, getroffen, und... Sie wissen, ich bin da ganz direkt, wenn ich nicht will, daß sich eine engere Beziehung entwickelt. Am Anfang ziehen die Frauen ja alle noch mit, aber plötzlich wollen sie dann doch 'ne Beziehung. Eh man sich's versieht, beginnen sie Fragen zu stellen, wie: ›Mit wem triffst du dich denn sonst noch?‹ Und erlaubst du dir dann, dich noch mit anderen Frauen zu verabreden, giltst du gleich als promiskuitiv und bekommst den Stempel des Schürzenjägers aufgedrückt. Ich glaube nicht einmal, daß man schon deshalb ein Schürzenjäger ist, nur weil man mit zwei oder drei, manchmal auch vier – aber ganz selten mehr als vier – Frauen in der Woche ins Bett steigt.

Ich bin ziemlich wählerisch. Ich gehe nur mit einer bestimmten Sorte Frauen aus: sie müssen schön und sinnlich sein. Man kann bestimmt nicht behaupten, daß ich nur mit ihnen ausgehe, um sie hinterher abzuschleppen, obwohl ich der festen Überzeugung bin, daß zu einer ernsthaften Beziehung unbedingt dazugehört, sich vorher darüber klarzuwerden, ob man sich auch im Bett versteht. Ich mein, wenn's *da* schon nicht klappt ... ich sage das alles diesem Mädchen, und was antwortet sie?‹ ›Wie meinst du das? Machst du so was wie einen Lackmustest? Und wenn dann dein Schwanz blau rauskommt, dann weißt du, das ist die Richtige?‹ Das ist doch absurd! Ich wollte doch nur sagen, daß man andere Bereiche gar nicht mehr zu erforschen braucht, wenn's bereits im Bett nicht klappt, denn das ist doch durch nichts mehr auszugleichen.

Es geht mir langsam auf die Nerven, daß alle Welt behauptet, ich sei sexbesessen. Zugegeben, Sex bedeutet mir eine Menge, ich brauch das ganz einfach. Aber, wissen Sie, Essen zum Beispiel bedeutet mir auch eine Menge, aber deswegen nennt mich noch lange keiner ›Foodaholic‹. Mir gefällt es nur nicht, wenn einem Leute irgendein Etikett anhängen wollen. Frauen erwarten doch von unsereins, daß wir auf sie zugehen. Stellen Sie sich vor, ich würde das nicht tun! Die würden mich doch glatt für 'ne Schwuchtel oder gar impotent oder sonst was halten! Ich kann schon damit umgehen, wenn jemand von mir glaubt, ich sei impotent, aber ich mag es einfach nicht, wenn man mich dafür hält.

Ich verteidige mich nicht, ich bin nur *sauer!* Ich glaube nicht, daß ich mich bloß verteidige, das hat *sie* mir vorgeworfen. Ich weiß nicht ... Es geht immer alles zu schnell, stimmt's? Ich warte immer darauf, daß sie es langsamer angehen, aber das tun sie nie. Ich habe geglaubt, dieses Mädchen sei irgendwie anders, schließlich hat sie gesagt, sie würde jetzt nicht gleich mit mir ins Bett gehen. Sie ist mit mir nach Hause gegangen und hat erklärt, sie würde nicht mit mir schlafen, und ich habe gedacht: ›O.K., alles klar; vielleicht will es jetzt endlich mal eine etwas ruhiger angehen lassen!‹ Ich habe von Anfang an gemerkt, daß sie ein Mensch mit ganz starken Gefühlen ist, und alles sprach auch wieder dafür, daß es jetzt sehr schnell gehen würde; aber zu meiner Erleichterung war sie es dann, die nichts überstürzen wollte. Ich selber schaffe das ja überhaupt nicht. Das ist eine Fähigkeit, die ich zwar gerne hätte, aber solange dies nicht der Fall ist, muß ich den Frauen diesen Part überlassen. Es wäre wahrscheinlich besser, wenn ich es wäre, der sagt: ›O.K. Darling, nicht böse sein, das ist meine Schuld, aber laß uns jetzt nicht miteinander schlafen‹, aber das geht doch einfach gegen meine Natur. Mein Schwanz fordert sein Recht, und dem schließe ich mich voll und ganz an.

Sie sind zwar mein Therapeut, aber Sie sind auch ein Mann, Sie wissen schon, was ich meine. O.K., ich sehe, wie eine Frau einen Brief entwirft, ich sehe, wie sich ihr Busen unter dem Sweater ganz deutlich abzeichnet, so daß man sehen kann, sie trägt keinen BH – Mann, dann kann ich nicht anders, dann möchte ich sie am liebsten über die nächstbeste Motorhaube legen und an Ort und Stelle nehmen. Sie kennen doch diese Filme, die in der Steinzeit spielen, da ist es genauso, da nehmen sich die Männer ganz animalisch die Weiber – *Wumm!* –, so was gefällt mir. Da zeigt sich doch der natürliche animalische Trieb des Mannes, verdammt noch mal. Ich wollte mich darüber schon immer näher informieren.

Ich weiß nicht, aber vielleicht bin ich irgendwann mal fähig, eine Beziehung zu führen, vielleicht bin ich aber auch gar nicht dafür geschaffen. Ja, solche Typen gibt's! Sehen Sie mal, ich bin jetzt auch schon 35 und lasse langsam nach . . . Gut, im Moment merke ich noch nichts davon, aber . . . Stimmt, ich lasse eigentlich *nicht* nach, aber ich glaube, ich sollte den Dingen einfach ihren Lauf lassen und . . .

Es ist doch so, daß am Sex einfach alles ungeheuer spannend ist, schon wie sie sich ausziehen, was sie für Augen dabei machen, wie sie langsam aus sich herausgehen ..., eben alles. Ich halte mich da für total sensibel. Ich könnte es wirklich nicht ertragen, wenn mir eine Frau den Orgasmus nur vortäuscht. Ich kann mich da nämlich total auf sie einlassen. Wie ein Safeknacker.

Ich könnte so eine Art Reisebroschüre über Frauenkörper schreiben. Ich mag es, wenn Frauen sexy gekleidet sind und wenn sich ihre Rundungen deutlich unter den Klamotten abzeichnen. Ich mag es, wenn sie sich auf eine bestimmte Art und Weise bewegen und etwas offenbaren. Wenn plötzlich und unerwartet etwas enthüllt wird, etwas, mit dem man nicht gerechnet hat. Was den Körper angeht, da lasse ich mich gerne überraschen. Ich schätze es gar nicht so sehr, wenn mich mal eine mit ihrem Intellekt verblüfft, obwohl ich zugeben muß, daß ich diese Mädchen gerade deswegen für interessant halte. Einmal schlug sie mir vor, ich sollte ruhig weiter meine Huren vögeln, aber die Zigarette danach, die sollte ich mit ihr rauchen; ich fand dies sehr witzig. Sie ist überhaupt häufig sehr witzig.

Aber ansonsten ist sie genau wie alle anderen. Als sie darauf bestanden hatte, nicht gleich in der ersten Nacht mit mir ins Bett zu gehen, habe ich sie dennoch zum Übernachten überredet, weil ich mir gedacht habe, wenn ich mich am anderen Morgen etwas zurückhaltend geben würde ... Und tatsächlich: wumm! Frauen kommen mit diesem Spielchen einfach nicht zurecht. Selbst kluge Frauen sind nicht schlau genug dafür. Und sie ist *sehr* besitzergreifend! Einmal hat sie mich angerufen – ich hatte da gerade was auf Band gesprochen. ›Ich will meine Ruhe!‹ oder so – ich war an dem Tag etwas erkältet –, aber sie hat ›Ich will keine Hure!‹ verstanden! Sie meinte im Ernst, ich würde sie als Hure bezeichnen, so was nenn ich ›Projektion‹.

Ich weiß nicht genau, aber im Moment steht mir der Sinn nicht unbedingt nach einer Beziehung, aber vielleicht tut sich zwischen uns ja auch noch was. Ich mag sie ja wirklich. Natürlich gefällt mir auch der Gedanke, verliebt zu sein. Deshalb kann ich mir auch nicht den Vorwurf machen, ich würde mich ihr gegenüber schäbig oder so verhalten. Ich kann nicht so tun, als wäre ich verliebt, wenn ich es eigentlich gar nicht bin – deshalb verliebe ich mich ja jedesmal.

Manchmal überleg ich mir, ob ich nicht eine von ihnen heiraten und ansonsten in der Gegend rumbumsen sollte. Manchmal kommt mir schon der Kinderwunsch. Aber eine *Ehefrau* will ich eigentlich nicht. Ich brauche eine Beziehung, in der die Frau versteht, daß es rein körperlich und nicht etwa eine neue Liebe ist, wenn ich mich ab und zu mit anderen Frauen treffen will. Natürlich wäre ich dabei äußerst diskret. Schließlich war ich das ja auch immer, als ich noch mit Jill zusammen war. O.K., sie ist dahintergekommen, aber nur kurzzeitig. Aber verlassen hat sie mich deswegen nicht! Sie hat mich verlassen, weil ich ihr Filzläuse angehängt hatte – Sie erinnern sich doch? Das war der ausschlaggebende Grund, ich hatte ihr Filzläuse angehängt . . .

Vielleicht lüge ich mir ja auch in die eigene Tasche, vielleicht ist das ja der verkehrte Weg, eine Beziehung zu führen. Es ist nur so, daß ich schon klaustrophobische Zustände bekomme und . . .

Meine Überlegungen sind folgende: Die Bereiche, in denen ich mich wirklich auskenne, sind deswegen meine Spezialbereiche, weil ich sie bis zum Exzeß beackert habe. In meiner Arbeit bin ich deshalb der absolute Experte, weil ich total darin aufgehe. Aus diesem Grund glaube ich, daß, sollte ich einmal zu einer Beziehung fähig sein, mir das nur deshalb gelingen wird, weil ich auch *darin* total aufgehen werde. Ja, es ist wohl so was wie ein Job, allerdings ein sehr angenehmer, für den man eigentlich Vergnügungssteuer zahlen müßte. Das Problem ist nur, daß dieses Mädchen eine Reihe von Vorwürfen gegen mich erhoben hat, die wirklich . . . nein, ins Schwarze haben sie nicht gerade getroffen, aber doch nur knapp daneben. Auf alle Fälle hat sie mich damit irgendwie getroffen, und das mag ich überhaupt nicht.

Ich weiß nicht, ob ich sie wiedersehen sollte. O.K, wir reden die ganze Zeit über eine Frau, die intelligent und witzig ist, eine wunderbare Haut, phantastische Titten – Sie wissen ja, wie sehr ich auf Titten stehe – und außerdem einen tollen Hintern und eine vollkommene Möse hat, aber man weiß ja nie. Ich meine, sie ist schon super, aber was ist, wenn eines Tages eine noch bessere daherkommt? Kann sein, daß so jemand wie ich bei der Suche nach der idealen Frau noch alt und grau wird. Ich wünschte mir, ich würde der Frau meines Lebens begegnen. Ich wünschte, ich könnte mit ihr zusammenleben und müßte dabei nicht ständig Erstickungsängste haben und vor meinen eigenen Gefühlen erschrecken, oder sie unterdrücken müssen oder was weiß ich.

Die Charaktere der Frauen, denen ich begegne, sind so facettenreich, daß jede von ihnen anders ist, und das ist schon interessant, aber mein Interesse an ihnen hält *nie lange* vor. Auch dieses Mädchen hat einen entscheidenden Fehler: sie ist eine Frau, eine von vielen. Sie ist nur diese eine Frau, sie verkörpert eben nicht alle Frauen in ihrer Person. Und sie wird sich auch nur wie eine einzelne Frau benehmen. Wenn sie mich braucht, wird sie mich mit ihrem ganzen Getue becircen, ansonsten wird sie mich anschreien oder aus mir jemand machen wollen, der ich einfach nicht bin. Ich könnte nie eine Frau respektieren, die mich nur auf diese Weise akzeptieren würde. Sie hat mal was Witziges gesagt: ›Wenn ich einen Mann machen könnte, würde ich ihn genau wie dich machen und dann versuchen, ihn zu ändern.‹ Ich fand das ziemlich selbstbewußt von ihr.

Ich mag dieses Nachspionieren einfach nicht, verstehen Sie? Wenn sie die Tage zählen, seit man das letzte Mal angerufen hat, wenn sie sich deinen Tagesplan merken und dich dann daran erinnern, wenn man ihnen abends erzählt, man hätte etwas anderes gemacht. Ich halte mich schon für sensibel, aber ich kann doch nicht jedes Wort auf die Waagschale legen, wenn ich mit ihnen rede. Ich kann mich auch nicht die ganze Zeit um sie kümmern. Das ist mir zuviel an Verantwortung, dazu bin ich nicht bereit. Ich weiß auch nicht, ob ich das jemals sein werde.

Im Moment mache ich lieber gute Filme als mir Gedanken über mein Privatleben. Ich behaupte ja nicht, daß das die ideale Lösung ist, aber im Moment sehe ich das einfach so. Ich bin davon überzeugt, dieser neue Film wird super werden, in gewisser Hinsicht wird er sogar eine Zäsur in meinem Leben bedeuten. Ich werde dann nämlich, müssen Sie wissen, nicht mehr mit Sicherheit sagen können, ob mich die Frauen um meiner selbst oder wegen *Ziz!* lieben...«

»Ich war Freitag abend im Helena's und hab dort George getroffen«, sagte er. »Er verhielt sich mir gegenüber so distanziert, ich weiß überhaupt nicht warum.«

»Mit wem warst du dort?« fragte sie.

»Ich glaube nicht ... Ich erzähle dir gerade von George«, sagte er, »ich glaube nicht, daß das dabei eine Rolle spielt.«

»Es geht ja nicht darum, ob das eine Rolle spielt«, sagte sie. »Schau mal, wir kennen uns jetzt seit drei Monaten. Ich weiß, daß du nicht nur mit mir ausgehst, das ist für uns kein Thema. Also, mit wem warst du weg?«

»O.K., du kriegst es sowieso raus«, sagte er, »mit Charlene Hasselhof.«

»Das Mädchen vom Fernsehen?« fragte sie. »Die TV-Schauspielerin?«

»Ja«, antwortete er.

»Wirklich?« fragte sie. »Ich hätte nicht gedacht, daß du mit jemandem vom Fernsehen ausgehst.«

»Tu ich normalerweise ja auch nicht«, lenkte er ein, »du weißt ja, beim Fernsehen gibt es nicht gerade die interessanten Leute. Aber sie ist da wohl eine Ausnahme, sie ist sehr ... Sie ist intelligent. Sie ist fast so ... Nein, ich muß eigentlich sagen, daß sie genauso *intelligent* wie du ist.«

»Sie ist also so intelligent wie ich«, wiederholte sie.

»Herrje«, stöhnte er.

»Ist sie witzig?« fragte sie.

»Nun«, sagte er, »nicht so witzig wie du, aber witzig ist sie schon. Ja, sie ist witzig. Ich war echt überrascht.«

»Warum sagst du mir das?« fragte sie. »Warum willst du mir das sagen?«

»Was soll das?« sagte er. »Du hast mich doch *gefragt*. Ich dachte, es würde dich interessieren, daß es da noch ein anderes intelligentes Mädchen gibt.«

»Warum?« sagte sie. »Warum glaubst du eigentlich, daß ich das wissen möchte? Was an mir verrät dir denn, daß ich wissen möchte, daß es noch mehr andere hübsche, intelligente Mädchen gibt? Ist es irgendwas an meiner Kleidung? Liest du mir von den Lippen ab: ›Sag ihr schon, daß da noch eine andere intelligente Frau rumschwirrt!‹ Warum kommst du denn bloß auf die Idee, daß ich wissen möchte, daß eine wunderschöne, phantastische Frau vom Fernsehen mit einem bekannten Allerweltsgesicht so intelligent und witzig wie ich ist?«

»Ich habe ja nicht gesagt, daß sie genauso witzig und intelligent ist«, sagte er. »Natürlich hat sie nicht deine Intelligenz – sie ist auf eine ganz andere Art intelligent.«

»Wie kann sie auf eine andere Art intelligent sein?« wollte sie wissen. »Was sind denn ihre Spezialgebiete, wo sie ihre Intelligenz beweist? Kochen? Literatur? Spricht sie Fremdsprachen?«

»O Gott«, sagte er. »Ich wollte wirklich –«

»Mich interessiert es einfach nur brennend«, sagte sie, »wieso du geglaubt hast, daß ich unbedingt hören wollte, ob dieses schöne Mädchen auch so superintelligent ist und du sie liebst.«

»Ich liebe sie *nicht*«, sagte er. »Ich weiß nicht, wieso wir jetzt darüber streiten.«

»Ich bin eifersüchtig, O.K.?« sagte sie. »Ich geb's ja zu, ich bin eifersüchtig. Gut, wir sind uns keine Rechenschaft schuldig, aber eine Übereinkunft haben wir ja wohl, nämlich die, daß wir uns die Meinung sagen. Wir verstehen uns zwar nicht, aber im Unterschied zu anderen tun wir wenigstens nicht so, als würden wir uns verstehen, und in diesem Fall fühle ich mich einfach hintergangen. Sagst du eigentlich ihr genauso die Meinung wie mir?«

»Nein, ich sage ihr nicht die Meinung«, sagte er. »Eigentlich –«

»Was ist sie dann?« fragte sie. »Eine Bettbeziehung?«

»Nein«, erwiderte er. »Eigentlich haben wir bis jetzt noch keine Nummer geschoben.«

»Oh, super«, sagte sie, »super. Du hast zuviel Achtung vor ihr, um sie zu vögeln. Und am anderen Morgen hast du nicht die Masche mit der leichten Distanziertheit. Oder ist sie zu intelligent, daß sie darauf hereinfällt?«

»Paß mal auf, ich –«, hob er an.

»Du magst es, wenn intelligente Frauen wegen dir den Kopf verlieren, stimmt's?« sagte sie. »O.K., dann sieh dich aber vor. Wenn sie nämlich zu dämlich werden, dann kannst du genausogut gleich wieder Nutten vögeln!«

»Hör mal«, sagte er. »Wir sollten diese Diskussion nicht weiterführen. Ich mag diese Seite an dir nicht.«

»Ich bin keine Schachtel. Ich hab keine Seiten. Das ist es. Eine Seite genügt mir. Das ist alles.«

»Wie konnte das nur soweit kommen«, lenkte er ein, »müssen wir uns so streiten? Wir haben doch die Abmachung, daß wir keine Abmachungen treffen, und damit sind wir doch bislang ganz gut gefahren. Ich glaube, wir sollten jetzt was zum Essen bestellen und uns noch einen schönen Abend machen, falls das noch möglich ist.«

»O.K., alles O.K.«, sagte sie, »ich hab den Streit vom Zaun gebrochen. Ich hätte dich lieber nicht fragen sollen!«

»Was möchtest du essen?«

»Irgendwas, was mir nicht guttut«, sagte sie. »Lauter Sachen mit Koffein, Salz und Zucker. Pommes und vielleicht noch eine Cola. Du weißt schon, all das Zeug, was deinem Körper gleich einen Schock versetzt. Bestell du!«

»O.K.«, sagte er. »Zwei Cheeseburger, aber gut durch, eine riesige Portion Pommes, zwei Cola und alle Karzinogene, die Sie gerade hier haben. Danke.«

»Oh«, fiel ihr ein, »dieser Typ da, Gary, ruft mich ständig an.«

»Welcher Typ?« fragte er.

»Ich hab dir doch schon davon erzählt«, sagte sie. »Gary wollte mir ein Rendezvous mit diesem Freund von ihm verschaffen.«

»Echt? Ich kann mich nicht erinnern. Was macht er denn?«

»Er ist Drehbuchautor«, sagte sie.

»Oh, Drehbuchautor!« sagte er.

»Ja, er hat eben ein Skript an Spielberg abgeliefert.«

»Echt?« sagte er. »Ihr habt also miteinander geredet...«

»Ja, er hat wirklich einen Riesenwortschatz!«

»Klingt, als wäre er ein bißchen *zu* riesig«, sagte er. »Normalerweise erwähnt man so was bei Leuten doch gar nicht, oder? Ist doch wie mit den Zähnen. Man will doch auch nicht, daß die Leute sagen: ›Gute Kronen!‹ Du willst doch nur, daß sie dein Lächeln nett finden. Aber einen *Riesenwortschatz* –.«

»Nein, nein, nicht zu riesig. Aber er hat zwei Wörter benutzt, die ich nicht gekannt hatte.«

»Echt? Was waren das für Wörter?«

»Ich weiß es nicht mehr. Ich hab den Sinn der Sätze schon verstanden, aber die Wörter kannte ich halt nicht.«

»Tatsächlich? Er versuchte dich also mit seiner Sprache zu beeindrucken. Und wann gehst du mit ihm aus?«

»Ich weiß nicht«, sagte sie. »Er wollte mich zurückrufen. Er war gerade im Büro seines Agenten und mußte gleich weg. Ich hab keine Ahnung, wie er aussieht oder so, aber er war witzig. Ich hab ihm was vom Ödipuskomplex erzählt, und wie mein Vater unsere Familie verlassen hat, als ich noch klein war, und ich deswegen genau wußte, wie sehr man sich nach Männern sehnen, aber nicht, wie man sie lieben kann. Darauf er: ›Sie wären die ideale Braut im Zweiten Weltkrieg gewesen. Nach dem ersten Rendezvous mit Ihnen hätte man ihn einfach nach Übersee verschifft!‹ Und ich habe geantwortet: ›Vielleicht setze ich Sie nach unserer ersten Verabredung am Hafen ab, dann könnten Sie sich freiwillig melden.‹ Er meinte dann, er würde schon mal rausgehen und sich eine Uniform mieten. Das fand ich sehr witzig.«

»Wirklich? Das soll witzig sein? Ja, wahrscheinlich ist es witzig. Du hast ihm tatsächlich davon erzählt? Von der Sache mit der Sehnsucht? Warum hast du ihm das erzählt?«

»O.K., er ist ein sehr intelligenter Typ. Es war ganz interessant. Gary sagt, er sei ein toller Typ. Er ist noch sehr jung.«

»Wirklich? Wie alt ist er denn?«

»Er ist jünger als ... Er ist zweiunddreißig«, sagte sie. »Gary sagt, er sieht super aus und hat ein tolles Auto, was mir zwar völlig egal ist, aber ... Weißt du, ich frage mich, was wohl mit ihm los ist, daß er noch zu haben ist. Er ist zweiunddreißig, hat einen Haufen Kohle, ist interessant ... Warum ist er also allein?«

»Ja, genau«, sagte er, *warum* ist er wohl allein?«

»Hm, keine Ahnung«, sagte sie. »Vielleicht ist er ... Warum bin ich denn allein? Gut, ich bin nicht allein, ich bin mit dir zusammen, aber eigentlich bin ich gar nicht mir dir zusammen. Also, eigentlich bin ich doch auch allein.«

»Anscheinend hast du dem Typen eine ungeheure Menge Schwachsinn über dich erzählt«, sagte er. »Die intimsten Dinge? Ich dachte, das sei uns vorbehalten.«

»Schätzchen, wir können doch noch gar nichts über dieses Verhältnis zwischen mir und ihm sagen«, sagte sie. »Was kannst du denn schon über dein Verhältnis zu dieser Schauspielerin sagen?«

»Ich weiß auch nicht, was da abläuft«, sagte er.

»Du weißt also nicht, was da abläuft«, wiederholte sie.

»Du weißt doch auch nicht, was hier abläuft. Keiner von uns weiß, wo er steht, und so sitzen wir absolut zwischen den Stühlen. Vielleicht sollten wir unsere Verabredungen parallel treffen. Du triffst deine Schöne vom Fernsehen, die mit dem IQ. Die ist gut im TV und im Kopf, wenn das kein außergewöhnliches Rendezvous für dich ist! Und wer weiß, vielleicht hat dieser Typ sogar mehr Punkte beim Intelligenztest gesammelt als du, haha!«

»Mach dich nicht über mich lustig«, sagte er. »Laß die Sache mit dem IQ aus dem Spiel. Ich habe mich auch nicht über deine Reaktion auf die Sache mit Charlene lustig gemacht. Übrigens, wie heißt der Typ denn? Kenn ich ihn vielleicht? *Spielberg*. Spielberg macht so viele Sachen ...«

»Er heißt Arthur«, sagte sie. »Arthur Soames.«

»Tatsächlich?« sagte er. »Oh!«

»Kennst du ihn?« fragte sie.

»Ja, ich habe ein paar seiner Treatments gelesen«, sagte er. »Die waren ganz O.K. Ich meine, er ist schon irgendwie talentiert, ich weiß nicht.«

»Hast du ihn schon mal gesehen?« fragte sie. »Sieht er gut aus?«

»Ich glaube schon. Aber ich kann mich nicht erinnern, daß er so toll ausgesehen hat. Ich kann mich nicht ... Ich weiß nicht, ich bin da jetzt vielleicht auch voreingenommen. Was das betrifft, reagiere ich komischerweise oft auch ziemlich eifersüchtig. Nicht daß ich ... Gut, sagen wir einfach, ich fühle mich dir zugehörig, ja, man kann schon von einer festen Bindung sprechen. Egal, was das zwischen uns jetzt genau ist, ich habe mich jedenfalls daran gewöhnt, auch an das Widersprüchliche unserer Beziehung, und deshalb ... Wo bleibt eigentlich das Essen? Ich habe richtig Hunger. Du nicht auch? Mann, ich bin total ausgehungert. Ich könnte ein –«

»TV-Sternchen vernaschen?« fragte sie.

»Ich finde das nicht sehr witzig. Wir sollten jetzt aufhören, darüber zu reden.«

»Eddie Samuels hat mir vor kurzem erzählt, daß du dich bei einem Gespräch genau wie ich angehört hättest«, sagte sie.

»Ja, wir haben lange miteinander telefoniert. Aber ich glaube nicht, daß ich mich wie du angehört habe. Das heißt, ein bißchen ähnlich hören wir uns schon an. Wir reden ja auch eine Menge miteinander. Aber Eddie Samuels, der ist doch ein Hampelmann, oder? Zu mehr als zum Produktionsassistenten reicht's doch bei dem nicht. Der hat doch von Tuten und Blasen keine Ahnung.«

»Von Tuten und Blasen«, sagte sie. »Wie hübsch das klingt! Der IQ zeigt sich von seiner schönsten Seite! He, meine Therapeutin hat diese Woche was Tolles gesagt –«

»Norma, die ›Durchblicker-Königin‹?« warf er ein.

»Sie sagte, du seist mein ›Traum-Playmate‹.«

»Echt? Klingt fast wie eine Playboy-Überschrift!« sagte er. »Was gibt deine Therapeutin denn sonst noch von sich?«

»Sie tituliert uns als die ›Gehirnfick-Zwillinge‹«, berichtete sie, »und meint, ich würde meine Augen an einem Brosamen-Bankett weiden.«

»Die sollte Drehbücher schreiben«, sagte er. »Hältst du sie eigentlich für eine gute Therapeutin? Das klingt nicht gerade furchtbar nach Durchblick. O.K., entschuldige, aber ich glaube nicht, daß ich mich dir gegenüber so mies verhalte. Ich halte unsere Beziehung für sehr modern, ja, in gewisser Hinsicht sind wir doch ein Spiegelbild unserer Zeit. Wir leben nicht nach fixen Regeln und bewahren uns unsere Unabhängigkeit, aber wir respektieren uns doch auch gegenseitig. In gewisser Hinsicht bewundere ich dich sogar.«

»Danke«, sagte sie, »ich bewundere dich auch. Ich liebe deine Arbeit und deine Augen. Aber ich glaube, sie wollte nur sagen ... Nein, es gefällt ihr einfach nicht, daß ich dich treffe. Sie glaubt, das ist nicht gut für mich. Sie meint, ich würde dich auf eine bestimmte Art und Weise nur benutzen, weil ich große Schwierigkeiten hätte, eine andere Art von Beziehung zu führen.«

»Ja, was ist denn so falsch an unserer Beziehung?« fragte er. »O.K., es ist zwar keine Beziehung, aber was ist denn faul daran? Wir haben viel gemeinsam, wir grenzen uns gegenüber anderen Leuten ab, wir teilen eine Art Haßliebe für dieses Leben in Hollywood, das ist doch irgendwie eine Kameradschaft, die –«

»Hör schon auf«, sagte sie. »Diese Kameradschaft ist doch nichts anderes als ein verrücktes Ding, das wir drehen. Ich mein, das ist doch irgendwie komisch ... Was hält eigentlich dein Therapeut von der ganzen Sache?«

»Ich laß mir doch von meinem Therapeuten nicht mein Leben vorschreiben«, sagte er. »Ich geh hin, rede mit ihm ... mehr nicht. Er ist ein guter Wortverdreher. Eigentlich rede ich nur deshalb mit ihm, damit ich mich beim Nachdenken hören kann. Manchmal kommt mir dann so was wie eine Erleuchtung, wenn ich mir zuhöre. Ich bin jetzt schon ein paar Jahre bei ihm, und am Anfang haben wir noch den ganzen Wust mit meiner Familie durchgekaut. Jetzt ist es nur noch ... Ich gehe rein, um mich ein bißchen aufzufrischen, so ungefähr wie Zähneputzen. Aber du scheinst jedenfalls deiner Therapeutin nicht alles über uns aufzutischen, sonst hätte sie ja auch nichts dagegen. Sie kennt mich schließlich überhaupt nicht. Da sie noch keine praktische Erfahrung mit mir gemacht hat, muß sie sich voll auf das verlassen, was du ihr erzählst. Und du scheinst ihr unsere Situation etwas schief dargestellt zu haben, denn ich glaube nicht, daß daran so viel faul ist.«

»Na schön«, sagte sie, »wann läuft eigentlich der Film an, am Donnerstag?«

»Du meinst *Ziz*!?« fragte er. »Ja, am Donnerstag, das weißt du doch schon. Kommst du um sieben oder um neun?«

»Zu welcher Vorstellung gehst du denn?« fragte sie.

»Ich gehe zu beiden«, antwortete er. »Schließlich bin ich der Produzent, da muß ich doch zu beiden gehen.«

»Hm, ich gehe wohl zu der um neun«, sagte sie. »Bist du schon nervös?«

»Ich sag dir, der Film ist phänomenal!« schwärmte er.

»Klar, aber was, wenn die andern nicht deiner Meinung sind?«

»Ist mir scheißegal. Ich sage, er ist phantastisch!«

»Erinnerst du dich noch an den Satz in *The Philadelphia Story?«* fragte sie, »›Ihn gerade erst kennengelernt zu haben, heißt, ihn gut zu kennen‹? Damit läßt sich doch auch unser Verhältnis gut beschreiben. Wir könnten ewig so weitermachen, aber das strahlende Ereignis unserer ersten Begegnung wird einzigartig bleiben. Heute bewahren wir uns doch nur noch diese matte Phosphoreszenz, aber ... Das heißt, in gewisser Hinsicht bist du mir im Augenblick das Vertrauteste im Leben, aber gleichzeitig bist du mir immer noch fremd. Ich führe eine Beziehung, in der mir das Vertrauteste ganz fremd ist, das ist doch sehr interessant, findest du nicht?«

»Ich möchte jemanden treffen, der wie du ist«, sagte er. »Aber niemand ist dir so ähnlich wie du selbst.«

»Vielleicht finden wir jemanden, der uns mal bekannt macht«, sagte sie.

Träumen im fremden Ich

Suzanne mußte unbedingt etwas Sinnvolles unternehmen oder zumindest den Anschein erwecken, als würde sie etwas Sinnvolles tun. Etwas, das sie in einem günstigeren Licht erscheinen lassen sollte. Im Idealfall wollte sie den Heiratsantrag eines Mitglieds der Königlichen Familie annehmen, das für sie auf den Thron verzichten würde. Da das aber ziemlich unwahrscheinlich war, verlagerte sie ihre Bemühungen auf ein anderes Vorhaben, nämlich Arbeit zu finden.

Monatelang nervte sie ihren Agenten, bis er ihr schließlich eine Rolle in einem Low-Budget-Film anbot. Die Hauptrolle in *The Kitchen Sink* – so der Titel des Films – war Robert Munch zugedacht. Er war bestens bekannt durch die Serie *Mr. Blue*, in der er den Hausmeister eines nur von Frauen bewohnten Hauses gespielt hatte, und erst vor kurzem hatte er in der Miniserie *Read My Lips* einen Bischof dargestellt.

The Kitchen Sink ist eine Verwechslungskomödie über zwei Geheimagenten – Munch und Suzanne –, denen beim Versuch, einen Zuhälterring hochzunehmen, eine Menge Pannen unterlaufen, bis es ihnen schließlich doch gelingt, die Mitglieder des Rings hinter Schloß und Riegel zu bringen; zu guter Letzt, wie kann es auch anders sein, heiraten die Helden. Da der Drehort in der Nähe von Palm Springs lag, entschloß sich Suzanne, solange bei ihren Großeltern zu wohnen, die dort draußen ein Haus mit zwei Schlafzimmern hatten. Vor dem Haus war eine Terrasse, dahinter ein Swimmingpool, was dem Haus eine Art Schutzring verschaffte.

Ihr Großvater, den sie innig liebte, war schon ziemlich senil. Suzanne war sich nie ganz sicher, ob er überhaupt wußte, wer sie war, aber wer auch immer sie für ihn sein mochte, er freute sich jedenfalls, sie zu sehen. Die meiste Zeit verbrachte er damit, zu schlafen oder Sendungen des mexikanischen Fernsehens zu sehen, obwohl er nahezu kein Wort Spanisch verstand. Das Regiment im Haus führte eindeutig ihre Großmutter, die im Gegensatz zu ihrem Mann noch topfit war, daran ließ sie überhaupt keinen Zweifel. Sie hatte drei Yorkshire-Terrier – Jigger, Peanut und Howdie – und wenn sie nicht gerade mit ihren Mosaiken beschäftigt war oder frankoamerikanisches Essen im Mikrowellenherd erwärmte, sprach sie mit ihren Hunden. »Nicht wahr, Jigger?«, »Stimmt's nicht, Peanut?«, »Hab ich nicht recht, Howdie?« hörte man sie den ganzen Tag.

Am Morgen ihres ersten Drehtags klingelte Suzannes Wecker um fünf Uhr. Sie ging ins Badezimmer und ließ, ohne Licht anzumachen, Wasser in die Wanne laufen. Dann kroch sie zurück ins Bett, gönnte sich noch eine kleine Ruhepause und versuchte dafür dankbar zu sein, endlich wieder Arbeit zu haben.

Sie lag auf ihrem Bett und dachte, noch im Halbschlaf, an die heiße Party nach ihrem ersten Film. Sie hatte damals zum Abschied ihre Garderobiere Rosie umarmt, eine fünfundvierzig Jahre alte Frau mit starkem Cockney-Akzent, und zu ihr gesagt: »Ich werde dich sehr vermissen. Gib mir deine Adresse und Telefonnummer.« Rosie hatte geantwortet: »Schätzchen, vergisses, wir wer'n uns eh nimmer sehn.« Das war vor zehn Jahren gewesen, und Rosie hatte recht behalten.

Das ist doch immer das gleiche, dachte Suzanne, als sie in die Badewanne stieg. Du arbeitest für einige Monate an einem Film und hast eine Familie, eine vertraute Familie mit eigener Dynamik, speziellen Insiderwitzen, Vorlieben, Abneigungen und Flirts. Die Intensität der Beziehungen zu den anderen nimmt schon allein deshalb zu, weil man ja weiß, daß die ganze Sache zeitlich begrenzt ist. Man weiß ja nicht nur, *daß* alles ein Ende haben wird, sondern auch, *wann* alles zu Ende sein wird; wobei eine Woche mehr oder weniger keine Rolle spielt. Offen bleibt dabei nur, wie die ganze Sache sich entwickelt. Es kann Spaß machen oder auch nicht. Es kann Erfolg bringen oder in die Hosen gehen. Es ist, als schürfe man nach Zelluloid-Gold.

Suzanne zog sich eilig an, kümmerte sich nicht um ihre nassen Haare und schlich, vorbei an den Hunden, dem Mikrowellenherd und den »Stars and Stripes«, aus dem dunklen Haus hinüber zu dem Kombiwagen, der in der Einfahrt auf sie wartete und sie zur Arbeit bringen sollte.

Punkt halb sechs, gerade als die Sonne hinter den Josuabäumen aufging, erreichte sie den Drehort. Suzanne beobachtete das geschäftige Treiben vor dem Hintergrund der friedlichen Natur der Wüste. Die Szenerie wirkte wie ein witziger Teil der Schöpfungsgeschichte. »Und Gott sprach: ›Und es soll kommen unter die Menschen Unterhaltung‹«, kam es Suzanne in den Sinn, als sie aus dem Auto stieg. Dann fiel ihr das Skript ein und sie dachte noch: »So etwas Ähnliches wenigstens.«

Ein bärtiger Mann, den Suzanne für den Regieassistenten hielt, kam auf sie zu und sprach dabei in ein Walkie-Talkie. »Ja, sie ist gerade gekommen«, und zu ihr: »Ich bring Sie zu Ihrem Wohnwagen.« Er lächelte sie an. »Ich bin Ted«, sagte er freundlich, »dazu erkoren, Ihnen das Leben hier zu verdrießen.«

Suzanne lächelte zurück, schüttelte ihr nasses Haar und sagte: »O.K., ich bin dazu erkoren, mir das Leben verdrießen zu lassen.«

Ted lachte. »Na, dann werden wir ja sicher großartig miteinander auskommen.« Er führte sie zu einem großen Wohnwagen mit vielen Türen, die alle mit Namensschildern versehen waren. »Und das hier, das ist Ihr –«

»Mein Hamsterkäfig«, unterbrach ihn Suzanne freundlich, als sie den ihr zugeteilten Raum musterte.

»Ich wollte ihn eigentlich ›Ruheraum‹ nennen«, fügte Tedd hinzu.

»Mein Ruheraum«, wiederholte Suzanne. »Meine letzte Ruhestätte. Ich habe immer schon befürchtet, daß es einmal so enden würde – alleine in einem kleinen Raum mit Klimaanlage, einer Toilette und einem Hitparadensender, mitten im Nichts.«

»Ich bin sicher, daß es so nicht enden wird«, sagte Ted. »Es wird alles halb so schlimm.«

»Ja, natürlich, es wird in einem *großen* klimatisierten Raum mit Hitparadensender plus Bildungsprogramm enden.«

»Klar, es gibt bessere Umstände, den Tag zu beginnen», sagte Ted. »Ich weiß«, fügte er verständnisvoll hinzu. »Jetzt werden wir Ihnen erst mal ein schönes Make-up verpassen, das wird Sie schon aufheitern.«

»Gute Idee«, sagte Suzanne und folgte ihm zu einem anderen Wagen. »Nimm ein bißchen Make-up und Lippenstift, und schon werde ich zum lachenden Clown.«

Sie stiegen das Treppchen zu einem großräumigen Wohnwagen hinauf, in dem ein Mann mit einer roten Perücke spielte und eine Frau in einer Illustrierten blätterte. »Ich bring euch den Kopf der Suzanne Vale«, posaunte Ted heraus. »Suzanne, das ist Marilyn, unsere Maskenbildnerin, und das ist Roger, unser Hairstylist.« Man begrüßte sich gegenseitig.

»Oh, Ihr Haar ist ja noch ganz naß«, sagte Roger besorgt, »dann kommen Sie wohl besser erst mal zu mir.«

»Leute, ich verschwind jetzt mal und schau nach, wie weit der Versorgungstrupp mit dem Frühstück ist«, sagte Ted. Er öffnete die Tür, ließ dabei einen Moment die herrliche Morgenluft der Wüste herein, dann schlug er die Tür wieder hinter sich zu.

Suzanne setzte sich in Rogers Stuhl und starrte in das Spiegelbild ihres noch verschlafenen Gesichts. Roger durchstöberte sein Kassettenregal. »Wollen Sie was Ruhiges oder lieber etwas Anregendes?« fragte er sie.

Suzanne dachte kurz darüber nach. Bezüglich Männern hatte sie sich diese Frage schon öfters gestellt. Hier war ihre Antwort klar: Sie wollte eine aufregende Beziehung, die nach und nach zur Ruhe kam. Von Jack Burroughs hatte sie sich diesen fast unwahrscheinlichen Umschlag erhofft, aber bei ihm war die Aufregung statt dessen zum Streß geworden. »Etwas Ruhiges«, gab sie schließlich zur Antwort.

»Was Ruhiges also«, sagte Roger und warf eine Kassette von »Windham Hill« in den Recorder. Er schaute Suzanne an. »Noch ziemlich früh, was?« sagte er mitfühlend.

»Es ist noch so früh, daß es schon fast zu spät ist«, sagte sie melancholisch.

»Das ist gut«, lachte Roger. »Haben Sie sich das soeben ausgedacht?«

»Ich weiß nicht«, sagte Suzanne. »Vielleicht fällt's mir später wieder ein.«

»Hör sie dir an!« rief Roger zu Marilyn hinüber. »Ich glaube, wir werden noch viel Spaß haben!« Suzanne lächelte.

Marilyn zündete sich eine Zigarette an und ging zur Tür. »Soll ich jemand was aus der Kantine mitbringen?«

Suzanne schaute sie an. Marilyn war blond, so um die vierzig Jahre alt, hatte blaue Augen, und in ihrem dunklen Teint hatten Wind und Wetter ihre Spuren hinterlassen. Sie war groß und schlank, trug Jeans und ein T-Shirt, auf dem zu lesen war: »Einige von uns werden die Männer bekommen, die wir heiraten wollten.« Suzanne mußte grinsen, denn sie hatte das gleiche T-Shirt zu Hause. »Wenn es Doughnuts oder Pfannkuchen gibt ...«, sagte sie zaghaft und war plötzlich davon überzeugt, daß etwas Eßbares – insbesondere ein Essen, das sie gerne mochte – ihre Müdigkeit vertreiben würde.

»Sie scheinen ja nicht gerade eine Gesundheitsfanatikerin zu sein?« sagte Marilyn durch den Schleier ihres Zigarettenqualms. »Ich schau mal, was sich machen läßt.«

»Sie ist schon 'ne Nummer für sich«, sagte Roger, als sich die Tür hinter Marilyn schloß und schüttelte den länglichen Kopf mit dem blassen Gesicht und dem blondgelockten Haar. Er steckte den Fön ein. »Wir haben schon 'ne Menge Filme zusammen gemacht. Es sind nun schon ...« Er rollte seine Augen nach oben, als ob die Anzahl der Filme, die sie miteinander gemacht hatten, ganz oben in seinem Kopf geschrieben stünde. »Fünf«, sagte er schließlich. »Das ist unser fünfter gemeinsamer Film.« Und dann hielt er den Fön wie eine Spielzeugpistole, richtete ihn auf Suzannes Kopf und sagte: »Peng, peng, Sie sind trocken.«

Suzanne suchte nach einer passenden Retourkutsche. Da ihr aber nichts Geeignetes einfiel, grinste sie ihn einfach albern im Spiegel an, sichtlich peinlich berührt von der anhaltenden Stille.

»Ich bin so glücklich, endlich mal die Gelegenheit zu haben, mit Ihnen zu arbeiten«, schwärmte Roger. »Ich bin schon lange ein Fan –«

»Vielen Dank.«

»Aber mehr von Ihnen als von Ihren Haaren«, fuhr er fort.

»In keinem Ihrer Filme hab ich Sie jemals mit einer besonders schmeichelhaften Frisur gesehen. Nicht daß Sie nicht gut ausgesehen hätten, ich hab mir nur immer gedacht, aus Ihrem Haar hätte man aber mehr machen können.« Er schaltete den Fön ein und sprach trotz des lauten Brummens der heißen Luft weiter. »Ausgenommen in *Nebel über dem See*. In dem haben Sie am besten ausgesehen.« Während er sprach, strich er mit seinen Fingern durch das Haar. Suzanne betrachtete finster ihr Spiegelbild.

»Aber in *Nebel über dem See* waren meine Haare die meiste Zeit naß«, platzte sie heraus.

»Genau!« schrie Roger begeistert zurück. »Und genau das hab ich mit Ihrem Haar für diesen Film auch vor, alles streng nach hinten, ›Wet Look‹, aufregend, aber zugleich lässig.«

»Phantastisch!« rief sie begeistert.

Das ist Showbusineß, dachte Suzanne, während dieser Mann, den sie ja gerade erst kennengelernt hatte – dieser Mann, dem sie aber bis zum Ende der Woche ziemlich nahegekommen sein dürfte –, mit ihrem Haar herumspielte. Das Showbusineß ist schon irrsinnig. Es ist, als ob man aus seinem eigenen Leben aussteigt und für eine kurze Zeit in die Haut eines anderen schlüpft. Man identifiziert sich damit. Entweder ist man erleichtert, daß die mißliche Lage der Filmfiguren nicht die eigene ist, oder aber man ist froh, daß sie etwas mit einem selbst zu tun hat. Es ist so, als ob man Tagträumen nachhängt. Man imitiert die Filmfiguren, legt wie sie den Kopf zurück, wenn sie sich küssen und denkt, »*Das* ist die Wirklichkeit.« Die »Neue Wirklichkeit«.

Die »Neue Wirklichkeit« wurde aber nie *wirklich*, sie *wirkte* nur wirklich. Suzanne erfüllte das Geschäft mit den Träumen, mit der Unterhaltung der Leute, durch ihre Art der Vorspiegelung von Wirklichkeit. Die Wirklichkeit darzustellen war ihre Art, mit ihr zu experimentieren. Sie wußte sich wie eine normale Person zu verhalten. Selbstbewußt spielte sie die Befangene. Es machte ihr nichts aus, dabei beobachtet zu werden, wohl aber störte sie es, dabei gefilmt zu werden. Sobald die Kamera zu laufen begann, fühlte sie sich wie eine afrikanische Eingeborene, der man gerade die Seele raubte. Aber während dieser Seelenraub den Eingeborenen tatsächlich zugefügt wurde, spürte Suzanne ihre Seele noch – wenn auch nur noch ganz schwach. Schwand dieses Gefühl vollends, so bedrängte sie in diesem seelenlosen Zustand der Gedanke, daß ihr dadurch ihre allerwichtigste Fähigkeit abhanden kommen könnte – als Schauspielerin so zu tun, als ginge es ihr gut.

Die Tür ging auf und Marilyn kam herein. »Hier, Sie Glückspilz«, sagte sie und legte einige Doughnuts mit Schokolade vor Suzanne auf den Tisch. »Es ist mir gelungen, noch vor den Kameraleuten das Tablett mit den Doughnuts zu erreichen, so daß noch genügend von diesen glasierten Dingern übrig waren.«

»Wie kann ich das jemals wiedergutmachen?« fragte Suzanne und schaute auf die Doughnuts, als ob man ihr lebenswichtige Medizin gebracht hätte.

»Sie brauchen nur stillzusitzen, wenn ich Ihre Augen schminke.« Marilyn ging zu ihrem Arbeitstisch hinüber und riß den Deckel von ihrem Kaffeebecher aus Styropor ab.

»Sie gehört jetzt ganz dir!« verkündete Roger Marilyn mit generöser Geste zu Suzanne hin. Den Mund voller Kuchen, bedankte sich Suzanne bei ihm und ging hinüber zu Marilyns Stuhl. Sie blinzelte in die Lampen, die rund um den Spiegel angebracht waren, und versuchte sich an das schrecklich grelle Neonlicht zu gewöhnen.

»Ziemlich ätzend, was?« fragte Marilyn in Anspielung auf das Licht.

»So wirken halt Säuren«, stimmte Suzanne zu.

»Nun gut«, sagte Marilyn und legte Kleenextücher auf Suzannes Kragen, damit sie ihn nicht mit Make-up beschmierte. »Haben Sie irgendwelche besonderen Wünsche oder Allergien oder kleine Lieblingsschönheitsfehler, die Sie stören? Letztere könnten wir genauso wegschminken, bevor wir uns allzusehr mit ihnen vertraut machen.« Sie nippte an ihrem Kaffee und beobachtete Suzanne über den Rand ihrer Kaffeetasse hinweg.

»Wenn Sie mein Gesicht etwas schmaler machen, als es in Wirklichkeit ist, und meine Lippen etwas voller, als sie eigentlich sind, dann werd ich's schon überleben«, sagte Suzanne. »Außerdem hab ich einen ziemlichen Horror vor diesen ärgerlichen Flecken im Gesicht.«

»Dünne Lippen, molliges Gesicht und Knutschflecken«, faßte Marilyn noch einmal zusammen, während sie versuchte, die Ursachen für Suzannes Klagen aufzuspüren. »Na ja, das wird jedenfalls nicht das riesengroße Problem werden. Wir nehmen Konturenstift für die Lippen, etwas Puder und Abdeckstift. Ich weiß zwar nicht, worüber Sie eigentlich reden, aber wenn Sie mich fragen, dann kann ich nur sagen, daß die meisten Schauspielerinnen ihrem Gesicht zu große Aufmerksamkeit schenken und deshalb auch überall gleich einen Makel feststellen.«

Noch während sie sprach, begann sie bereits damit, auf Suzannes Gesicht und Hals Make-up-Unterlage aufzutragen. »Vielleicht sollte ich Ihnen noch verraten, daß ich eine der berühmtesten Knutschfleck-Wegzauberinnen im ganzen Land bin«, fuhr sie fort. »Mit einem besonders kleinen Pinsel trage ich etwas gelbe Flüssigkeit auf, darüber verteile ich die Make-up-Unterlage und etwas Puder, und dann, wenn unbedingt nötig, benütze ich noch Abdeckstift, Medium, und schwupp – schon sind selbst die hartnäckigsten Knutschflecken wie weggezaubert. Sie allerdings scheinen gerade gar keine Knutschflecken zu haben. Wollten Sie mich auf etwas Spezielles hinweisen oder mich nur für die Zukunft warnen?« Sie hielt einen Wattebausch vor Suzannes Kinn und wartete auf eine Antwort, aber Suzanne – eingelullt von der Musik, dem Make-up und Marilyns Geplapper – war eingeschlafen.

»Wach auf, du schlafende Schöne. Dein Prinz ist gekommen.« Ted rüttelte Suzanne sanft an den Schultern. »Meine Mutter glaubt, ich sei ein Prinz«, fügte er erklärend hinzu.

Marilyn beobachtete Suzanne aufmerksam, als sie ihr Gesicht im Spiegel musterte. »Ziemlich gut für halb sieben am Morgen, hm?«

Suzanne lächelte. »Es ist eine meiner Lieblingsbeschäftigungen, als Aschenputtel einzuschlafen und als Prinzessin wieder aufzuwachen.« Sie erhob sich aus dem Stuhl und ging mit Ted zur Tür.

»Ich werde Sie wieder unattraktiv machen, sobald die Szene im Kasten ist«, rief ihr Roger, der gerade die Locken einer Perücke trocknete, noch nach.

»Sie ist auf dem Weg zur Garderobe«, sagte Ted mit gewichtiger Stimme in sein Walkie-Talkie. »Wir sind buchstäblich schon vor der Tür«, fuhr er fort, als sie hinaus in den kühlen Wüstenmorgen traten. »Der Produzent kommt, um Sie zu begrüßen«, sagte er zu ihr. »Ich meine natürlich, einer der Produzenten.«

»Wie viele Produzenten sind es denn?«

»Drei«, sagte er. »Der Vater, der Sohn und der Heilige Geist.« Er öffnete die Tür ihres Wohnwagens.

»Und bei welchem werde ich heute morgen lieb Kind spielen?« fragte sie und kletterte in ihren Hamsterkäfig.

»Beim Heiligen Geist, Joe Pierce, dem sogenannten Aufnahmeleiter. Kann ich Ihnen noch etwas bringen, bevor er kommt?«

»Coca-Cola«, orderte eine rothaarige Frau, die mit einem Arm voller Kleider hinter Ted auftauchte.

»Rita, Darling«, sagte Ted, »das ist unsere Schauspielerin Suzanne. Suzanne, unsere Garderobiere Rita. Meine Damen, ich muß Sie jetzt einen Augenblick sich selbst überlassen.« Er machte eine kleine Verbeugung und zog ab, wobei er wieder irgend etwas in sein Walkie-Talkie murmelte.

»Ich hab Ihre Kleider gebracht«, sagte Rita, eine üppige, beinahe schon dicke Frau, die die schönsten wasserblauen Augen hatte, die Suzanne je in einem Filmteam gesehen hatte. »Sie sollten sie vielleicht mal anprobieren.« Suzanne sah, daß Rita auch Grübchen und Sommersprossen hatte – all diese so sehr geliebten Merkmale. Rita war Suzanne dabei behilflich, Jeans, ein Sweatshirt und Turnschuhe – das Outfit einer Geheimagentin – anzuziehen. Gerade als sie den zweiten Turnschuh anzog, kam Ted herein und fuchtelte mit einer »Cola-Light« herum.

»Ihre Koffeinration«, sagte er und überreichte Suzanne die kalte Dose.

»Danke«, sagte sie. »Wo kann ich, falls es nötig wird, mehr von diesem Zeug kriegen?«

»Im Requisitenwagen«, sagte Ted. »Fragen Sie einfach nach Raider, dem Typen, der für die Requisiten zuständig ist. Ich könnte vielleicht auch noch eine besorgen, vorausgesetzt, Sie sind nett zu mir.«

»Oh, ich bin nett«, sagte sie. »Später einmal werde ich mir diese Jahre als meine netten in Erinnerung rufen. Gleich darauf werden die schwermütigen Monate folgen, bevor schließlich die unvermeidlich düsteren Dekaden anbrechen werden. Ich habe gerade erst diese meschuggen Scheißjahre hinter mich gebracht, so daß Ihr also die ersten seid, die von meiner Genesung profitieren.«

Rita wollte dazu gerade etwas sagen, als es an der Tür klopfte.

»Wer ist da?« fragte Suzanne.

»Joe Pierce. Ich will Sie nur an Bord begrüßen.«

Suzanne öffnete die Tür, und Ted zwängte sich an Joe Pierce vorbei hinaus. »Guten Morgen«, sagte er zu Joe und dann zu Suzanne: »Kann ich ihnen also sagen, daß Sie fertig sind?«

»Ich denke ja«, sagte sie.

Joe Pierce, ein schwer zu beschreibender Mann – am ehesten glich er mit seinem weißen Poloshirt und den Jeans, die ziemlich schlottrig an ihm herunterhingen, dem typischen Stiefvater –, »enterte« den Garderobenwagen. »Wenn hier noch mehr Leute rein wollen«, sagte er, »dann brauchen wir aber ein Schmiermittel.«

Suzanne lachte etwas gequält, und Rita entschuldigte sich.

»Wir sehen uns später, Rita«, rief ihr Joe jovial hinterher, richtete dann aber seine ganze Aufmerksamkeit auf Suzanne. »Ich wollte nur schnell hallo sagen und sehen, ob alles in Ordnung ist«, sagte er.

»Oh, alles ist wunderbar«, versicherte ihm Suzanne und zwang sich zu einem Lächeln.

»Ich wollte Ihnen nur sagen, wie super wir es alle finden, daß Sie in einem Drogenfilm mitspielen«, sagte Joe, dessen kleine dunkle Augen in diesem großen bleichen Gesicht Suzanne an eine Scholle erinnerten.

Sie stellte ihre Cola-Dose ab. »Sicher«, fragte sie, »ich bin also durchgekommen, stimmt's?«

»Durchgekommen?« wiederholte Joe lachend. »Was für eine Frage! Natürlich sind Sie durchgekommen. *Wir,* wir hatten da keine Bedenken, lediglich die Versicherungsgesellschaft war etwas besorgt, nicht wir. Sie hatten da wohl nach Ihrem letzten Film einige Probleme, aber ...« Joe schlug sich auf die Oberschenkel und stand auf. »Ich wollte Ihnen nur sagen, daß wir hundertprozentig hinter Ihnen stehen. Also, ich laß Sie jetzt alleine, damit Sie sich fertigmachen können.« Er öffnete die Tür. »Wir sehen uns dann draußen«, sagte er, machte eine flüchtige Handbewegung und verschwand.

Jetzt erst war Suzanne zum ersten Mal, seit sie am Drehort angekommen war, allein. Sie saß einfach nur da, schlürfte an ihrer Cola und dachte über die Begegnung mit Joe nach. Sie hatte nichts dagegen gehabt, in einem Film über Drogen mitzuspielen. Sie wußte, daß es wahrlich nette Jahre werden würden, Jahre, in denen sie an sich arbeiten mußte. Sie faßte diese kommenden Jahre nicht als Strafe auf, nicht einmal die Tatsache, daß sie ihre Gage, für den Fall, daß sie sich wieder zudröhnen und damit den Produzenten Unkosten verursachen würde, erst nach Abschluß der Dreharbeiten ausbezahlt bekäme. Sie hatte endlich kapiert, daß sie all dies so lange tun mußte, bis es irgendwann einfach nicht mehr nötig war. Sie hatte Bewährung bekommen für ihre Regeneration, die unendlich viel Zeit in Anspruch nehmen konnte. Sie hätte sich lediglich gewünscht, die Strapazen für einen besseren Film auf sich zu nehmen – einen Film mit einem großen Budget zum Beispiel, oder, wenn schon für einen kleinen, dann zumindest für einen interessanten. Bei einem billigen Action-Film war das schon schwieriger.

Suzanne hörte von draußen das Rauschen und Knacken eines Walkie-Talkie. Sie leerte ihre Cola-Dose, öffnete die Tür und folgte Ted hinüber zur ersten Aufnahme.

Der Regisseur, Simon Markham, war Engländer. Ein netter Typ. Sie hatte ihn vergangene Woche kennengelernt, als man mit ihr wegen des Jobs gesprochen hatte. Trotz ihrer Verzweiflung hatte sie sich nicht mehr um die Rolle bemüht. Sie hatte sich einfach schon damit abgefunden, niemals wieder einen Part zu bekommen. Immer wenn sie keinen Job hatte, war sich Suzanne sicher, niemals wieder arbeiten zu können, und wenn sie dann nicht mehr um einen Job herumkam, war es für sie mit Sicherheit das letzte Mal. Die Beziehung zu ihrem Beruf gründete also auf Hoffnung.

Simon stand neben der Kamera. Er trug einen großen Strohhut, eine Leinenhose und ein weißes T-Shirt, sein Jackett hing lässig über der Schulter. »Sie sehen aus, als hätten Sie einen Yachtausflug vor«, frozzelte Suzanne.

»Oh, guten Morgen, Darling«, flötete Simon überschwenglich und war nahe daran, ihre Wangen zu küssen. »Sie sehen bezaubernd aus.« Der Kameramann bat ihn, für die Aufnahme, die sie gleich drehen wollten, einen Blick durch die Kamera zu werfen: Es war die Szene, in der Suzanne und ihr Partner Munch von einer Bande von Zuhältern an einen Kaktus gefesselt und dem Tod überlassen werden. Es war eine lange Szene mit viel Sprechtext; vor allem Suzannes Monolog über ihre Angst vor der Dunkelheit war endlos lang.

Sie beobachtete, wie Simon Markham dem Team seine Anweisungen gab. Es war sein erster Spielfilm, und er war aufgeregt, obwohl die ihm eigene, latente Hochstimmung seine Nervosität auszugleichen schien. Er hörte gerade dem Chefkameramann zu, der ihm erklärte, warum diese Szene nicht so gedreht werden konnte, wie er sich das vorgestellt hatte.

Plötzlich tauchte Ted an ihrer Seite auf. »Es ist alles bereit für die Aufnahme«, sagte er. Suzanne nickte und folgte ihm hinüber zum Kaktus, wo man ihr Robert Munch vorstellte und sie mit ihm an den Kaktus gebunden wurde und ihm über ihre Angst vor der Dunkelheit erzählte. Und das alles am frühen Morgen, noch vor neun Uhr.

Suzanne war zufrieden, als sie am Abend zum Haus ihrer Großeltern zurückfuhr. Es war ein guter Tag gewesen. Neben Bobby

Munch und seiner Frau, die mit ihm gekommen war, hatte sie wenigstens noch drei weitere Leute getroffen, die auch in einer AA-Gruppe waren. Sie hatte jemanden gefunden, der sie für ihren Auftritt im Badeanzug naßspritzen wollte. Sie hatte nahezu ihren ganzen Text behalten, und Simon schien mit ihrer Arbeit zufrieden gewesen zu sein. Sie hatte die beiden Produktionschefs – den Vater und den Sohn – am Spätnachmittag getroffen, und die Tatsache, daß sie zu Bobby netter gewesen waren als zu ihr, schrieb sie dem im Showbusineß verbreiteten Sexismus zu und ließ es dabei bewenden.

Suzanne fühlte, wie sie ihrem Ziel, erwachsen zu werden, um so näher kam, je mehr sie ihre Realität akzeptierte, und sie war ziemlich stolz auf sich. Ja, alles in allem, war es ein wirklich gelungener erster Drehtag.

Am nächsten Morgen kam, während die Kameras für die Nahaufnahmen neu aufgestellt wurden, Simon herüber und setzte sich neben Suzanne. Er war freundlich, aber irgend etwas war im Busch. Er schien verlegen zu sein.

»Was ist los?« fragte Suzanne heiter. »Mußten Sie sich auch einem Drogentest unterziehen?«

Simon schaute verwirrt drein. »Oh, nein, nein«, beschwichtigte er. »Es ist wirklich nichts. Sie haben lediglich... Die Produzenten haben sich gestern abend die Aufnahmen noch mal angeschaut und dabei einige interessante Bemerkungen gemacht.«

Suzanne wurde bei diesen Worten sichtlich nervös. Sie wischte sich die Nässe aus den Haaren, die extra für die ›Verfolgungsjagd-im-Regen-Sequenz‹, die sie gerade abdrehten, naß gemacht worden waren. »Nun sagen Sie schon!« sagte sie so ruhig wie möglich.

»Nun, verstehen Sie mich nicht falsch«, sagte Simon, »ich habe sie mir heute morgen auch angesehen, und ich muß sagen, Sie waren wirklich gut.«

»Es war mein erster Tag«, sagte Suzanne und starrte dabei auf den Boden.

»Genau, es war Ihr erster Tag«, betonte er, »da bin ich genau Ihrer Meinung. Die Produzenten meinten nur ... Nun, es wäre halt besser, wenn man Ihnen anmerken würde, daß Ihnen der ganze Stoff auch Spaß macht.« Er überprüfte die Wirkung seiner Worte bei ihr, indem er eine Pause einlegte und sie anlächelte. »Sie sollen doch nur ein bißchen mehr Spaß daran zeigen.«

Suzanne starrte ihn an. »Simon, wenn ich wüßte, wie ich Spaß an einem Stoff haben könnte, dann bräuchte ich keine Therapie. Und dann bräuchte ich auch keine Drogentests.«

»Aber, aber«, sagte Simon, neigte seinen Kopf und schaute sie an, als ob sie ein Kind wäre, das seinen Teller nicht leer essen will, »ihre Kritik ist doch nicht ganz von der Hand zu weisen. Vielleicht habe ich mich nur nicht richtig ausgedrückt. Sie meinen doch nur, daß Sie sich mehr in die Rolle hineinversetzen sollten. Bringen Sie sich einfach besser ein! Daß man merkt, daß Sie irgendwie daran *Spaß* haben.«

Suzanne starrte auf einen Ameisenhaufen zu ihren Füßen. »Wirklich?« fragte sie sarkastisch zu den Ameisen hinunter, »und ich hab immer geglaubt, daß man sich in diesem Business alles mühselig erarbeiten muß. Unglaublich! Wenigstens meine Therapeuten hätten mich doch darauf hinweisen können!«

»Aber Suzanne«, sagte Simon geduldig. »Wenn Sie schon keine Kritik vertragen können, dann ist das aber auch nicht das richtige Business für Sie.«

Suzanne konnte wirklich keine Kritik vertragen. Selbst wenn ihr ein Regisseur einen Tip gab, faßte sie es als Kritik auf. »Aber, Simon, bitte«, sagte sie, ohne ihn dabei anzusehen, »›daran *Spaß* haben‹. Glauben Sie nicht auch, daß ich an allem, was ich mache, gerne Spaß haben würde, wenn ich das nur könnte?«

Simon legte seinen Arm um ihre Schultern. »Ich weiß, daß Sie diese Rolle spielen können. Gehen Sie die Sache einfach unverkrampfter an. Spielen Sie sich selbst, und Sie werden wunderbar sein.« Als Ted mit einer Dose ›Cola-Light‹ auf sie zu kam, küßte Simon sie auf die Stirn und ging hinüber, um mit seinem Kameramann zu sprechen.

»Süßstoff für die Süße«, schmunzelte Ted und reichte ihr die Dose.

»Wissen Sie, was ich glaube?« sagte sie. »Schauspieler sind doch die Ärmsten der Armen, sofern sie nicht gerade einen Kassenerfolg gelandet haben. Aber nicht einmal dann werden sie wirklich respektiert. Immerhin werden sie dann wenigstens respektvoll behandelt.« Sie nahm einen Schluck von ihrer Cola. »Zumindest mir gegenüber zeigt man die Geringschätzung ganz offen. Man achtet mich nicht, ja, man zollt mir nicht einmal Respekt.«

Ted nickte verständnisvoll. »Als Regieassistent kann man wirklich ermessen, was Geringschätzung sein kann, geschweige denn als *Zweiter* Regieassistent.« Plötzlich faßte er sie am Arm und sagte: »Sie müssen zur Maske! Sie sind gleich dran!«

Nachdem die Szene abgedreht war, ging Suzanne hinüber zum Versorgungswagen, um nachzuschauen, wie es mit Keksen und Süßigkeiten aussah. Der Wagen befand sich am anderen Ende des Platzes, und normalerweise hätte sie sich auch gar nicht hinbemüht, aber es war ein kühler Herbsttag, und draußen war alles mit Leben erfüllt. Außerdem hatte sie gehört, daß sich in der Wüste ständig das Licht verändert, und um das mitzubekommen, hatte sie sich also für den kurzen Spaziergang entschieden.

Sie bahnte sich ihren Weg durch das geschäftige Treiben der Filmcrew; alles war gerade damit beschäftigt, die Beleuchtung abzuchecken, Kameras neu einzurichten oder den Statisten zu sagen, wo sie sich aufzustellen hatten. Suzanne liebte Filmcrews. Sie hatten etwas Beruhigendes, etwas, das einem das Gefühl vermittelte, daß die ganze Filmarbeit der Mühe wert war. Sie liebte die verschiedenen Baseballmützen, die sie trugen, und ihre Jacken und T-Shirts mit den Schriftzügen von Filmen und Shows, an denen sie früher einmal gearbeitet hatten. Und ihre kleinen Geschichtchen über Ereignisse, die sich an anderen Drehorten zugetragen hatten; Anekdoten über schlechtes Essen, irgendwelchen Streß und natürlich Frauen. Der ganze Stoff eben, aus dem das Leben gewoben ist. Suzanne fühlte sich gut bei dem Gedanken, auch dazuzugehören.

Als sie am Wagen ankam, summte sie »There's No Business Like Show Business« vor sich hin. Sie stieg die Stufen des Eisentreppchens an der Rückseite hinauf und stieß dabei beinahe mit Neil Bleene, dem jüngeren der Produktionschefs zusammen. »Na so was«, sagte er und trat zur Seite, »das ist ja ulkig, Sie hier zu treffen.«

Suzanne lächelte erschrocken und stieg weiter die Treppe hinauf. Neil Bleene hatte ein kastanienbraunes, in Leder gebundenes Skript unter den Arm gezwängt. Er trug eine beigefarbene Lederhose und ein schlichtes weißes Hemd mit geöffnetem Kragen und hochgekrempelten Ärmeln. Er hatte dunkle Haare, einen Bart, dunkle Augen, und sein Mund war stets leicht geöffnet. Er schien angenehm überrascht zu sein. Oder doof!

Da es weder Doughnuts noch andere süße Kuchenteilchen gab, nahm Suzanne eine ›Cola-Light‹ und linste hinunter zu Neil. »Ich weiß schon Bescheid, mein Lustpegel ist ziemlich niedrig, was?«

Neil senkte seinen Blick auf seine krokodilledernen Schuhe und räusperte sich. »Aber nein«, sagte er schließlich schmunzelnd, »Sie haben Ihre Rolle nicht schlecht gespielt, nur ...« Er guckte über den Horizont und suchte nach der passenden Antwort. »Sie gehen nicht ganz aus sich heraus.«

Suzanne kam in den Sinn, daß sie älter als Neil, der höchstens sechsundzwanzig war, sein mußte. »Ich gehe also nicht ganz aus mir heraus«, wiederholte sie, ganz ernst jetzt.

»Es hat den Anschein, als ob Sie nicht ... als ob Sie nicht wirklich dahinterstehen würden. Sie halten sich da irgendwie raus. Ganz so, als ob Sie sich mehr darauf konzentrieren würden, etwas zu *unterlassen,* statt Ihr Bestes zu geben.«

»Verstehe«, sagte Suzanne.

»Ich habe schon am Theater gearbeitet«, erklärte Neil. »Ich habe dort auch Regie geführt. Diesen Job hier mache ich, um Geld zu verdienen, aber eigentlich bin ich Theaterregisseur. Wie man mir erzählt hat, haben Sie ganz spontan Bobby während einer Probe angegriffen, aber Simon hat das nicht gefallen. Nun, ich bin der Meinung, der Regisseur sollte spontane Impulse der Schauspieler nicht unterbinden.«

»Was ich Ihnen noch sagen wollte, ist«, Neil verfiel jetzt tatsächlich in einen vorwurfsvollen Ton, »daß es manchmal halt auf die richtige Betonung der Sätze ankommt. Das ist so ähnlich wie in der Komödie, da überstürzen sich in der Regel zum Ende hin auch die Ereignisse.«

Suzanne kniete nieder, um ihm in die Augen sehen zu können, ohne dabei den Schutz des Wagens aufgeben zu müssen. »Es gibt also Komödien-*Regeln*?« fragte sie.

Neil fuhr sich mit der Hand durchs Haar. »Nun ja, nicht im Sinne von starren Regeln, eher so etwas wie Anweisungen. Ein Leitfaden für eine Komödie.« Er schwieg eine Weile, ehe er den Faden noch einmal von hinten aufwickelte: »Sie waren sehr gut in *Public Domain*. Wie haben Sie es denn da gemacht?« beharrte er.

»Da hatte ich auch Magna Valnepov als Partner und Benjamin Keller als Regisseur«, preßte sie hervor. »Die Dreharbeiten haben mir nicht unbedingt *Spaß* gemacht. Einen ganzen Monat lang haben wir nur geprobt. Wir haben sehr hart gearbeitet. Wir fanden kaum Zeit, einmal nach Luft zu schnappen.«

Suzanne bemerkte, daß Neil sie jetzt sehr aufmerksam beobachtete und dabei sein in Leder gebundenes Skript wie ein Schild vor seine Brust hielt. Es war ihr klar, daß sie sich ziemlich in die Enge hatte treiben lassen. »Schauen Sie«, begann sie, »es mag ja sein, daß ich nicht gut mit Kritik umgehen kann, aber das heißt noch lange nicht, daß ich sie nicht zur Kenntnis nehme. Ich werde mich später damit auseinandersetzen. Im Moment kann ich die Kritik nur speichern, weil sie mich zu sehr getroffen hat. Glauben Sie mir, ich wäre gern jemand, der Kritik verträgt, ja, ihren Wert zu schätzen weiß. Aber so bin ich nun mal nicht. Und wenn ich jetzt so ungehalten bin, dann bin ich das deshalb, weil mich das alles so traurig macht. Ich habe erst einen Drehtag hinter mir und führe bereits das zweite Gespräch über meine schauspielerischen Schwächen.«

Neil schüttelte den Kopf und sagte freundlich: »Wir sprechen über ganze zwei Minuten des Films, zwei von neunzig Minuten.«

»Ist das noch korrigierbar?« fragte sie.

Neil lachte. »Aber, aber. So war es ja nun wirklich nicht«, versicherte er, »daß Sie während der ganzen Dialoge gefurzt hätten und wir uns beim Sehen der Schnellkopien gefragt hätten: ›Was sind denn das für Töne?‹«

»Na, dann bin ich ja beruhigt«, sagte Suzanne »Diese Analogie geht mir runter wie Butter.« Vorsichtig, um nicht ihre Cola zu verschütten, sprang sie vom Requisitenwagen herunter. »Vielen Dank für die Tips und die aufmunternden Worte«, sagte sie im Weggehen über ihre Schulter zurück. »Mir ist jetzt *wesentlich* wohler.«

Auf der Heimfahrt fragte Suzanne ihren Fahrer Les, ob ihm das Showbusineß gefalle.

»Manchmal ja, manchmal nein«, antwortete Les, »es ist ein Weiberjob, nichts Beständiges.« Er zuckte mit den Achseln. »Man stellt sich immer was ganz Tolles darunter vor, steckt aber nicht viel dahinter.«

»Warum hast du dann überhaupt den Job angenommen?«

Les grinste einfältig. »Ich wollte Jean Arthur begegnen«, vertraute er ihr an.

»Und, Erfolg gehabt?«

»Natürlich«, entgegnete Les stolz. »Ich war ihr Fahrer bei drei Filmen, die sie für Columbia gemacht hat. Beim letzten hatte sie ausdrücklich nach mir verlangt.«

Sie war noch keine zehn Minuten im Haus ihrer Großeltern, als das Telefon klingelte. »Es ist natürlich für dich«, sagte die Großmutter zu ihr, »George Soundso.«

»George Lazan«, flüsterte Suzanne und hielt dabei die Sprechmuschel zu, »einer meiner Produzenten.«

»Oh«, sagte ihre Großmutter, »Madame Hochnäsig.« Sie ging in die Küche und öffnete eine Dose für das Abendessen. »Madame Hochnäsig«, wiederholte sie, »hab ich nicht recht, Howdie?«

Suzanne nahm den Hörer an ihr Ohr. »Hallo«, sagte sie.

»Störe ich Sie gerade?« fragte George Lazan.

»Nein, keineswegs«, entgegenete sie höflich. »Wie geht es Ihnen?«

»Hören Sie mal zu«, sagte George. »Ich hab mir die Schnellkopien angesehen, und, offen gesagt, ich finde, daß Sie etwas steif und verkrampft wirken. Schauen Sie, es handelt sich doch um einen leichten Unterhaltungsstoff, um so eine Art ›What's Up, Doc?‹-Komödie im Agentenmilieu. Deshalb müssen Sie doch auch die Sache ganz locker angehen. Wenn Sie mal etwas Spaß an der Arbeit gewonnen haben, dann können Sie doch den Dingen ihren Lauf lassen.«

Suzanne sah, wie die Asche der Zigarette ihres Großvaters inzwischen zu einer unglaublichen Länge angewachsen war, während er ungerührt das Baseballspiel im Fernsehen verfolgte. »O.K.«, sagte sie, »ich kann Ihnen aber wirklich nicht versprechen, über Nacht zu einer Barbara Streisand zu werden.«

»Nein, nein, nein«, widersprach George. »So verstehen Sie doch. Für mich ist Bob Munch ein Typ wie Ryan O'Neal. Er wirkt als Schauspieler kontrapunktiv. Das heißt für uns, daß Sie der Schrittmacher in diesem Film sein müssen. Wenn Sie das Tempo diktieren, wird Bob Ihnen folgen.«

Suzanne setzte sich, hob Jigger auf ihren Schoß und schwieg.

»Also, bestimmen Sie das Tempo, Bob wird Ihnen dann folgen«, wiederholte er schroff.

Suzanne verpaßte Jigger einen Klaps. »Ich kann mir schlecht vorstellen, daß ich für das Tempo des Films verantwortlich sein soll.«

»Nun hören Sie mal zu«, sagte George ungeduldig, »es ist eine ›Happened One Night‹-Sache, wenn Sie verstehen, was ich meine.« Er räusperte sich. »Nun, trauen Sie sich zu, diese Rolle zu spielen?«

Suzanne begann es zu frösteln. Jigger sprang von ihrem Schoß. Die Asche fiel von Großvaters Zigarette. »Ja«, antwortete sie mit leiser Stimme, »warum fragen Sie?« Das darf doch nicht wahr sein, dachte sie. Ich verliere meinen Job bei einem schlechten Film, nur weil ich nicht locker genug bin.

»Diese Frage stelle ich all meinen Schauspielern«, erklärte er.

»Schauen Sie, wir haben uns ursprünglich einen Typ wie Goldie Hawn oder Marilyn Monroe für die Rolle vorgestellt ... Nun müssen wir eben mit dem klarkommen, was Sie uns zu bieten haben. Wir haben Sie engagiert und müssen jetzt das Beste daraus machen.«

Suzanne atmete tief durch. Das ist heftig, dachte sie, das schmerzt genauso wie die Strafe, die ich für meine Drogen einstecken mußte. »Ich werde mir Ihre Worte zu Herzen nehmen, Mr. Lazan«, sagte sie schließlich, »Locker werde ich sicherlich meine Rolle am besten spielen. Aber wenn ich dabei nicht gerade eine überschwengliche Freude zeigen sollte, dann bedeutet dies nicht, daß ich Ihren Film bewußt sabotiere.«

George räusperte sich erneut. »Das ist mir schon klar«, sagte er, »versuchen Sie einfach Ihr Bestes.«

»Ich werd mir Mühe geben«, entgegnete sie so locker wie möglich.

»Nun gut«, sagte er, »hat mich gefreut ... Wir sehen uns am Drehort.«

»Sicherlich«, brachte Suzanne noch hervor und legte den Hörer auf.

»Und der Bauer bringt die nächste Fuhre«, sang ihr Großvater. Suzanne schaute ihn an und sah ihn lächeln. »Blablablabla«, machte er. Sie ging hinüber zu seinem Stuhl, setzte sich auf die Armlehne und gab ihm einen Kuß auf die Stirn.

»Es ist gedeckt!«, rief die Großmutter aus der Küche.

Ihr Großvater schüttelte den Kopf und sagte: »Das ist doch die Höhe, oder?«

Nach dem Essen beschloß Suzanne, früh ins Bett zu gehen und diesen Tag ausklingen zu lassen. Sie schminkte sich ab, putzte sich die Zähne und zog ihr Nachthemd an. Aber bevor sie schlafen ging, wollte sie noch mit ihrer Therapeutin telefonieren.

Gerade als sie zum Hörer greifen wollte, um Normas Nummer zu wählen, klingelte das Telefon. »Suzanne?« fragte eine Männerstimme. »Ich bin's, Rob.« Es war ihr Agent.

»Was gibt's?« fragte Suzanne.

»Nun ja, George Lazan hat mich heute angerufen. Er klang

ziemlich aufgeregt. Er meint, daß dir deine Arbeit keinen Spaß macht.« Suzanne fühlte, wie das Kartenhaus, das sie sich den ganzen Tag über aufgebaut hatte, mit einem Mal in sich zusammenfiel.

»Wenn George Lazan sich deswegen aufregt, dann sollte er einen Psychiater aufsuchen«, preßte Suzanne hervor. »Wenn es ihn aufregt, daß ich keinen Spaß an meiner Arbeit habe, dann sollte er verdammt noch mal eine Therapie machen.«

»O.K.«, sagte Rob, »aber was ist denn mit dir los?« Er klang bekümmert. »Was ist los mit dir?«

»Ich hab Mandrax genommen«, plärrte Suzanne, trotzig wie ein Kind, »bin auf ›Lodes‹ und ›Acid‹ und Heroin.«

»Es gibt keinen Grund, gleich zu schreien«, sagte er.

»Rob, *ich* bin's, Suzanne«, sagte sie, »ich hab erst *einen Tag* gearbeitet.«

»Zwei Tage«, verbesserte er.

»Ist ja gut; aber normalerweise erreiche ich den absoluten Punkt der inneren Ruhe und Gelassenheit erst ungefähr am vierten oder fünften Drehtag.«

»Aber George Lazan kritisierte, daß du nicht voll aus dir herausgehst.«

»Tu mir das nicht an«, flehte Suzanne ahnungsvoll, »tu mir das *bloß* nicht an! Ich will mit diesem Busineß sowieso nichts mehr zu tun haben.« Sie fing zu weinen an. »Ich will mir nicht ständig vorwerfen lassen müssen, daß ich mich nicht genügend engagieren würde. Ich hab am Montag angefangen, und heute ist Dienstag, und ich gebe mein Bestes. Ich hab diesen Job Freitag nacht bekommen. Und heute ist *Dienstag*!« Sie schluchzte vernehmbar und kam sich dumm dabei vor.

»Ganz ruhig«, sagte Rob, der jetzt ernsthaft besorgt zu sein schien, »es gibt keinen Grund, sich derart aufzuregen. Ich wollte der Sache, die Lazan mir erzählt hatte, einfach nur auf den Grund gehen.«

»Werden sie mich hinauswerfen?« fragte Suzanne.

»Nein, natürlich nicht«, versicherte er ihr.

»Was hat das dann alles zu *bedeuten*? Damit erreichen sie doch *niemals*, was sie eigentlich wollen. Damit verunsichern die mich doch bloß. Wenn sie wirklich wollen, daß ich locker bin und Spaß an der Sache habe, dann erreichen sie doch damit nur das Gegenteil. Ich bin jetzt zwölf Jahre in diesem Busineß, und die behandeln mich, als ob ich gerade aus der Schauspielschule käme.«

»Suzanne, nimm's nicht so schwer«, sagte Rob. »George Lazan ist auf *deiner Seite*. Er will doch nur, daß du deine Rolle so gut wie nur irgend möglich spielst. So, und jetzt beruhige dich erst mal, und morgen zeigst du ihnen, was du kannst.«

Suzanne seufzte. »O.K.«, sagte sie schließlich. »O.K., aber ich habe keine Lust mehr auf solche Gespräche. Und wenn sie morgen nach den Dreharbeiten wieder anrufen und es ihnen wieder nicht gefällt, dann will ich, daß du mich aus diesem verdammten Vertrag rausholst und ... Es tut mir leid. Ich bin müde. Ich habe letzte Nacht nur vier Stunden geschlafen und den ganzen Tag hart gearbeitet und außerdem hab ich noch eine Menge Text zu lernen und jetzt ...«, sprach sie mit immer schleppenderer Stimme, bis sie schließlich gänzlich verstummte. Schließlich sagte sie noch: »Ich erklär's dir morgen, ja? Dann kann ich wohl auch wieder einen klaren Gedanken fassen.«

»In Ordnung, Darling. Kopf hoch!«

»Danke«, sagte Suzanne und legte auf.

»Schätzchen, du solltest dich doch nicht so aufregen«, rief ihr die Großmutter aus dem Flur zu.

»Die behandeln mich, als ob ich eine Idiotin wäre«, sagte Suzanne.

»Nur weil sie dich so behandeln, brauchst du dich noch lange nicht wie eine aufzuführen. Wie sie dich behandeln, sagt noch nichts darüber aus, wie du bist. Das hat mir meine Mutter immer gesagt. Sie sagte, ›Schätzchen, gerade wenn sie dich wie einen Haufen Dreck behandeln, bewahre dir die Köstlichkeit einer Sahnetorte.‹«

»Ja, ja, Urgroßmutter Pearl und ihr Lieblingsthema«, stöhnte Suzanne. »Ich erinnere mich da noch an einen anderen Spruch von ihr: ›Fliegen setzen sich wahrscheinlich eher auf einen Haufen Dreck als auf eine Sahnetorte.‹ Für sie gab es anscheinend nur zwei Kategorien, entweder Dreck oder Sahnetorte.«

»Mag ja sein, aber sie war eine schlaue Frau, eine sehr schlaue

Frau sogar. Aber unsere Familie war wahrscheinlich auch nicht reich genug, um deine Art von Problemen zu haben. Wir hatten auch nicht so viel Zeit, um uns derart intensiv mit uns selbst zu beschäftigen. Dein Großvater war bei der Eisenbahngesellschaft beschäftigt.« Sie schwieg einen Augenblick und setzte sich neben Suzanne auf das Bett. »Weißt du, was du tun solltest? Du solltest wieder schreiben, etwas in Richtung deiner früheren Gedichte. Deine Gedichte sind besser als alles, was ich bisher auf diesen Dingern vom »Palm Desert«-Einkaufszentrum gelesen habe. Warum versuchst du nicht herauszubekommen, wie man da rankommt?«

»Ich weiß gar nicht, ob ich das will«, sagte Suzanne zögernd.

»Na schön, aber warum suchst du dir dann nicht einen netten Kerl, heiratest ihn und gründest einen Hausstand?«

»Ich hab so meine Probleme mit dem Wörtchen ›nett‹«, sagte Suzanne. »Meinst du nicht, daß ich das nicht schon längst getan hätte, wenn ich es nur wirklich wollte?«

»Nein«, sagte ihre Großmutter. »Du bist eine Frau im besten Alter, jetzt such dir doch endlich einen netten Kerl, der sich um dich kümmert.«

»Schau mal, Grandma, sich um mich zu kümmern ist eine Heidenarbeit.«

»Ach, du schwingst doch nur große Reden«, sagte ihre Großmutter. »Du schwingst große Reden und hast zuviel Phantasie, aber du bist auch nicht anders als die anderen. Du wirkst zwar wie jemand, der weiß, was er will, aber eigentlich bist du ein leicht zu beeinflussender Mensch. Du denkst zu viel und zu laut, das ist es.«

»Du meinst also, daß ich ein ziemlich verrücktes Leben führe, stimmt's, Grandma?«

»Verrückt, verrückt, bei dir ist alles immer gleich verrückt. Verrückt, das wäre sicher übertrieben, aber früher oder später mußt du etwas unternehmen, um dein Leben in den Griff zu bekommen, Kindchen. Du hast mit diesen Drogen aufgehört, und ich bin deshalb auch wirklich stolz auf dich, aber nun mußt du dir endlich klar darüber werden, was du mit deinem Leben anfangen willst.«

»Wie ging doch gleich wieder dein früherer Lieblingsspruch?« fragte Suzanne. »›Nicht, was du ißt, macht dich dick, sondern was du dir nimmst.‹«

»Richtig.«

»Was wolltest du eigentlich damit sagen? Soll die Redensart den Leuten die Angst nehmen, indem sie sie verwirrt?«

»Nein«, sagte ihre Großmutter, »es heißt soviel wie: ›Deine Augen waren mal wieder größer als dein Magen.‹ Nicht, was du ißt, macht dich fett, sondern was du dir nimmst. Das, was du ißt, ist das, was du dir nimmst – das gilt auch für einen Teller kalter Bohnen.«

»Verstehe.«

»Was ist denn hier los?« fragte Suzannes Großvater, der plötzlich in der Tür stand. »Schaut, was die Katzen wieder angeschleppt haben.«

»Hallo Grandpa!«

»Hallo Schatz!« sagte die Großmutter. »Was willst du denn hier?«

»Nun, ich habe bloß das ganze Blablabla hier gehört und da hab ich mir gedacht, guckste mal rein«, antwortete er.

»Willst du noch einen Hamburger, Grandpa?« fragte ihn Suzanne.

»Hab ich denn schon einen gehabt?«

»Er kann sich nicht erinnern«, flüsterte ihre Großmutter.

»Oh«, sagte er. »Natürlich erinnere ich mich. Ich hab das schon verstanden. Ihr braucht gar nicht hinter meinem Rücken zu tuscheln. Ihr Tratschweiber, merkt euch bloß eins ...«

»Schatz, reg dich nicht auf«, sagte Suzannes Großmutter. »Willst du –«

»Ich will nur Kaffee und meinen Doughnut«, sagte er. »Ihr habt hier bloß so 'nen Krach gemacht. Mir geht's gut.« Er schlurfte zurück in sein Zimmer.

»Es wird von Tag zu Tag schlimmer«, sagte ihre Großmutter. »Das alles erinnert mich an dich, als du ganz trübsinnig warst von diesen Schmerzmitteln.«

»Ich möchte doch nur das Gefühl haben, ein geregeltes Leben zu führen«, seufzte Suzanne. »Glaubst du, ich schaff das, wenn ich hierher ziehe und Verse für irgendwelche Einkaufszettel schreibe und –«

»Nein, ganz ehrlich gesagt, das glaube ich nicht«, antwortete ihre Großmutter. »Aber es ist wohl etwas, nach dem du dich sehnst. Die meisten Menschen sehnen sich nach großartigen Dingen, du begnügst dich eben mit den einfachen. Man wünscht sich eben die Dinge, die man niemals bekommen hat. Es geht nicht um das Leben an sich, sondern darum, was man daraus macht. Also versuch etwas Geregeltes in dein unregelmäßiges Leben zu bringen, anstatt ein geregeltes Leben anzustreben, denn du würdest daraus sowieso wieder nur etwas Unregelmäßiges machen.«

»Aber, glaubst du, ich könnte so was wie einen Job durchhalten, einen regelmäßigen mein ich?«

»Ich gehöre zu denen, die davon überzeugt sind, daß man alles, was man sich in den Kopf gesetzt hat, auch erreichen kann«, sagte ihre Großmutter. »Aber ich glaube auch, daß manche Menschen weniger Schwierigkeiten als andere haben, ihren Weg festzulegen, und du bist halt ziemlich flatterhaft. Dein Bruder scheint im Gegensatz zu dir keine Flausen im Kopf zu haben. Du hast immer schon zuviel gelesen, hattest deine Nase stets in irgendeinem Buch. Du warst schon immer ein Bücherwurm. Du hast die Dinge nie gesehen, wie sie wirklich sind, und ich bin mir nicht sicher, ob du es jemals noch lernen wirst. Vielleicht kannst du damit auch ganz gut leben. Das ist ja auch nicht so verkehrt. Es gibt sicher Schlimmeres.«

»Hab ich das von meiner Mutter?«

»Ein bißchen ähnlich bist du deiner Mutter schon. Sie war zwar kein Bücherwurm wie du, aber sie war auch schon eine kleine Persönlichkeit. Als kleines Mädchen warst du immer sehr still. Deine Mutter war eher ein Wildfang, du aber … Einmal hatte ich dich im Auto mitgenommen. Die Straße war ziemlich holprig, und du hast dir ziemlich den Kopf angestoßen, hast mich angeschaut und – du warst noch keine zwei Jahre alt, – gesagt: ›Verdammt!‹ Ich weiß wirklich nicht, woher du dieses Wort hattest.«

Suzanne lächelte. »An was erinnerst du dich noch?«

»Du warst immer ziemlich ernst«, fuhr ihre Großmutter fort. »Du hattest so schöne, große, braune Augen und den ganzen Tag ging's bei dir so: ›Was ist das? Was ist das?‹ Alles wolltest du wissen. Ständig hast du die Stirn gerunzelt und herumgedeutet und -gezeigt, wie ein Dirigent, der sein Orchester leitet. Du hattest es immer sehr eilig, als ob du lauter wichtige Termine hättest, und dabei warst du doch nur ein kleines Kind.«

»Weißt du, an was ich mich erinnere, Grandma? Ich weiß nicht mehr, wo das war, aber ich war noch sehr klein und konnte kaum die Türklinke erreichen. Und ich wollte unbedingt ein Wort sagen, das Wort ›interessant‹. Ich versuchte es zu sagen, aber stets kam nur ›insterant‹ heraus. Und das war meine erste große, große Enttäuschung.«

»Du hast dir schon immer alles sehr zu Herzen genommen«, sagte ihre Großmutter. »Ich hab immer versucht, es dir abzugewöhnen. Aber, ich weiß nicht, man kann Kinder eben nicht zu etwas machen, was gegen ihre Natur geht, und zu deiner gehört es nun mal, alles ernster zu nehmen. Du hast dir schon immer über alles mögliche den Kopf zerbrochen. Ich sage immer: ›Nimm's, wie's ist‹. Du aber grübelst immerfort und versuchst, allem auf den Grund zu gehen; aber das war schon immer so. Oh, was warst du doch für ein neugieriges, kleines Persönchen!«

»Ich höre gerne Geschichten über mich«, sagte Suzanne, »das ist dann für mich so, als würde ich auf ein Schlüsselwort – wie ›Rosebud‹* – warten und könnte dann sagen: ›Aha, das war es also.‹ Weißt du, ich kann mich überhaupt nicht mehr daran erinnern, wie es ist, ein Kind zu sein, was Kinder dabei empfinden, wenn sie mit einem wilden ›Yippee‹ querfeldein toben oder so. Deswegen liebe ich diese Geschichten über mich aus meiner Kindheit, denn es scheint ja so zu sein, daß ich damals nicht einfach bloß hier bei dir untergebracht worden bin.«

»Natürlich, bist du nicht einfach bloß hier untergebracht worden«, sagte ihre Großmutter. »Du warst noch sehr klein damals.

* »Rosebud« – Das Schlüsselwort in Orson Welles' Film »Citizen Kane« (USA 1941), das beim Protagonisten, dem Multimillionär und Pressezaren Kane Kindheitserinnerungen wachruft, Anm. der Übersetzer

Es gibt auf dieser Welt viele Kinder, die keine leichte Kindheit haben. Deine Kindheit war wegen der Scheidung nur von kurzer Dauer. Das war sicher hart, aber heutzutage kommt es häufiger vor, daß Kinder schneller erwachsen werden müssen, weil sich ihre Eltern getrennt haben. Natürlich haben es Kinder, die das nicht mitmachen müssen, in der Regel leichter, aber verallgemeinern sollte man das auch nicht. Ich weiß nicht, aber gelegentlich hast du die gleichen Sachen gemacht wie andere Kinder auch. Du hast die großen Hüte und die Stöckelschuhe deiner Mutter getragen und ihr Make-up benutzt. Du hast im Umkleidezimmer richtige kleine Modeschauen abgehalten. Du warst halt ein Kind, ein ganz normales Kind, das du, wenn du willst, auch heute noch sein kannst. Wenn du willst, können wir wieder zusammen zum Supermarkt gehen und ich kann dir Schleckereien kaufen. Aber das geht dir wohl nicht allzusehr ab.«

»Ich habe eigentlich ständig das Gefühl, etwas zu verpassen.«

»Nun, dieses Gefühl hattest du schon immer. Du hattest nicht mal Zeit für einen Mittagsschlaf, kein einziges Mal!«

»Irgendwie hatte ich schon immer einen sechsten Sinn für schlechte Omen«, erklärte Suzanne, »daß etwas schieflaufen könnte und ...«

»Und was dann? Glaubst du denn, du könntest es verhindern, bloß weil du dabei bist? Eine schwache Person wie du? Wenn etwas schiefgeht, dann geht das von ganz alleine schief.«

»Ich weiß schon, aber ich bilde mir nun mal ein, daß ich, wenn ich dabei wäre, die Sache zum Positiven wenden könnte.«

»Nun ja, das ist halt deine Einbildung«, sagte ihre Großmutter. »Genauso wie deine bösen Vorahnungen vielleicht auch nur eingebildet sind. Man muß die Dinge laufen lassen, wie sie laufen, es sei denn, du hast sie selbst in Gang gebracht. Und wenn du wirklich initiativ werden willst, heiraten, Kinder haben und einen Haushalt führen willst, tja, dann mußt du dich schon beeilen, meine kleine Freundin! Bislang hast du in dieser Richtung ja herzlich wenig unternommen. Entweder du kackst jetzt oder du gehst gleich vom Topf runter – entschuldige bitte meine vornehme Ausdrucksweise.«

»Sehr gewählt, muß ich sagen«, sagte Suzanne. »In welcher Uni kann man denn das lernen?«

»Benimm dich nur wie eine Rotzgöre; und das in deinem Alter!«

»Oh, ich bin schon raus aus diesem Alter!« sagte Suzanne. »Und ich dachte immer, das bleibt man, solange man noch ältere Verwandte hat!«

»Mach dich nur lustig über mich«, sagte ihre Großmutter, »du weißt ganz genau, daß ich recht habe. Such dir lieber jemand und sieh zu, daß daraus was wird. Aber vergeude nicht deine ganze Energie mit diesem Rumgenörgele: ›Der ist zu klein für mich, der ist zu groß für mich, der ist nicht gut genug ...‹ Nimm dir einfach einen. Ich bin jetzt über 50 Jahre mit deinem Großvater zusammen. Er hat mir nicht gefallen, aber ich hab ihn genommen. Ich bin stolz darauf, daß wir jetzt schon so lange verheiratet sind. Ich kann nicht behaupten, daß alles immer rosig war, es war nicht immer ein schönes Leben mit ihm, aber wir haben es zusammen durchlebt, wie Gott es bestimmt hat. Man lebt mit seinem Partner und ist sicher nicht immer ein Herz und eine Seele, aber man läuft auch nicht gleich davon, nur weil einem gerade etwas nicht gefällt. Du bist einfach nur zu verwöhnt. Deine Generation glaubt, daß man, wenn einem irgend etwas nicht in den Kram paßt, gleich machen kann, was man will, Drogen nehmen oder sonst etwas; meine Generation denkt da anders. Wir treffen unsere Wahl und stehen dann auch dazu, und ich glaube, daß du dir das ruhig zu Herzen nehmen solltest.«

»O.K.«, stimmte Suzanne zu. »Aber du und Grandpa, ihr haßt euch doch geradezu!«

»Wie kommst du denn auf *diese* Idee? Wir hassen uns keineswegs. Er verbringt nur die meiste Zeit hinter dem Haus, während ich mich hauptsächlich vor dem Haus aufhalte, aber das heißt doch nicht, daß wir uns nie sehen. Wir haben eine gemeinsame Geschichte. Er ist mein Leben, und ich bin seins, und ich hasse mein Leben doch nicht.«

»Das heißt also, ich sollte mir einfach ... jemanden nehmen?« fragte Suzanne.

»So kann man das nicht sagen. Ich habe mir Grandpa nicht *genommen*, sondern ich bin bei ihm geblieben«, fuhr sie fort. »Ich behaupte nicht, daß wir die allerglücklichste Ehe geführt haben, aber wenn es Krach gab, dann sind wir nicht einfach aufgestanden und abgehauen. Wir waren uns treu, und das heißt schon was. Ich liebe deinen Großvater. Ich mag ihn nicht immer, denn er ist auch ein störrischer, alter Brummbär, aber er ist mein Mann, und ich werde bei ihm bleiben.«

»Also, auf welche Qualitäten soll ich bei einem Typen achten?«

»Ich glaube nicht, daß du es dir noch erlauben kannst, wählerisch zu sein. Du weißt genau, daß es genügend Zwanzigjährige mit knackigem Busen gibt, die drauf und dran sind, ihre besten Jahre an einen Mann zu verschenken. Deine besten Jahre hast du bereits verschenkt. So wählerisch kannst du also nicht mehr sein. Es genügt, wenn du jemanden findest, der dich mag und dich respektiert. Und wenn ihr euch dann gern habt, ja weißt du, darauf kannst du dann schon etwas aufbauen.«

»Das klingt vernünftig«, sagte Suzanne und nickte zustimmend.

»Glaub aber bloß nicht, daß es keine Streitereien geben wird«, sagte ihre Großmutter. »Du kannst nicht mit jemand die ganze Zeit zusammensein, ohne daß er dir mal auf die Nerven geht, und vice versa. Wenn du immer nur eitel Sonnenschein erwartest, dann geh lieber erst gar keine Beziehung ein.«

»Nun, das hab ich ja auch nicht gemacht«, sagte Suzanne.

»O doch«, sagte ihre Großmutter, »du hattest schon ein Dutzend. Da war dieser Jonathan, dann Albert...«

»Jaaa«, sagte Suzanne gedehnt.

»Was war denn mit ihnen? Warum hast du dich von ihnen getrennt?«

»Wir sind halt nicht mehr miteinander klargekommen.«

»Schau, das versteh ich nicht«, sagte ihre Großmutter, »das ist genau der Punkt, den ich an deiner Generation nicht verstehe. Warum bleibt ihr nicht zusammen, sondern trennt euch wieder? Man muß etwas dafür tun, wenn man zusammenbleiben will. Genau darum muß man sich bemühen, das ist das Allerwichtigste.«

»Grandma, du solltest ein Video über Beziehungen machen. Für den Sex gibt es schon Dr. Ruth. Aber was kommt nach dem Sex? Dann kommst *du*. Du könntest den Leuten sagen, wie man es anstellt, zusammenzubleiben.«

»Ach komm, du machst dich nur lustig über mich«, sagte ihre Großmutter und erhob sich vom Bett. »Und nimm die Sache mit dem Film nicht so ernst. Sagt man nicht immer: ›Es ist doch bloß ein Film‹?«

»Ja, Grandma, so sagt man.«

»Also gut, wie willst du denn deine Frühstückseier?«

»Du brauchst nicht aufzustehen«, sagte Suzanne, »ich muß morgen sehr früh da sein.«

»Ich muß ohnehin aufstehen«, sagte sie, »dein Großvater braucht seine Herztropfen. Also?«

»Pochiert«, sagte Suzanne.

»In Ordnung. Gute Nacht, Liebling! Träum was Süßes. Laß dich nicht von den Bettwanzen beißen.«

»Als die Klischees verteilt wurden, hast du wohl in der ersten Reihe gestanden, stimmt's?« sagte Suzanne. »Gute Nacht, Grandma! Ich liebe dich.«

Als sie am darauffolgenden Morgen am Drehort ankam, war Suzanne wesentlich gelassener. Die erste Szene spielte in einem Auto, das neben der Crew und dem technischen Equipment auf einer Plattform stand, die von einer Zugmaschine gezogen wurde. Rita hatte gerade Suzannes Körper-Mikro angeschlossen, als Simon mit Rocky, dem Ersten Bühnenbildner, vorüberging. Rocky erklärte Simon, wie viele Statisten für die Auto-Szene benötigt wurden.

Suzanne folgte ihnen, bis sie an der Plattform angekommen waren. Dann sagte sie: »Entschuldigung, Simon. Hätten Sie einen Augenblick Zeit?«

»Aber sicher doch, Darling«, sagte er, »Gibt's Probleme?«

»Das Problem ist«, sagte sie forsch, »daß ich gestern mit vier Leuten, einschließlich meines Agenten, Gespräche führen mußte, die meinen niedrigen Lustpegel bei der Arbeit zum

Thema hatten, und ich mich darüber sehr geärgert habe. Es wäre mir lieber, in Zukunft ausschließlich von Ihnen Regieanweisungen zu bekommen.«

Simon schaute verwirrt drein, und der Wind hätte ihm beinahe den Hut vom Kopf geweht. »Tatsächlich?« sagte er im leicht indignierten englischen Tonfall. »Das dürfte eigentlich nicht passieren. Ich werde ein Wörtchen mit ihnen zu reden haben. Ihr *Agent* hat Sie tatsächlich deswegen angerufen?«

»Jawohl, mein Agent«, wiederholte Suzanne aufgebracht, »als wäre ich ein *kleines Kind*, als könnte man mit *mir* nicht reden«, sagte sie und merkte, wie sie an innerer Sicherheit gewann. »Ich mein, dann könnte ich doch gleich allen die Nummer meiner Mutter geben, oder? Oder noch besser, man könnte doch auch meine Großmutter anrufen! Sie wohnt hier ganz in der Nähe und könnte doch zum Händchenhalten kommen. Sie würde sicher dafür sorgen, daß ich auch ja locker bin!«

»Das ist es!« rief Simon ganz aufgeregt und schnippte mit den Fingern. »So muß *sie* sein! Genau *so* stell ich es mir vor, wie Sie Ihre Rolle spielen sollen. So, wie Sie jetzt gerade *sind*, müssen Sie sie spielen, verstehen Sie?«

»Aber Simon«, sagte Suzanne und versuchte, *nicht* weiter seiner Vorstellung zu entsprechen, »so was nennen Sie locker? Ich nenne das absolut aufgedreht. Wenn das Ihrer Vorstellung entspricht, dann ...«

»Darling«, beschwichtigte er sie, indem er seinen Arm um ihre Schultern legte und sie auf der Plattform zu dem Auto führte, wo die Crew darauf wartete, eine Probeaufnahme zu machen. »Spielen Sie so, wie Sie sind, und Sie werden wunderbar sein. Ich weiß, daß sich das sehr abgedroschen anhört, aber haben Sie Vertrauen. Ich werde mit den Produzenten sprechen und sicherstellen, daß sich die gestrigen Vorfälle nicht wiederholen werden. Aber jetzt beruhigen Sie sich besser.« Er küßte sie auf die Stirn.

Rocky kam zu Simon herüber: »Sie werden an der Kamera gebraucht«, sagte er.

»O ja, natürlich«, sagte Simon und ging auf die andere Seite der Zugmaschine. Suzanne bahnte sich einen Weg zu der Plattformseite, wo die Crew sich aufhielt und Ted ihr hinauf zum Auto half. Einige Minuten später kam Bobby Munch, und während die Plattform zu einer einsamen Stelle auf der Wüstenstraße gezogen wurde – dort wollten sie die nächsten Stunden verbringen –, informierte Suzanne ihn über die gesamte Lustpegel/Lockersein-Diskussion.

Als sie mit ihrer Geschichte zu Ende war, lächelte Bobby amüsiert. »Telefongespräch für Suzanne Vale«, sagte er. »Rrrring! ›Hallo‹, das sind Sie, und jetzt: ›Hallo, Schätzchen, hier spricht deine Tante Lilian aus Tuscon‹«, sagte Bobby mit spitzer, hoher Stimme. »›Hör zu, Liebes, George Lazan hat heute angerufen und erwähnt, daß dir die Sache mit diesem Film da anscheinend nicht genügend Spaß macht. Nun ja, ich weiß schon, daß es heutzutage nicht mehr so einfach ist, seinen Spaß zu haben. Zu meinen Zeiten war das noch ganz anders. Weißt du, was wir getan hatten, wenn wir Spaß haben wollten? Wir sind zum Bach gelaufen und haben uns, einer nach dem anderen, von einem an einem Seil herunterhängenden Gummireifen ins Wasser geschwungen. Also, wenn du schon unbedingt mit diesem vermaledeiten Blödsinn deinen Lebensunterhalt verdienen mußt, dann solltest du doch wenigstens versuchen, dabei deinen Spaß zu haben, ja? Wiederhören, Liebes!‹«

Das machte Suzanne so glücklich wie schon lange nichts mehr. »Rrrring!« machte sie ganz aufgekratzt. »Hallo«, sagte sie – das war ihr Part –, dann fuhr sie fort: ›Suzanne, ich bin's, Mary. Nun hör mir mal zu, mein Kind, ich hab mich ja schon um dich gekümmert, als du noch ganz, ganz klein warst, jetzt aber mach ich mir wirklich Sorgen um dich. Dieser Mr. George Lazan hat mich angerufen; auweia, hat der geschimpft! Er meinte, daß du irgendwie nicht locker genug bist. Suzanne? Sag mal, was ißt du eigentlich? Ich wette, daß du zuviel Zucker und zuwenig Proteine und so was ißt. Weißt du, mein Peter, wenn der sich mal was Gutes tun will – na ja, er ist zwar kein Schauspieler, ich weiß, aber er hat einen furchtbar anstrengenden Job und ist oft sehr angespannt –, weißt du, was mein Peter macht? Er nimmt öfters ein heißes Bad und duscht dann eiskalt hinterher, und dann ... Ach so, du darfst ja nichts trinken. Tja, dann ist das vielleicht doch nicht das Richtige für dich. Na dann, paß auf dich auf, Liebes. Tschüs!‹«

»Rrrrring! Rrring!« machte Bobby ganz aufgeregt.

»›Hallo? Hi, bist du's, Suzanne? Du kannst dich wahrscheinlich nicht mehr an mich erinnern, aber wir waren zusammen im Kindergarten. Erinnerst du dich noch an den guten alten Louis Bodenfelden? Unsere Kindergärtnerin war Mrs. Webbers. Ich war der, dem einmal auf dem Weg zur Bibliothek die Frühstückseier hochgekommen sind und der ganz gotterbärmlich auf den Flur kotzen mußte. Oder war das auf der Treppe? Ist ja auch egal! Hör zu, dieser Typ, George Lazan heißt er, hat mich angerufen. Er meinte, ob ich nicht mit dir darüber reden könnte, daß du endlich bei den Dreharbeiten lockerer wirst. Ich hab keine Ahnung, warum er gerade mich angerufen hat. Er sagte, daß er Mrs. Webbers versucht hat anzurufen, daß die aber schon tot sei. Aber macht ja nichts, nett, mal wieder mit dir geplaudert zu haben. Übrigens, deine Filme finde ich ganz toll. Viel Erfolg weiterhin!‹«

Suzanne bemerkte plötzlich, daß Simon, Rocky und auch die Tontechniker sich köstlich amüsierten, und es wurde ihr wieder bewußt, daß sie und Bobby ja ein Körpermikrofon trugen. Alle, die einen Kopfhörer hatten, konnten jedes Wort mithören. Suzanne klopfte an ihr Mikrofon. »›Miss Vale?‹« sagte sie mit tiefer Männerstimme. »›Miss Vale, hier ist Jeff, Ihr Masseur. Entschuldigen Sie die Störung, aber so 'n Dandy, George Sowieso – weiß nicht mehr genau, wie der heißt –, der hat angerufen und gemeint, daß Sie's nicht so voll bringen bei Ihrer Schauspielerei und so. Ich sagte ihm, daß Sie auf mich stets einen sehr entspannten Eindruck machen, immerhin sind Sie ja ständig am Schlafen, wenn ich komme. Vielleicht kommt's vom vielen Chlor im Swimmingpool. O.K., nehmen Sie sich's nicht so zu Herzen. Ich rate Ihnen, schenken Sie dem alten Trottel einfach Ihr entwaffnendes Lächeln! Bis dann.‹«

Und so ging es noch stundenlang weiter, nach jeder Aufnahme folgten telefonische Ratschläge von Leuten, die George Lazan angerufen hatte: der Typ von Suzannes chemischer Reinigung, ihre Gymnastiklehrerin, ihr Gynäkologe, ihr ehemaliger

Wasserski-Trainer, ein Anwalt mit tuntenhaftem Getue, beide Elternteile sowie alle ihre jeweiligen Stiefeltern, Jack Burroughs und schließlich sogar ein New Yorker Kritiker, der Suzanne vor einiger Zeit empfohlen hatte, dem Showbusineß ade zu sagen, sich bestätigt sieht und seinen Rat jetzt mit noch mehr Nachdruck wiederholt.

»Sie waren heute morgen phantastisch«, schwärmte Simon auf der Rückfahrt zum Drehort begeistert. »Ein wahrer Augen- und Ohrenschmaus, sowohl vor der Kamera als auch dahinter.«

Suzanne lächelte und errötete. Vom vielen Lachen tat ihr alles weh. Sie mußte zugeben, daß sie sich jetzt ziemlich locker fühlte.

Eine Woche später, an ihrem dreißigsten Geburtstag, saß Suzanne tropfnaß in einem Zivilauto der Polizei und wartete darauf, daß Simon »Action!« rufen würde. Sie wandte sich Bobby zu. »Wenn das nur bloß kein Omen für mein weiteres Leben ist, jetzt, wo ich in den Dreißigern bin –.«

»Du und in den *Dreißigern,* daß ich nicht lache!« platzte er heraus. »Wie wär's denn, wenn wir über mich, der ich bereits in den *Vierzigern* bin, sprechen würden? Wir könnten uns doch darüber unterhalten, daß ich eine Frau und zwei Töchter habe, aber immer noch tropfnaß sein, eine große Filmwunde an meinem Arm haben und Räuber und Gendarm spielen muß.«

»Und was ist mit mir! Ich bin dreißig und habe noch überhaupt kein Kind!« konterte Suzanne. »Laß uns doch darüber mal reden, bevor wir die Belange eines Ehemannes erörtern.«

Bobby mußte lachen. »Das ist die typische Unterhaltung zwischen Schauspielern«, sagte er. »›Und was ist mit mir?‹ ›Oh, tatsächlich, du bist ja auch noch da! O.K., was ist denn dieses *mir*?‹«

»Eine Schauspielerin an ihrem dreißigsten Geburtstag, geplagt von Selbstzweifeln«, sagte Suzanne lachend. »Du siehst, aus mir ist also eine ganze gewöhnliche Schauspielerin geworden.«

»Schätzchen, das bist du nicht erst seit heute, du warst die ganze Zeit über nur immer zu stoned, um es zu bemerken.«

»Oh, reizend«, sagte sie, »ich nehme an, daß du dich *nicht* für gewöhnlich hältst, oder?«

»Ich *genieße* geradezu meine Gewöhnlichkeit«, tönte Bobby. »Aber sag mal, glaubst du, die haben uns hier vergessen?« Er warf einen argwöhnischen Blick auf die Straße hinunter, wo Simon und Rocky anscheinend ein wichtiges Gespräch führten. Simon schaute herüber zu ihrem Auto und streckte fünf Finger in die Luft. »Noch fünf Minuten«, seufzte Bobby.

»He, sag mal«, neckte Suzanne, »du bist aber schon freiwillig zum Business gekommen, oder?«

»*Diese* Art von Showbusineß habe ich eigentlich nicht gesucht«, sagte er. »Ich wollte in die Welt des Glamours und der leichten Unterhaltung.« Eine sanfte, warme Brise trug Gesprächsfetzen der Crew zu ihnen herüber. »Für jemand, der gerade dreißig geworden ist, bist du ziemlich gut aufgelegt«, sagte er.

»Ich möchte bloß meinen dreißigsten Geburtstag nicht als Schreckenserlebnis in Erinnerung behalten«, erklärte sie. »Manchmal habe ich Angst, daß ich glücklich bin, aber bloß nicht...« Sie schwieg einen Augenblick und suchte nach den richtigen Worten. »Manchmal habe ich Angst, daß ich glücklich bin, aber diesem Gefühl mißtraue, weil ich mir einbilde, es müßte etwas anderes sein. Wenn ich also heute wieder meine Zweifel haben sollte«, verkündete sie mit gespielter Selbstsicherheit, wobei sie mit den Achseln zuckte, »dann bilde ich mir diesmal einfach ein, daß ich wirklich glücklich bin.«

Plötzlich hörten sie Rocky nach ihnen rufen, und sie sahen, wie Simon mit dem erhobenen Daumen ein Zeichen gab. Roger kam mit einer Wasserflasche den Berg zu ihnen heraufgelaufen, um sie naßzuspritzen.

»Action!« rief Simon.

Bobby preßte die Hand an seine »Wunde« und fuhr den Berg hinunter. Suzanne schnappte sich ihre »Kanone«. Als sie an der Kamera vorbeifuhren, war sie bester Laune. Sie war immer noch jung und sah gut aus, sie war witzig und intelligent, ihr nasses Haar flatterte im Wind, und sie hatte eine Knarre in der Hand. Sobald sie aus dem Bild waren, stimmte sie »Oh, What a Beautiful Morning« an.

Als sie die Hauptstraße kreuzten, entdeckte Suzanne, daß im »Desert Palm Drive-In« *False Start* gezeigt wurde, ein Film, für den sie vorgesprochen hatte, aber nicht genommen worden war. Augenblicklich schlug ihre Stimung um. »Komm, laß uns lieber wieder zurückfahren«, sagte sie mit gedämpfter Stimme, »bevor sie wütend auf uns werden.«

Bobby bemerkte die Veränderung, die in ihr vorgegangen war, und schmunzelte verständnisvoll. »Wolltest du da mitspielen?«

Suzanne schien einzig an ihrer Knarre interessiert zu sein. »Ich werd schon darüber hinwegkommen«, sagte sie.

»Wann?« fragte Bobby, wendete und fuhr in die andere Richtung zurück.

»Wenn ich in meiner Therapie den Durchbruch geschafft hab und mir nichts mehr etwas anhaben kann.«

»Weißt du«, sagte er, »es gibt auch Leute, denen geht es schlecht, weil sie in *diesem* Film nicht mitspielen konnten. Was würdest du denn *denen* sagen?«

»Ihre Karriere noch mal zu überdenken«, sagte sie. »Ich mach das ja auch ständig. Das hält meinen Teint frisch.«

»Glaubst du, daß du diesen Teint noch hast, wenn du mal das Showbusineß verläßt?« fragte er.

»Meinst du dieses Showbusineß oder die Welt des Glamours und der leichten Unterhaltung?« fragte Suzanne zurück.

»*Dieses* Showbusineß«, verkündete er deklamatorisch und machte eine theatralische Geste, bevor er anhielt. Als Suzanne sich umblickte, sah sie, wie die versammelte Crew ihr gerade ein Ständchen brachte: »Happy Birthday.« Marilyn kam mit einer Schokoladentorte mit dreißig Kerzen ans Auto.

»Ich hab das kürzeste Streichholz gezogen, deswegen muß ich jetzt die Torte überreichen«, sagte sie und grinste.

»Das werd ich euch nie vergessen«, sagte Suzanne und lief dabei rot wie eine Wüstenrose an.

»Das sagst du jetzt«, sagte Bobby, »aber wart's ab, wenn du mal genügend Therapiestunden hinter dir hast...«

»Therapiestunden kann man gar *nicht genug* haben«, sagte Suzanne.

Nervöse Unruhe

Sie wollte gerade auf eine Party gehen, doch sie war schwanger und hatte keine Lust, das Baby mitzunehmen. Deshalb nahm sie es heraus und ließ es zu Hause. Auf der Party wurde ihr langsam klar, daß man so etwas mit Babys eigentlich nicht tun kann; also ging sie wieder nach Hause. Zu Hause angekommen, fand sie das Baby bereits blau angelaufen vor. Sie geriet in Panik und versuchte es wieder zurück in sich zu stecken. »Wie konnte ich das nur tun?« dachte sie. »Wieso habe ich das bloß nicht vorausgesehen? Ich hatte ja nicht mal Lust, zu dieser Party zu gehen.«

Plötzlich flog sie und schwebte über weites Land hinweg, und es war wundervoll. *Wundervoll.* Dann, mitten im Flug, dachte sie plötzlich: *»Ich kann ja gar nicht fliegen!«* und sie bemerkte, daß sie gar nicht flog, sondern aus großer Höhe herabstürzte. Sie versuchte, Wind unter ihre ausgebreiteten Arme zu bekommen, um sich in der Luft zu halten, als plötzlich jemand von unten auf sie schoß. Sie fühlte sich wie auf dem Präsentierteller. Sie konnte sich nicht verstecken und den Kugeln nicht ausweichen. Sie versuchte, sich weiter in ihre Kleider zu verkriechen. Wo sollte sie nur hin? Sie konnte nicht zur Landung ansetzen, weil man ja auf sie schoß, doch eben darum war es auch in der Luft nicht sicher. Dann saß sie auf dem Beifahrersitz eines Wagens. Die Person am Steuer war im Dunkeln, doch sie war sicher, daß es ein Mann war. Sie wollte raus aus dem Auto – es schien völlig führerlos dahinzufahren –, doch es fuhr zu schnell und legte lange Strecken zurück, und zwar in einer Gegend, in der sie noch nie zuvor war. Plötzlich kamen sie zu einem Haus, sie öffnete die Tür und war in einem Tunnel, in einem langen Tunnel. Aus der Tiefe des Tunnels glaubte sie das Weinen eines Babys zu hören, und als sie dann das Echo dieses Weinens hörte, bekam sie große Angst. Sie fing zu laufen an, und dann war der Mann aus dem Auto hinter ihr her und verfolgte sie mit einem Gewehr durch den tiefen Schnee . . . Das Telefon läutete und riß Suzanne aus dem Traum und weg von der unmittelbaren Gefahr. Sie rollte sich über das Bett. »Hallo!« keuchte sie und räusperte sich verschlafen.

»Hallo!« sagte sie nochmals, als sie das bei Auslandsanrufen typische Knacken in der Leitung hörte.

»Hallo?« hörte sie eine männliche Stimme aus dem Apparat schreien. »Ist Suzanne Vale bitte zu sprechen?«

»Wer ist dran?«, fragte Suzanne und hielt ihre Augen vor der morgendlichen Sonne geschlossen.

»Sven Gahooden«, sagte er zögernd und mit merkwürdigem Akzent. »Ich traf Suzanne vor einigen Jahren bei einem Intensivkurs, und sie sagte mir, ich solle sie anrufen, falls ich je –«

»Suzanne ist auf einem Intensivkurs für schnelles Sprechen in New Mexico«, unterbrach sie ihn.

»Auf der ›Insight Chaparall‹?« plärrte Sven.

»Ich glaube, das ist es«, sagte Suzanne geduldig.

»Nun, sagen Sie ihr, daß ich ihr nur von meinem Schlüsselerlebnis erzählen wollte, das ich hatte, als ich einen ihrer Filme in Stockholm sah«, sagte Sven.

»Ich werde es ihr ausrichten«, erwiderte Suzanne in ihrem besten Laß-uns-jetzt-endlich-aufhören-Tonfall.

»Und sagen Sie ihr auch, daß ich das Medizinstudium aufgegeben habe, um ganz bei der ›Hungerhilfe‹ zu arbeiten.«

»O.K., ich werde es ihr sagen«, antwortete Suzanne genüßlich. »Auf Wiederhören, Sven.«

»Mit wem spreche ich eigentlich?« fragte Sven höflich.

»Ich bin eine Freundin von Suzanne, Ruth Buzzi«, sagte Suzanne.

»Gut, danke, Ruth.«

»Danke, Sven. Auf Wiederhören.« Suzanne legte auf. »Ruth Buzzi«, wiederholte sie und schüttelte dabei wegen der Unaussprechlichkeit dieses Namens den Kopf. »Vielleicht sollte ich wirklich an einem Intensivkurs für schnelles Sprechen teilnehmen.«

Durch ihren unruhigen Schlaf war ihr Nachthemd so verrutscht und verwickelt, daß ihr linker Arm eingeschlafen war. Sie schüttelte die Decke wie der Magier seinen Umhang ab und stand auf – sie war entschlossen, die gefährliche Arena des Tages völlig ungeschützt zu betreten.

Sie zog ihr Nachthemd aus, ging ins Badezimmer, ließ das Badewasser einlaufen und ging dann in die Küche, um etwas Orangensaft zum Wachwerden zu holen. »Ein Mann mit einem Gewehr«, dachte sie, »wie einfallslos!«

Suzanne ging ins Schlafzimmer zurück und legte eine Kassette ein. Am Morgen hörte sie gerne Filmmusik. Beim Autofahren mochte sie nur Rock 'n' Roll, Filmmusik war sozusagen »Hausmusik«. Heute morgen war *Somewhere in Time* angesagt, das so klang, wie Suzanne sich die Liebe vorstellte. Es klang wie Sehnsucht. Sie hörte der Musik nachdenklich zu, als sie an ihrem Saft nippte und ins Badezimmer zurückging. Sobald diese Musik lief, waren ihre Gedanken keine zerplatzenden Seifenblasen mehr, sondern schienen sich in Poesie zu verwandeln. Sie drehte das Wasser ab und setzte sich in die Badewanne.

Während sie badete, begann die Musik Suzanne langsam zu nerven. Sie war ihr von einem Musiker namens Chester Pryce, mit dem sie einmal ausgegangen war, empfohlen worden; sie hatte ihn ganz gern gehabt, aber nie mehr etwas von ihm gehört. Sie konnte sich nicht mehr erinnern, ob sie ihn schon gern hatte, bevor sie nichts mehr von ihm hörte, oder erst danach. Auf jeden Fall hatte er ihr von dieser Musik erzählt – die er selbst oft hörte –, doch er hatte sie nicht davor gewarnt, daß sie Gefühle hervorruft, denen man sich stellen muß. Suzanne stellte sich vor, wie Chester in seinem Auto dieser Musik lauscht und vor Sehnsucht schmachtend über eine Klippe stürzte.

Suzanne griff nach dem Handtuch, stand auf und stieg aus der Wanne, wobei sie sich im Spiegel betrachtete. Sie mußte unbedingt abnehmen. Sie mußte sogar *mehr* als nötig abnehmen, um danach wieder einige Tage sorglos essen zu können. »Heute werde ich nichts essen, sofern es nicht unbedingt nötig ist.«

Plötzlich entdeckte sie an ihrem Kinn einen neuen Pickel, der riesig zu werden versprach. Er kam ihr wie ein neuer Gesichtszug vor. »Da mach ich mir bereits Sorgen um Falten, und krieg immer noch Pickel«, überlegte sie. »Das Leben ist ein grausamer, schrecklicher Witz, und ich bin die Pointe.« Ihre Entdekkung bestürzte sie vor allem deshalb, weil sie am Abend zu einer Party ihrer Freundin Wallis gehen mußte, was schon mit relativ reiner Haut schwierig genug für sie war.

Für die Bodybuildingstunde schlüpfte sie in ihren »Bodystokking«, der eigentlich ein schlichter schwarzer Badeanzug mit kleinen Teddybären darauf war. Sie hatte ihn vor einigen Jahren auf Hawaii gekauft, nachdem sie ihr Gepäck verloren hatte. Sie war nicht gerade vernarrt in die Teddybären, aber es war schließlich ein Notkauf gewesen und außerdem kam ihr Busen darin recht vorteilhaft zur Geltung. Sie zog ihre türkis-schwarzkarierten Shorts an. Ihre Aufmachung war nicht gerade topmodisch, doch wenn Suzanne an eine bestimmte Kleidung gewöhnt war, dann blieb sie auch dabei. Dann zog sie noch ihre schwarzen Socken und türkisfarbenen Turnschuhe an, sprühte sich mit Parfüm und Deo ein, trug etwas Wimperntusche auf, setzte die Sonnenbrille auf und ging zum Bodybuilding.

Suzanne fuhr in Richtung Venice hinter einem Kharmann Ghia her, der ein Kennzeichen mit der Bedeutung »RRRÜLPS« hatte. Sie kannte die Strecke auswendig und mußte sich deshalb nicht einmal konzentrieren. Sie hielt sich für eine tolle Autofahrerin und wünschte, aus dieser Erkenntnis ließe sich ein gesundes Selbstbewußtsein aufbauen. Sobald es jedoch um wichtige Fragen ging, reichte es anscheinend nicht mehr aus, sich nur für eine gute Fahrerin zu halten.

Mit offenem Schiebedach, geöffneten Fenstern und dem in voller Lautstärke lärmenden Radio fühlte sich Suzanne wohl. Irgendwann einmal hatte sie entschieden, daß Gott in ihrem Autoradio sein mußte, und immer, wenn er ganz zufrieden mit ihr war, ließ er die Songs ertönen, die sie mochte. Letzte Woche waren ihr – Gott war offensichtlich gerade nicht mit ihr zufrieden gewesen – die Verstärkerkabel durchgeschmort, während gerade ein Band der »Pretenders« lief. Die Boxen hatten mitten in »Middle of the Road« ihren Geist aufgegeben, nachdem sie über eine Bodenwelle gefahren war; danach setzte sie ihre Fahrt in lähmender Stille fort. Am nächsten Tag hatte sie sie reparieren lassen und jetzt, als sie in westlicher Richtung gen Olympic fuhr, war die Musik – »Still the Same« von Bob Seger – so laut, daß es ihr in die Beine ging. Sie war immer etwas traurig, wenn sie in den Lincoln Boulevard einbog, denn das hieß, daß sie nur noch einen Song bis zu Ende hören konnte, bevor sie bei »Gold's Gym« ankam.

Suzanne ging gerne zum Bodybuilding, besser gesagt, sie mochte das Gefühl danach, wenn sie dort gewesen war, und dazu war es nötig, hinzugehen. Ihr gefiel die kleine harte Stelle zwischen Schulter und Trizeps, die sie beim Hanteltraining bekommen hatte. Sie wußte aber auch, daß das keine große Rolle spielte; wie sehr sie sich auch abmühte, der einzige Weg zu einem phantastischen Körper wäre letztlich eine vernünftige Ernährung gewesen. Suzanne wußte aber nur, wie man sich falsch ernährte.

Sie hatte sich schon immer falsch ernährt. Es war gewissermaßen Familientradition. Milchprodukte, halbgares Fleisch, Salz, Zucker, Koffein und alles Gebratene: amerikanisches Essen. Sie kannte die Wirkung auf den Körper, aber sie hielt es nicht lange ohne dieses Essen aus. Ihre Diäten dauerten immer bis halb fünf Uhr abends, dann konnte sie sich nicht mehr beherrschen und aß etwas so Unvernünftiges wie einen Hamburger mit Himbeersauce.

Suzanne kochte nicht gerne und setzte sich auch nicht gerne zu Tisch, um zu essen. Vielleicht lag es daran, daß ihre Mutter, als Suzanne noch klein war, verlangt hatte, daß die Kinder nach dem Essen noch sitzen blieben und mit ihr plauderten. Für Suzanne war essen etwas Privates, das in irgendwelchen Winkeln oder in Autos zu geschehen hatte. Essen war einfach Benzin für den Körper. Ihr Auto »plauderte« beim Tanken schließlich auch nicht mit anderen Autos. Sie mußte lächeln, als sie an »McDonald's« und »Wendy's« vorbeifuhr und ihr der vertraute Natriumgeruch in die Nase stieg.

Suzanne kam eine Viertelstunde zu spät zu »Gold's Gym«, wo ihre Trainerin Michelle bereits wartete. Michelle war eine durchtrainierte Blondine von der Ostküste, die ehemals ein

PCP-Junkie gewesen war, und sich jetzt vom Sport das holte, was sie zuvor durch Drogen bekommen hatte.

»Entschuldigung«, sagte Suzanne beim Eintreten.

Michelle zuckte mit den Achseln. Suzanne kam immer eine Viertelstunde zu spät.

»Was machen wir heute? Beinarbeit?« fragte Michelle.

Suzanne verzog das Gesicht. Beinarbeit war das Schwerste. »Brust und Schultern?« schlug sie zaghaft vor.

»In Ordnung«, lachte Michelle, »aber du kannst deine Beinchen nicht vernachlässigen. Morgen kommen dann aber die Beine dran.« Suzanne war erleichtert. Sie hatte also noch einen Tag Galgenfrist. Sie sah sich um, während sie Michelle zu den Geräten folgte, und erkannte einige bekannte Gesichter: der große Typ mit dem Stirnband und den ägyptischen Hieroglyphen auf den Armen, der drahtige dunkelhaarige Schauspieler, der immer total durchgeschwitzt war, und ihr Liebling, der riesige Schwarze, der dort jeden Tag verbrachte und nie mit jemandem sprach. Aus der Art, wie er sich verhielt, schloß Michelle, daß er viel durchgemacht haben mußte.

»Da ist ja dein Freund«, sagte Michelle zur schwer atmenden Suzanne.

»Ach, ich liebe ihn«, sagte Suzanne verträumt, als Michelle ihr die Schultermaschine richtig einstellte, »er ist wirklich toll.« Sie fing mit dem Gewichtheben an. »Er spricht nie ... Er ist der Inbegriff eines Geheimnisses ... Ein stilles Wasser ... Man muß es ergründen ...« Sie konnte nicht weitersprechen, da die Übung ihr den Atem raubte.

»Ich wünschte, ich könnte ihn auch interessant finden«, seufzte Michelle. »Ich wünschte, ich könnte überhaupt jemand interessant finden. Momentan bin ich auf dem K-Trip.«

»Auf was?« keuchte Suzanne.

»Auf dem Krisen-Trip«, wiederholte Michelle. »Ich fühle mich total leer, alles ist so chaotisch. Seit Wochen war ich nicht mehr verknallt. Mach noch fünf! Fünf. Vier. Drei. Zwei. Noch einen!«

»Es ist zu schwer«, stöhnte Suzanne.

»Das hat doch nur *dreißig Pfund*«, rief Michelle. Vor dem

nächsten Durchgang gönnte sie Suzanne ein paar Minuten Pause und führte sie dann zum nächsten Gerät.

Je länger Suzanne ihre Übungen machte, desto ruhiger wurde sie. Verwundert fragte sie sich, warum sie dieses Training überhaupt auf sich genommen hatte, zumal Michelle ihr die ganze Zeit einbleute, daß die ganze Plackerei ohne Diät sinnlos wäre. Da ihre Diätversuche immer wieder so kläglich scheiterten, wirkten ihre von Fettpolstern umgebenen Muskeln wie unter Wasser getauchte Inseln. Ihr fiel ein dunkelhaariges Mädchen mit einem imponierend mächtigen Rücken auf, das immer noch etwas für die Rückenmuskulatur tat. »Für was soll das denn gut sein?« fragte sie sich. Doch schließlich haben sich Philosophen seit Menschengedenken mit dieser Sinnfrage herumgeschlagen; wie sollte sie da diese Frage beantworten? Sie fragte sich, ob es Kierkegaard jemals an einen Ort wie »Gold's Gym« gezogen hätte.

Schließlich waren sie am letzten Gerät angelangt, das Suzanne haßte, da sie sich dabei im Spiegel anschauen mußte, noch dazu unter einer äußerst unvorteilhaften Deckenbeleuchtung. »Gibt's was Neues von Sal?« fragte sie, um nicht mehr an ihr Aussehen denken zu müssen. Sal war Michelles früherer Freund, der vor kurzem von der Bildfläche verschwunden war.

»Oh«, sagte Michelle ganz munter, »habe ich dir das noch nicht erzählt? Komm, das hab ich dir sicher schon erzählt!«

»Nein, hast du nicht. Jetzt mach's nicht so spannend.«

»Er ist in einem »Reha« in New York gelandet«, antwortete Michelle, und man konnte ihr die Erleichterung darüber anmerken. »Er macht eine dieser einjährigen Entziehungskuren.«

»Ein ganzes Jahr!« Suzanne schüttelte den Kopf. »Ich würde verrückt werden.«

»Der war doch schon vorher verrückt«, sagte Michelle. »Noch verrückter sein, als Koks zu fixen, und das den ganzen Tag, kann man ja wohl nicht sein. Komm, mach noch zwei. Zwei, eins, O.K.! Jetzt noch einen Durchgang, dann ein paar Lockerungsübungen, und du hast es geschafft.«

»Na ja«, bemerkte Suzanne, »er hatte ja jede Menge Übung durch das viele Injizieren von Steroiden.«

»Ja, und sogar da hat er mich belogen«, sagte Michelle. »Als könnte jemand einen Hals wie ein Rinderschlegel bekommen, einzig und allein durch ein stinknormales Krafttraining. Und er hatte einen Hals wie ein *Rinderschlegel*. Dazu bedarf es schon noch etwas anderes, meinst du nicht? So, bist du fertig?«

Suzanne absolvierte ihren letzten Durchgang schweigend und versuchte, sich auf einen Punkt an der Decke zu konzentrieren, damit sie sich nicht im Spiegel anschauen mußte. Bei der Übung war sie nahe daran aufzugeben.

»Mach weiter«, schrie Michelle, »du bist fast durch!«

»Nein!« brüllte Suzanne, was ihr zwar selber peinlich war, aber sie nicht daran hinderte, trotzdem aufzuhören. Sie ließ das Gewicht unter gewaltigem Getöse fallen. Dann machte sie noch ziemlich lustlos einige Lockerungsübungen, bevor Michelle sie zum Auto begleitete. Am Eingang trafen sie Chad Paley, den Verteidiger bei den »Los Angeles Rams«. »Hallo, Sunshine«, begrüßte er Suzanne.

»Chad, warte mal. Du weißt doch sicher, wer der große Schwarze da hinten an der Schultermaschine ist?« fragte Suzanne.

Er schaute in die Richtung der »Folterkammer«, in die sie gezeigt hatte, und sein Blick verfinsterte sich. »Halt dich bloß fern von dem«, sagte er, »der verheißt nichts Gutes.«

»Warum?« fragte Michelle. »Was ist denn mit ihm?«

»Er hat gesessen, wegen Totschlags! Das zum einen. Und außerdem ist er auch noch schwul. Er treibt sich fast jeden Abend auf dem ›Hollywood Boulevard‹ rum.«

»Oh«, sagte Suzanne kleinlaut.

»Laß die Finger von ihm«, wiederholte Chad väterlich. Er kniff Suzanne freundschaftlich in die Wange und ging zu den Trainingsgeräten zurück. Die beiden Frauen gingen hinaus, ohne nochmals einen Blilck auf den schweigsamen Mann zu werfen, der hier für den ›Hollywood Boulevard‹ Gewichte stemmte. »Laß die Finger von ihm«, murmelte Suzanne. »Als ob ich ihn gleich hätte anmachen wollen!«

Bei ihrem BMW angelangt, verabschiedete sich Suzanne. »Morgen«, verkündete sie optimistisch, »kommen dann die Beine dran.«

Michelle nickte. »Und halt deine Diät ein«, forderte sie Suzanne auf.

»Mach ich«, versprach Suzanne, schaltete die Alarmanlage aus und stieg ein.

»Machst du eh nicht«, sagte Michelle.

»Wahrscheinlich trifft beides zu«, meinte Suzanne und ließ den Motor an. »Ich werd's machen und auch nicht. Die Zen-Diät halt.«

»Und bald wirst du auch wie Buddha aussehen«, schrie Michelle, um Don Henleys »All She Wants to Do is Dance«, das aus Suzannes Radio kam, zu übertönen. Suzanne winkte ihr noch zu und fuhr davon.

Sie fuhr nach Hause, um die Haare zu waschen und sich zum Mittagessen mit Al Hawkins umzuziehen. Al Hawkins war irgendein Manager, der sich um ihre Karriere kümmern wollte. Ein Freund, Bob Decker, hatte das Treffen arrangiert, und man konnte nicht gerade behaupten, daß sie sich großartig darauf freute.

Sie entschied sich für ein kurzes, blaues Kleid, das sowohl bequem war als auch halbwegs schick aussah. Es lag genau zwischen den beiden Kleiderkategorien: »Kleidung für mich« und »Kleidung für die anderen«. Es war ziemlich schwierig, so ein wunderbares Kleid wie dieses zu finden, aber ihr war es im Laufe der Zeit sogar gelungen, gleich drei in dieser Art zu ergattern. Dieses hier hatte zwar ein kleines Brandloch links unten, aber das würde sicher niemandem auffallen.

Sie schminkte sich, wobei sie natürlich auch die Entwicklung ihres Pickels gebührend begutachtete, und fönte die Haare. Während des Fönens schaltete sie viermal den Fön ab, weil sie glaubte, das Telefon zu hören, doch es war jedesmal nur Einbildung. Sie entschied sich noch für schwarze Schuhe mit hohen Absätzen, – was, ihrer Meinung nach, ihre Kleidung völlig in die Kategorie »Kleidung für die anderen« einordnete –, und fuhr dann zum vereinbarten Treffpunkt, dem »Hamburger Hamlet« am »Beverly Drive«.

Als sie noch etwa einen Block von dem Restaurant entfernt war, fuhr vor ihr ein riesiger Bentley, dessen Fahrer offensichtlich telefonierte. Während sie auf den frisch frisierten Hinterkopf des Mannes blickte, ahnte Suzanne plötzlich, daß es sich bei dem Fahrer um Al Hawkins handelte. Dennoch wollte sie dies zuerst nicht wahrhaben, aber als er dann auch noch in den Parkplatz einbog, packte sie die Angst vor der eigenen Courage. Was sollte sie tun? Um die Ecke zum Supermarkt fahren und im Restaurant anrufen, um Al Hawkins zu sagen, daß sie krank wäre?

Nein. Sie hatte das Mittagessen bereits dreimal abgesagt und verschoben. Sie mußte hingehen. »Na schön, vielleicht kann ich trotzdem was dabei lernen«, dachte sie gleichmütig, als sie dem Parkwächter die Schlüssel aushändigte. Sie stellte sich vor, wie sie eines Tages heiter eine Pfeife rauchen, aufs Meer hinausschauen und denken würde: »Nun ja, er war sicher ein Arschloch, aber er gehörte nicht zu diesen gewöhnlichen Arschlöchern, die man immer und überall trifft. An diesem Tag habe ich im Restaurant sogar etwas *gelernt.*«

Sie war noch nicht richtig im Restaurant, da hörte sie schon eine laute New Yorker Stimme bellen: »Suzanne?« Natürlich war es der Käpt'n der »MS Bentley«.

»Al Hawkins?« fragte sie mit verhaltener Stimme.

»Genau der«, grölte er und schüttelte ihr die Hand.

»Warum setzen wir uns nicht? Bedienung!« rief er. »Ist unser Tisch fertig? Danke.«

Al Hawkins steuerte mit Suzanne auf einen Tisch an der Wand zu, an der ein Spiegel hing. Al war knapp einen Meter achtzig groß, trug einen kurzen, fast militärischen Haarschnitt, war sonnengebräunt, hatte braune Augen und außerdem sehr schöne Zähne – seine eigenen, wie Suzanne glaubte. Er hatte eine seltsame Sonnenbrille, die er sich auf den Kopf geschoben hatte. Sie bestand aus großen dicken schwarzen Gläsern und war genau die Art Sonnenbrille, die die Firma »Ferrari« herstellen würde, wenn sie ins Sonnenbrillengeschäft einsteigen würde. Al trug ein blaues Polohemd, knappe ausgebleichte Jeans und braune Halbschuhe von schlichter Eleganz. Er kam ihr vor wie der Feldwebel der Showbusineß-Truppe, und Suzanne fühlte sich wie irgendeine Truppenangehörige ohne Dienstgrad und mit ausgeprägter Neigung, die Truppe unerlaubt zu verlassen. Al gab der Kellnerin etwas Kleingeld, damit sie Zigaretten für ihn holen gehen konnte, und geleitete Suzanne wie eine Invalidin zu ihrem Platz. »Sie sitzen an der Wand, O.K.? O.K.«, sagte er. Er war völlig auf sich selbst fixiert – er stellte die Fragen *und* beantwortete sie auch gleich selbst. Suzanne kam sich irgendwie überflüssig vor.

»Sie sind ja gar nicht blond«, meinte Al Hawkins etwas enttäuscht und schaute sie durchdringend an.

»Nein, das war ich noch nie«, erwiderte Suzanne.

»Nun ja, Sie waren zwar bislang in keinem ihrer Filme blond gewesen, aber ...«, Al zuckte mit den Achseln. »Ich kenne eine Menge Mädchen, die nach einer Weile einfach ... blond werden.«

»So ganz von selbst?« fragte Suzanne.

»Nein, sie entschließen sich dazu, nachdem ... oh, hab schon verstanden, das war ein Witz, nicht wahr?« Al lächelte. »Sollen wir bestellen?«

Die Kellnerin kam mit Block und Bleistift an ihren Tisch. Suzanne bestellte Hüttenkäse und Obst. Al bestellte eine »Nummer Elf«, einen Cheeseburger mit Speck, Salatsoße und Pommes frites, und dazu noch eine »Cola-Light«. Suzanne zögerte, sehnte sich eigentlich nach einer Tasse Kaffee, nahm jedoch ihre ganze Willenskraft zusammen und bestellte ein Mineralwasser. Als die Kellnerin wieder weg war, saßen sie sich schweigend gegenüber. Suzanne beobachtete Al, wie er sich eine »Vantage« anzündete, als hätte sie so etwas noch nie zuvor gesehen. Vielleicht war das Ganze auch nur eine schlecht erzählte Anekdote, deren Pointe sie nur deshalb noch nicht begriffen hatte, weil sie darin selbst eine Rolle spielte. »Sie haben ein schönes Auto«, sagte sie.

»Nicht wahr, der Bentley ist ein Traum von Auto!« strahlte Al und blies ihr den Zigarettenqualm ins Gesicht. »Ich ließ es extra von New York mit dem Schiff hierherbringen. Sie können sich ja gar nicht vorstellen, welche Strapazen man in Kauf nehmen muß, wenn man ein Auto verschiffen will.«

»Ich hab mal mein Auto einfach von jemandem überführen lassen«, versuchte Suzanne auf Al einzugehen.

»Aber ich bitte Sie, meinen Bentley kann ich doch nicht einfach *irgend jemand* anvertrauen.«

»Ich bin noch nie einen Bentley gefahren«, erwiderte sie kleinlaut. »Wahrscheinlich fährt man in diesem Schlitten wie auf Wolken dahin oder sie haben irgend etwas anderes an sich, wodurch sie zu einem solchen Statussymbol werden konnten. Ich meine, so einem Markennamen muß doch irgendeine exklusive Besonderheit anhaften...« Plötzlich wußte sie nicht mehr, worüber sie da eigentlich sprach, und sie brach ab. Lähmende Stille herrschte zwischen ihnen. Langsam, aber sicher begann sich an ihrem Tisch eine Art Friedhofsruhe auszubreiten.

Plötzlich entfuhr es Al: »*Nur Fliegen ist schöner*, glauben Sie mir!« Er unterstrich seine Aussage, indem er ein Zeichen mit nach oben gestrecktem Daumen machte.

»Glauben Sie wirklich? Ist ja toll!«

Plötzlich kam Al zum Thema. »Ich muß Ihnen ganz frei heraussagen, daß mir Ihre Wahl Ihrer bisherigen Agenten überhaupt nicht gefällt.«

»Wie bitte?« Suzanne verstand nicht gleich, was er meinte.

»Als Bob mir Ihre Nummer gab, wußte ich noch nicht, daß Sie inzwischen einen anderen Agenten haben. Mit einem Mann wie Mark Auerbach könnte ich niemals zusammenarbeiten. Für mich ist er eine blöde Sau!«

»Tatsächlich?« sagte Suzanne ungerührt. Sie hätte ebensogut »Buckel« oder »Toaster« sagen können; die Wirkung auf Al wäre dieselbe gewesen. Da er jetzt in Fahrt war, kam ihr nur noch die Rolle der Statistin zu. »Von meinen Leuten ist niemand bei der ›Empire Agency‹«, versicherte Al. »Ich habe dafür gesorgt, daß alle Leute, die ich unter Vertrag habe, es geschafft haben, wie zuletzt Zita Farina. Und *Zita Farina* ist dabei, ein wirklich *großer* Star zu werden.«

Suzanne nickte und fragte sich, wie teuer wohl seine Armbanduhr gewesen war. Da kam zum Glück die Kellnerin mit dem Essen. Suzanne stopfte sich eine Banane in den Mund und notierte sich auf ihrer Merkliste im Kopf: »Bob Becker abmurksen!«

»Wissen Sie, was ich für Sie machen würde?« fragte Al und

salzte seine Pommes frites. Suzanne schüttelte den Kopf, obwohl Al sie nicht einmal anschaute. »Ich würde es überall bekanntmachen, daß ich ab sofort Ihre Interessen wahrnehme und daß wir an Projekten interessiert wären, und dann werden Sie sehen, wie groß das Echo sein wird. Sie werden dann sehen, woran Sie sind.« Er biß ein riesiges Stück von seinem Hamburger ab und sprach kauend weiter. »Sie sind nämlich der ideale Serientyp, weil Sie intelligentere Rollen spielen können, und die Zuschauer wollen intelligente Leute sehen. Gerade im Moment haben wir eine Serie in Planung, für die Sie wie geschaffen sind.«

»Gut, schicken Sie mir das Skript«, sagte sie, mehr zu ihrem Hüttenkäse als zu ihm. »Ich werd's mir durchlesen.«

»Sobald wir eins haben, werde ich es Ihnen zuschicken. Es ist eine Sendung mit vier Hauptrollen, einem Mann und drei Frauen. Sie wären eine phantastische Besetzung für die Rolle der jüngeren Frau, der Herausgeberin einer Zeitschrift, sehr intelligent, witzig und realistisch.«

»Ich würde gerne in einer Serie mitmachen«, sagte Suzanne ernst. »Ich meine, ich wäre dumm, wenn ich es nicht wollte. Aber ich glaube auch weiterhin, daß Kinofilme eigentlich –«

»Jetzt seien Sie nicht naiv«, unterbrach Al sie und machte mit den Pommes frites, die er gerade in der Hand hielt, eine wegwerfende Bewegung. »Wenn Ihnen eine gute Rolle in einem Pilotfilm zu einer Serie angeboten wird, dann müssen Sie sie annehmen.«

Was glaubt dieser Typ eigentlich, wer er ist? Suzanne behielt diesen Gedanken für sich.

»Ob ich nun naiv bin oder nicht«, sagte sie gereizt, »ich möchte trotzdem ganz gerne zuvor meine Erkundigungen einholen, bevor ich mich auf die Welt des Fernsehens einlasse.«

»Über das Fernsehen ist es jederzeit möglich, eine Traumkarriere zu machen«, sagte Al und biß wieder ein gewaltiges Stück von seinem Hamburger ab. »Erinnern Sie sich an den Film *Happy Days*? Henry Winkler war erst auf Platz sechs der Besetzungsliste. Oder an den Film *Welcome Back, Kotter?* Travolta war ganz unten auf der Besetzungsliste, er hatte eine *winzige* Nebenrolle.«

Suzanne kam zu dem Entschluß, daß sie doch lieber keinen persönlichen Manager haben wollte, und vor allem wollte sie keinen, der so persönlich werden konnte. Nicht einmal uralte Bekannte durften sie »naiv« nennen. Sie fühlte sich niedergeschlagen. Aber sie wollte auch nicht so werden wie die Schützlinge eines solchen Managers. Sie wollte um jeden Preis den Eindruck vermeiden, es ginge ihr so schlecht, daß sie es nötig hätte, auf derartige Angebote einzugehen. Anscheinend kannte sie schon die richtigen Leute, aber leider hatte sie sie bislang noch nicht richtig kennengelernt. Sich einfach, ohne nach links oder rechts zu blicken, einen Weg für die Karriere zu bahnen, empfand sie als entwürdigend. Sie liebte die Schauspielerei, das war schon klar. Was sie allerdings überhaupt nicht mochte, das war das ganze Drumherum: die Proben, die Videoaufnahmen, die Pressekonferenzen, die Kritik und die Verrisse. Da gab es nichts, was sie nicht war: sie war zu alt, zu jung, zu hübsch, zu klein, nicht komisch genug, zu komisch ... Das konnte einen auf die Dauer ganz schön fertigmachen.

»Ich fände es sehr gut, wenn Sie eine Gastrolle in *Miami Vice* oder in *Bill Cosbys Familienbande* übernehmen würden«, sagte Al. »Sie sollten bei einer wirklich guten Episode mitmachen. Man könnte die ganze Story auf Sie abstimmen, und dann, schnipp« – er schnippte mit den Fingern – »vierzig Millionen Zuschauer bewundern Sie am Bildschirm. Aber, was noch wichtiger ist«, sagte er und zeigte mit dem Daumen über seine rechte Schulter, »sie würden Sie auch sehen.«

»Wer?« fragte Suzanne und schaute über seine rechte Schulter.

»Na, wer schon, die Industrie!« antwortete er ganz aufgeregt.

»Oh!« sagte Suzanne nur. Ihr war jetzt ganz übel. Al fuhr fort, die Vorteile von Serien zu rühmen, als Suzanne ihn bei einer kurzen Atempause unterbrach: »Aber es sind nicht gerade viele Schauspielerinnen, denen der Sprung vom Fernsehen zum Film gelingt. Mir fällt da nur Shelley Long ein.«

»Und was ist mit Sally Field?« höhnte Al und grinste. »*The Flying Nun* machte sie berühmt.«

»Aber das war doch *Norma Rae*«, warf Suzanne ein, in der Hoffnung, ihn umzustimmen.

»Nein, es war schon *The Flying Nun*«, sagte Al unbeeindruckt. »Es war diese Serie, die sie *berühmt* machte.«

Suzanne hatte keine Lust, den Rest der Mahlzeit der »Norma Rae/Flying Nun«-Debatte zu schenken, daher stand sie auf und sagte lächelnd: »Ich muß mal für kleine Jungs.«

»Sie sind ein kleiner Scherzkeks, nicht wahr?« kicherte Al. »Das gefällt mir.«

Auf dem Weg zur Toilette kam sie an zwei Frauen – beide in den Endzwanzigern – vorbei, die am Telefon standen und sich darüber ausließen, daß sie wegen des ununterbrochen schönen Wetters niemals in Los Angeles leben könnten.

»Ich liebe die Abwechslung«, sagte eine von beiden. Als Suzanne zurückkam, waren sie immer noch da und sprachen jetzt über eine gemeinsame Bekannte. »Ich habe gehört, daß sie Don Johnson einen ›geblasen‹ hat«, sagte die Frau, die die Abwechslung liebte.

Als sie zum Tisch zurückkam, hatte Al bereits die Rechnung bezahlt. »Ich werde Sie auf dem laufenden halten«, sagte er und stand auf, um sich zu verabschieden.

»O.K.«, sagte Suzanne und hatte ein beklemmendes Gefühl dabei, »einverstanden!«

»Morgen muß ich geschäftlich nach South Carolina«, erzählte er ihr, als sie zum Parkplatz gingen, »aber wenn ich wieder zurück bin, werde ich Sie wieder mit meinem Pilotfilm nerven.«

»Wunderbar!« antwortete Suzanne und sehnte ihr Auto herbei. »Ich will das Skript lesen.«

»Ich wünschte, Sie hätten nichts mit diesem Hampelmann Auerbach zu tun.«

»Na ja«, meint Suzanne achselzuckend, bevor endlich ihr Auto vorgefahren wurde. »Danke für das Essen.«

»Was für ein Essen?« grölte Al. »Sie haben doch nur wie ein Spatz gegessen.«

»Ich habe wie eine Blondine gegessen«, korrigierte ihn Suzanne und kroch in ihr Auto. Sie schlug die Türe zu, während Al dem Parkwächter ein Trinkgeld für ihr Auto gab. »Danke, Al«, sie winkte ihm zu, »bis bald.«

»Tschüs, Sweetheart«, brüllte Al.

Sie beobachtete ihn im Rückspiegel, wie er in den Zähnen herumstocherte und »Al Junior« wieder zurechtrückte, und sie stellte ihn sich nackt vor, wie er, nur mit einem Lederslip bekleidet und mit Klemmen an den Brustwarzen, auf die Befehle der Domina wartete. Sie winkte ihm nochmals und steuerte dann mitten hinein in den Nachmittagsverkehr.

Mit zehnminütiger Verspätung kam sie bei ihrer Kosmetikerin an, lief, eine Entschuldigung murmelnd, an der Anmeldung vorbei ins Umkleidezimmer, wo sie sich rasch den pinkfarbenen Kosmetikumhang schnappte. Als sie ihn anhatte, wandte sich eine kleine, dunkelhaarige Frau an sie und sagte: »Susie?«

»Suzanne«, korrigierte Suzanne. »Ja, ich bin . . . mir . . .«

»Hier entlang, bitte«, sagte die Frau mit einem harten osteuropäischen Akzent. Suzanne folgte ihr in einen kleinen Raum. Die Frau knipste das Licht an und bedeutete Suzanne, daß sie sich auf den Tisch legen sollte.

»Ich heiße Marina. Ich bin Ihre Kosmetikerin«, sagte sie. »Was bekommen Sie heute? Ein Kollagen- oder Pflanzen-Peeling?«

»Oh, ich glaube ein Pflanzen-Peeling«, antwortete Suzanne. Sie wünschte, Jean, ihre gewohnte Kosmetikerin, wäre dagewesen, aber sie hatte diesen Termin in den letzten paar Tagen so oft verschoben, daß Jean jetzt nicht mehr abkömmlich war. Marina band mit einem Frotteestirnband Suzannes Haare zurück und trug ihr dann mit kreisenden Bewegungen eine Reinigungscreme auf. Sie entfernte die Creme mit einem Wattebausch und leuchtete dann mit einer starken Lampe ihr Gesicht aus, um die Haut zu untersuchen.

»Wann war Ihre letzte Gesichtsbehandlung?« fragte Marina.

»Vorigen Monat«, log Suzanne. In Wirklichkeit hatte sie zwei in der letzten Woche.

»Sie brauchen unbedingt eine gründliche Reinigung.«

Suzanne bildete sich ein, aus Marinas Worten etwas Verachtendes herausgehört zu haben. »Ich weiß«, sagte sie deprimiert.

»Und«, rief Marina aus, »Sie haben da ja einen ganz großen –«

»Ich *weiß*«, unterbrach Suzanne sie mit schroffer Stimme. »Ich weiß«, sagte sie noch einmal, diesmal etwas sanfter. »Wenn er noch größer wird, muß ich mich wohl einer Notoperation unterziehen.«

»Ich bin mir nicht sicher, ob ich ihn entfernen kann«, zweifelte Marina. »Ich glaube, er ist noch nicht reif genug.«

»Tun Sie, was Sie für nötig halten«, sagte Suzanne, »es ist schon in Ordnung.«

»O.K., los geht's!« sagte Marina brüsk und drehte das erbarmungslose Licht weg. Sie fing hinter Suzannes Kopf an, irgend etwas in einer kleinen Porzellanschale zu mischen. »Gleich wird es«, sagte sie ernst, während sie eine cremige Masse auf Suzannes Gesicht verteilte, »ganz fürchterlich riechen.«

Sie hatte recht. Es war der fürchterlichste Gestank, den Suzanne jemals gerochen hatte. Marina wedelte mit einem Papierfächer vor Suzannes Gesicht herum, um die schrecklichen Pflanzendämpfe, die von dem ekelhaften Zeug aufstiegen, sofort zu vertreiben.

Nach etwa fünfzehn Minuten ließ der Gestank nach. Inzwischen war wohl auch eine Schicht von Suzannes Haut abgetragen, so daß Marina die Maske entfernte und jetzt Suzannes Haut einer Dampfbehandlung unterzog, bevor sie sich um die Poren kümmerte.

Suzanne haßte die Tiefenreinigung der Poren, obwohl sie genaugenommen das war, worum sich jede kosmetische Gesichtsbehandlung drehte. Sie fragte sich, wie wohl ihre Haut aussähe, hätte sie sich niemals diesen Behandlungen unterzogen. Wahrscheinlich besser. Wahrscheinlich zerstörten sie die Fähigkeit ihrer Haut zur Selbstreinigung, indem sie sie gewissermaßen süchtig nach diesem Vorgang machten.

»Tu ich Ihnen weh?« fragte Marina ohne großes Interesse.

»Nein, es geht schon«, log Suzanne.

»Die Nase und das Kinn sind am schlimmsten. Die Nase haben wir fast geschafft. Da waren die Poren ganz schön verstopft. Benützen Sie unsere Reinigungsmilch?«

»Ja«, log Suzanne wieder.

»Nun, Sie sollten sie dreimal täglich verwenden«, sagte Marina streng, »und auch unser Bürstchen benutzen.«

»In Ordnung«, erwiderte Suzanne. »Au!«

»Tut mir leid«, sagte Marina ohne große Reue. »Das Kinn ist sehr empfindlich, aber das wissen Sie ja eh.« Sie fing an, sich von Suzannes Kinn zu ihrem Hals vorzuarbeiten.

»Nein, nicht«, sagte Suzanne ernst, »lassen Sie das.«

»Aber es ist ein sehr großer –«

»Lassen Sie ihn trotzdem«, sagte sie sehr bestimmt. »Kümmern Sie sich um den Teil meines Gesichtes, den man sieht und überlassen Sie das Weitere gefälligst mir!«

»Aber –«

»Es tut viel zu weh, und es ist mir nicht wichtig genug, kapiert?« fuhr Suzanne sie an. »Lassen Sie es also!«

»Na gut«, schnaubte Marina.

Sie brachten die Gesichtsbehandlung schweigend zu einem Ende, dann zog Suzanne den pinkfarbenen Umhang aus und bezahlte. Sie gab Marina, die sie offensichtlich nicht ausstehen konnte und wofür sie sich selbst die Schuld gab, ein fürstliches Trinkgeld.

Sie beschloß, ihr Auto waschen zu lassen. Immer wenn ihr Auto gewaschen war, dann ging es auch ihr gut; es schien so, als würde das Auto direkt in ihr Leben eingreifen. Die Wartezeit nutzte sie, um ihren Anrufbeantworter telefonisch abzuhören. Mark Auerbachs Sekretärin hatte angerufen, um ein Treffen wegen des neuen Spencer-Matheisen-Films, *A Total Bust,* zu vereinbaren. Der Assistent ihres Zahnarztes, Dr. Gibbon, hatte angerufen und wollte wissen, ob sie den Termin um 11 Uhr 15 zur Zahnsteinentfernung vergessen hätte (sie hatte es tatsächlich vergessen). Außerdem waren noch Anrufe dabei von Kate Rosenman, einer Regisseurin und Freundin Suzannes von den AA, und von ihrem Bruder Thomas, der aus der Türkei angerufen hatte, wo er gerade mit einem Dokumentarfilm über die Ausgrabungen der Arche Noah befaßt war. Und aus New York hatte noch ihre Freundin Lucy Copeland angerufen, die sich gerade unter dem schlafenden Scott Hastings – ihrem neuesten verheirateten Liebhaber – befand, »um nur mal so hallo zu sagen«.

Als Suzanne wieder in ihr Auto einstieg, bemerkte sie, wie sauber pötzlich die Windschutzscheibe war. Jetzt würde sie sich gut fühlen, dachte sie. Jetzt würde sie ihr Leben wieder genießen, als sei sie eine andere Person, die den Preis gewonnen hatte, ihr Leben zu leben. Ihr Haus, ihre Freunde, ihre Familie, ihre Kleider, ihr Auto, einfach alles würde sie jetzt mit ganz anderen Augen sehen, als hätte sie bislang ein ganz anderes Leben gelebt und nun dieses wunderbar neue geschenkt bekommen. Sie fuhr mitten durch Beverly Hills, entlang der mit Palmen gesäumten Straße, und hörte den Song »Don't Take Me Alive« von »Steely Dan«.

Als sie schließlich zu Hause angekommen war, war ihr Entschluß, das Leben zu genießen, unter dem Druck der nervlichen Belastung, dem sie vor einer Party immer ausgesetzt war, wieder zunichte gemacht. Sie machte eine Dose »Cola-Light« auf, steckte sich einen Lolly in den Mund, rief bei Lucy an und hinterließ eine Nachricht auf ihrem Anrufbeantworter – sie hatte zwar gewußt, daß sie nicht zu Hause sein würde, wollte aber dennoch Lucy ein Lebenszeichen hinterlassen – und dann ließ sie das Badewasser einlaufen.

»Warum kann ich bloß nicht so aussehen wie Nastassja Kinski?« dachte Suzanne eineinhalb Stunden später, als sie letzte Hand an ihr Make-up anlegte. Sie hatte einen interessanten Artikel in der *Vogue* über eine Schönheitsoperation gelesen, wodurch man so sinnliche Lippen wie Nastassja Kinski bekommen könnte. Leider mußte bei dieser Operation Haut von der Vagina entfernt und in den Mund verpflanzt werden. Suzanne konnte sich nicht recht zu dieser Operation durchringen, da sie fürchtete, daß ihr dadurch das Küssen ein für allemal vergangen wäre. Dennoch spukte ihr diese Möglichkeit als eine vage Hoffnung seit Wochen im Kopf herum. Sie überprüfte ihr Werk im Spiegel und merkte, daß sie ihren Pickel zu gut abgedeckt hatte, so daß nun ein ziemlich auffälliger weißer Fleck zu sehen war, ein »Scheinwerfer« mitten im Gesicht.

Suzanne hatte die Gewohnheit, ihren Kopf gesenkt zu halten, sobald ihre Haut auch nur die geringsten Unreinheiten aufwies. Und selbst wenn ihr dann die Leute in die Augen schauten, wußte sie, daß sie dachten: »Oh, die arme Kleine, sie hat ja einen riesigen Pickel. Die muß ja eine Menge Probleme haben.«

Manchmal, wenn sie in den Spiegel schaute, dachte sie: »Guck dir *diese* Frau an! Sie ist attraktiv! *Sie* sieht einfach gut aus!« Aber sobald sie sich von ihrem Spiegelbild entfernt hatte, fügte sie hinzu: »Warum bin ich nicht so?« Eines ihrer hervorstechendsten Merkmale war, Leute von ihrem Aussehen abzulenken. Es wirkte schon absonderlich: Sie war ziemlich hübsch – eine Tatsache, die selbst sie nicht gänzlich abstreiten konnte – und bediente sich derselben ordinären Ausdrucksweise wie die scharfzüngige Phyllis Diller*. Mit kritischem Blick überprüfte sie ihr Outfit im großen Spiegel. Mit ihrem engen blauen Rock und ihrem engsitzenden Bodystocking, der sich im Schritt zuknöpfen ließ, war sie wieder einmal perfekt »für die anderen« gekleidet. Sie schlüpfte in ihre schwarzen Schuhe mit den tückischen hohen Absätzen, zog eine schwarze Jacke an und griff nach der blauen Handtasche. Dann warf sie noch einen letzten Blick in den Spiegel.

»Ich schaue aus wie ein Basketball mit Nase und Mund«, seufzte sie, »wie ein zwei Tage alter Luftballon, wie eine taube Nuß!«

»Du siehst toll aus«, ermunterte sie ihre klar denkende Hälfte, jener Teil ihres Gehirns, der in der hintersten Reihe saß und ihr zujubelte.

»Sieht so aus, als wäre ich fertig«, dachte sie. Dann sagte sie zu sich selbst: »O.K., Leute, ich komme«, und sie beeilte sich, zu ihrem Auto zu kommen. Sie schaltete die Zündung ein, woraufhin »Burning Down the House« aus den Lautsprechern dröhnte, und fuhr rückwärts die Auffahrt hinunter. Sie nahm den längeren Weg zu Wallis, um die angenehm beruhigende und gleichzeitig ohrenbetäubend laute Fahrt so richtig genießen zu kön-

* Bekannte US-amerikanische Komikerin von unvorteilhaftem Äußeren (Anmerkung d. Übersetzers).

nen. Ihr fiel auf, daß sie selbst dann, wenn sie einen ganz passablen Song im Radio gefunden hatte, immer noch einen neuen Sender suchte. Das Suchen nach einem guten Song war ihr bereits wichtiger als der Song selber. Das war schon bemerkenswert. Zwischendurch überprüfte sie immer wieder ihr Aussehen im Rückspiegel.

Schon von weitem erspähte sie die Parkwächter, grimmige Gestalten mit roten Jacken und schwarzen Hosen. Sie sah die Autos, die sie bereits eingeparkt hatten – die Porsches, die Jaguars, die Rolls-Royces – und geriet plötzlich in Panik. Warum hatte sie bloß ihre Einladung nicht dabei? Warum hatte sie denn bloß ihre Haare nicht gemacht? Sie hätte ein anderes Kleid und andere Ohrringe tragen und weniger Parfum auftragen sollen. So lässig wie möglich schwang sie sich aus dem Auto und gab es in die Obhut eines wildfremden Menschen. Ganz in Gedanken versunken betrachtete sie die Lämpchen auf dem Rasen. »Noch ist es nicht zu spät. Noch könnte ich umkehren – unter Heulen und Schluchzen! Ich könnte mir von dem Mann mit den unmöglichen Koteletten wieder meine Schlüssel geben lassen und ...«

Langsam und gleichmütig, wie ein zum Tode Verurteilter, der ohne letzte Zigarette und mit unverbundenen Augen gleich seinem Erschießungskommando gegenüberstehen wird, schritt sie die endlos lange Auffahrt zum weit hinten gelegenen Herrensitz hinauf. Ein Butler öffnete die Tür. Sie verweilte einen Augenblick lang unterm Eingangsportal, um die ersten Wellen des HPT – des Hollywood Party Terrors –, die ihr entgegenschlugen, abwehren zu können, bevor sie sich über die Schwelle traute. Auf dem Silbertablett unter einem gewaltigen Spiegel waren winzige Couverts mit den Namen der Gäste aufgefächert. Suzanne schenkte dem Butler ein mattes Lächeln und steuerte pflichtschuldigst auf das Tablett zu. Nachdem sie einige Zeit so dezent wie nur möglich nach ihrem Couvert gesucht hatte, wurde sie endlich fündig. Ihr Name war falsch geschrieben. Der Butler fragte sie, welchen Drink er ihr reichen dürfte. »Sieht man mir an, daß ich einen Drink haben möchte?« gab sie patzig zurück und bestellte eine »Cola-Light«.

Die Wand neben der Treppe war übersät mit Gemälden, *Unmengen* von Gemälden. Kein Zweifel, das ganze Haus diente eigentlich nur als Galerie für diese Sammlung, und das gesamte Mobiliar war in langweiligen, unscheinbaren Farben gehalten, so daß die Gäste die sagenhaften Gemälde von Wallis gebührend würdigen konnten. In Wirklichkeit war es die Kunstsammlung von Wallis' Ehemann, doch immer wenn jemand über das Ehepaar Wallis und Milton Klein nachdachte, stand meistens Wallis im Mittelpunkt der Überlegungen. Wallis hatte Persönlichkeit, Milton hatte Geld. Wallis hatte Stil, Milton hatte die erfolgreichen Fernsehshows. Wallis hatte Milton.

In den zehn Jahren, seit Suzanne beide kannte, hatte sie niemals wirklich ein Gespräch mit Milton geführt. Sie telefonierte viel mit Wallis, denn immerhin telefonierte diese mit aller Welt und wußte deshalb eine ganze Menge. Wallis hatte Suzanne einmal darauf aufmerksam gemacht, daß eines ihrer Ohren enger am Kopf anlag, was, wie sie sagte, vom vielen Telefonieren käme. Sie hatte jetzt eine Sprechanlage, doch sie zog immer noch die alte Methode vor, bei der man den Hörer zwischen Schulter und Kopf einklemmen mußte. Wallis sagte immer gerne von sich, daß sie nicht irgendeine Klatschbase sei, sondern die Klatschbase. Dies entsprach ganz ihrem Grundsatz, der besagte, daß, wenn man schon zu etwas geworden sei, man dies auch mit Haut und Haaren zu sein hatte. Wallis und Milton hatten zusammen eine Tochter und eine Ansammlung weiterer Kinder aus früheren Ehen. Keiner ihrer Sprößlinge war heute abend anwesend.

An der Wand neben dem Gästebad hing ein Gemälde, das Suzanne schon immer irgendwie bekannt vorkam. Sie nahm an, daß es sich um einen berühmten Meister handelte, um einen Picasso vielleicht oder einen Matisse. Sie fand das Bild schrecklich. Vielleicht würde sie anders darüber denken, wenn sie einmal an einem Kurs über Kunst teilnehmen würde, vielleicht würde sie dann all diese Gemälde hier ebenso bewundern, wie das anscheinend alle anderen taten. Plötzlich dachte sie darüber nach, warum sie eigentlich das Rauchen aufgegeben hatte. Vielleicht sollte sie wieder rauchen – wenigstens auf Partys.

Suzanne nahm die zwei Stufen hinunter zum Living-Room, in dem ebenfalls unauffällige Möbel und auffällige Gemälde zu finden waren. Der Living-Room gab einen Blick frei auf das Atrium, das sich wie ein weiteres Gemälde ausmalte: ein Gemälde von einem Atrium mit einer Skulptur von Henry Moore, die den nackten Körper einer dicken Frau darstellte. Suzanne vernahm einen spitzen Aufschrei und erspähte Wallis, die auf sie zurauschte – eine lächelnde Schönheit, ganz in Rot und Blond. »Ich trau meinen Augen nicht, das ist doch . . .!« kreischte Wallis und umarmte Suzanne. »Du siehst phantastisch aus!« Da wußte Suzanne plötzlich mit absoluter Sicherheit, daß sie noch schrecklicher aussehen mußte, als sie befürchtet hatte.

»Du meinst wohl meinen aufgedunsenen Ballon?« hauchte Suzanne in Wallis' Haar, das nur dezent nach Spray roch.

»Dein aufgedunsener Was?« sagte Wallis, hielt sie auf die Distanz von einer Armeslänge und betrachtete sie. »Was redest du denn da? Komm, hast du Toni und Harlon schon begrüßt?«

Suzanne kannte Toni und Harlon bereits von anderen Partys. Toni Barnes hatte gerade den Oscar für ihre Rolle als blutrünstige Floristin in *A Bunch of Violets* erhalten, und Harlon DeVore war ihr Freund und Manager. Suzanne überlegte, ob sie nicht doch eine rauchen sollte. *Sie* würde doch eh nie einen Oscar erhalten, und selbst wenn, dann wäre sie doch wahrscheinlich genauso aufgewühlt wie jetzt. Weshalb sollte sie sich also jetzt keine Zigarette gönnen? Sie gratulierte Toni zu ihrem Oscar und fragte Harlon, ob er sie vermißt habe: Sie wollte damit nur testen, wie gut er seine Masche beherrschte, jeder Frau vorzumachen, daß er sie von irgendwoher kennen würde. Dann widmete sie sich einem Schälchen mit Nüssen, um kurz allein zu sein, damit sie sich besinnen und besser auf den Abend konzentrieren konnte. Sie war außer sich vor Angst, doch sie versuchte, sich so zu benehmen, als gäbe es für sie nichts Angenehmeres, als allein an einem Tisch vor etwas zu stehen, das zwar wie rosa Schlagsahne aussah, aber vielleicht doch eine Art Taramas war, und inmitten lauter berühmter Leute im piekfeinen »Bel Air« Cashewnüsse aus einem Schälchen zu knabbern.

Mit dem Rücken zu Suzanne stand Rachel Sarnoff, eine attraktive Studioproduzentin, die soeben, wie Suzanne von Wallis gehört hatte, eine dreimonatige Affäre mit Todd Zane, einem englischen Rockstar und weltbekannten Kokainsüchtigen, beendet hatte. Rachel hatte Todd das Versprechen abgerungen, mit dem Kokain aufzuhören – ein Versprechen, das Todd jeder Frau gab, mit der er befreundet war –, und als sie ihn dann wieder mit Kokain erwischt hatte, hatte sie mit ihm Schluß gemacht. Suzanne fragte sich, wie Rachel mit der Trennung fertig wurde. Sie sah blendend aus, aber was heißt das schon in Hollywood, wo jeder – außer Suzanne selbst natürlich – jederzeit blendend aussieht; das besagte also noch rein gar nichts.

Rachel unterhielt sich gerade mit einem Typen, den Suzanne flüchtig aus New York kannte; er war Drehbuchautor und hieß Tom Sarafian. Suzanne entnahm der Unterhaltung, die sie beim besten Willen nicht überhören konnte, daß sie sich wahrscheinlich gerade erst kennengelernt hatten.

»Was soll das denn eigentlich bedeuten: *›Eine Nacht voller Schuhe‹*?« fragte Rachel. »Klingt ein bißchen prätentiös, oder?«

»Natürlich hört sich das prätentiös an«, beschwichtigt Tom sie. »In New York verkauft sich gerade das Prätentiöse gut.«

»Ha, New York, wie können Sie es da nur *aushalten*?« ereiferte sich Rachel. »Wie kann man dort nur leben, mitten unter all diesen blassen Intellektuellen, die ständig *in Schweiß ausbrechen,* weil sie immer mit Drogen vollgepumpt sind?« Jetzt wußte Suzanne, daß die Trennung von Todd Zane ziemlich schmerzhaft gewesen sein mußte.

Genau in diesem Moment kam Wallis mit einem »neuen Mädchen« auf sie zu. Milton sammelte Kunst und Wallis sammelte Künstler, und hierbei handelte es sich offensichtlich um ihre neueste Errungenschaft: eine dunkelhaarige, glutäugige Schönheit. Wallis stellte sie Rachel und Tom vor: »Das ist April Lanning, eine Künstlerin aus Manhattan. Milton hat letzte Woche etwas von ihr gekauft.« April lächelte artig und begrüßte sie.

»Erinnerst du dich nicht mehr an mich?« fragte Tom.

»Nein«, sagte April verblüfft, »sollte ich?«

»Vor ein paar Jahren sind wir in New York, in den Hamptons' mal miteinander ausgegangen, im Sommer war's«, sagte Tom erwartungsvoll und hoffte, daß sie ihn wiedererkennen würde.

April wirkte ziemlich verlegen. »Tut mir leid, ich kann mich wirklich nicht erinnern«, wiederholte sie.

»Habt ihr miteinander geschlafen?« fragte Rachel Tom.

»Ich glaub, wir haben es versucht, aber ich war ...« Er suchte nach dem richtigen Wort, und als er es gefunden hatte, schnippte er mit den Fingern: »Impotent!« sagte er glücklich, als wäre das etwas Bewundernswertes; vergleichbar etwa mit »sonnengebräunt«. April war jetzt total durcheinander.

»Ist nicht wahr!« sagte Rachel. »War das auf Drogen und Alkohol zurückzuführen, oder war es eine Art psychischer Indisponiertheit?«

»Wahrscheinlich letzteres«, antwortete Tom. »Sagen wir's mal so: es war nicht das erste Mal.«

»Ich wüßte wirklich nicht...«, stammelte April. »In den Hamptons'?«

»Vielleicht fällt es Ihnen nach dem Essen wieder ein«, tröstete Wallis sie. »Kommen Sie, ich stelle Sie meiner Freundin Suzanne vor.« Sie zog April von Rachel und Tom weg. Tom bemerkte Suzanne und winkte ihr zu. Sie lächelte zurück und versuchte, nicht auf seine bedauernswerte Stelle zwischen den Beinen zu schauen.

»Kennt ihr beiden euch schon?« fragte Wallis Suzanne, während sie April praktisch hinter sich herzog. »Suzanne Vale, April Lanning.«

»Nein«, sagte Suzanne. Dann schüttelte sie Aprils Hand und sagte: »Aber beinahe hätten Sie mit einem impotenten Bekannten von mir geschlafen.« April wurde kreidebleich. »Ich mache doch nur Spaß«, beschwichtigte Suzanne sie, »es freut mich, Sie kennenzulernen.«

»Du solltest ihre Bilder sehen«, schwärmte Wallis und drückte Aprils Arm. »Ich habe gar nicht gewußt, daß ich Fotorealisten mag.«

»Sind Sie schon lange in Los Angeles?« fragt Suzanne.

»Äh, was?« stotterte April.

»Ich glaube, April könnte einen Drink vertragen«, sagte Wallis. »Kommen Sie, April!«

Sie geleitete April vorbei an einem Bild, das aus den Scherben von Teetassen gemacht worden war, zur Bar in der Ecke.

Suzanne sah ihren Hautarzt, Walter Marks, hereinkommen und fühlte sich gleich viel ruhiger. Sie bahnte sich einen Weg zu ihm und blickte in sein strahlendes, bärtiges Gesicht. »Sie sind bestimmt von meinen Haaren enttäuscht?« begrüßte sie ihn. »Finden Sie nicht auch, daß ich zuviel Make-up aufgetragen habe? Seien Sie ehrlich zu mir, habe ich rote Bäckchen?«

»Sie haben doch nicht etwa getrunken?« fragte Walter. »Ach, wie komm ich nur da drauf, ich weiß ja, daß Sie nichts trinken.«

»Sie trinken doch auch nichts, oder?« fragte Suzanne und gab ihm ein Küßchen auf die Wange.

»Selten«, sagte er, »ich habe nämlich gern das Gefühl, daß ich jederzeit eine Operation durchführen könnte.«

»Das ist ja interessant«, meinte Suzanne. »Mein Ehrgeiz war es bislang immer, daß ich jederzeit *operiert werden können muß.*«

»Mit wem sind Sie hier?« wollte Walter wissen.

»Mit niemandem. Jetzt glauben Sie bestimmt, daß ich völlig verzweifelt sein muß, stimmt's?«

»Benachteiligt, ja«, sagte Walter, »aber nicht verzweifelt. Warum müssen Sie sich eigentlich immer noch mit solchen Dingen beschäftigen, wo Sie doch wissen, daß es Sie nur quält?«

»Ich weiß nicht«, erwiderte sie, »aber ich arbeite in meiner Therapie daran.«

»Wie geht es eigentlich Norma, dieser fabelhaften Lady?«

»Sie ist wirklich wunderbar«, sagte Suzanne. »Erst letzte Woche hat sie etwas Großartiges gesagt. Ich habe ihr gegenüber behauptet, daß Leute oft Ruhm mit Erfolg verwechseln, aber sie meinte, daß sie Ruhm mit Anerkennung verwechseln und –. Aber wen interessiert das schon, stimmt's? Sie bestimmt nicht. Wer ist das denn?« fragte sie und zeigte mit dem Kopf in Richtung Tür, wo eine etwa vierzigjährige Blondine stand, aus deren Kleid etwas Langes, Faseriges herauszuhängen schien.

»Portia Lamm«, antwortete Walter. »Die Agentin Portia Lamm. Was hängt da wohl unten aus ihrem Kleid heraus?«

»Wahrscheinlich die Krawatte von dem letzten Typen, mit dem sie gevögelt hat«, mutmaßte Suzanne und überlegte, welche Droge Portia wohl genommen hatte, als sie das Kleid gekauft hatte. »Wen hat sie denn da dabei? Er kommt mir irgendwie bekannt vor.«

»Das ist doch dieser europäische Schauspieler, Vittorio Sowieso.«

»Vittorio Amati«, flüsterte Suzanne, »spielte er nicht in *Dead Wore a Dress?*«

»Nein«, sagte Walter, »Sie meinen *The Head of the Pin.*«

»Sind Sie sicher?« fragte Suzanne und beobachtete, wie der gutaussehende Schauspieler mit Wallis und Milton sprach, während Portia Lamm die kleinen Couverts für sie holte. Walter erinnerte Suzanne, welche Rolle Vittorio Amati in *The Head of the Pin* gespielt hatte und ging dann dazu über, von seinem Besuch im Forschungszentrum für Schuppenflechte am Toten Meer zu erzählen.

Während sie Walter zuhörte, wanderten ihre Augen über das Bücherregal hinter ihm und blieben in einem Band mit dem Titel *Das Guinness-Buch der sexuellen Weltrekorde* hängen. Sie griff nach ihm und blätterte es durch, während Walter sie über die Geschichte der Kopfhautleiden aufklärte.

Plötzlich unterbrach sie ihn.

»Hören Sie mal zu: ›Die meisten Geschlechtsorgane hat ein Wurm‹«, las sie vor und verkündete Walter dann: »Der Bandwurm hat Tausende von Penissen.« Das war der bislang glücklichste Moment für Suzanne an diesem Abend. »›Die empfindlichsten Geschlechtsorgane‹«, las sie, Unheilvolles ahnend, weiter. »Wußten Sie, daß der Penis der Drohne in der Biene abbricht und die Drohne dann stirbt?«

Walter starrte sie an, hin- und hergerissen zwischen Belustigung und Besorgnis. »Sie halten mich jetzt für verrückt, stimmt's?« fragte Suzanne, aber bevor Walter auch nur die Spur einer Chance gehabt hätte, dies zu bestätigen, huschte Wallis vorbei und bat zu Tisch. Nur äußerst ungern verzichtete Suzanne darauf, das Buch mit an den Tisch zu nehmen. Während sie langsam mit Walter in das Speisezimmer schlenderte, hoffte sie, daß Wallis ihr einen guten oder zumindest keinen schlechten Tischnachbarn ausgesucht hatte.

Schließlich saß sie an der linken Seite eines kleinen Mannes mit dunklem Teint, der ihr als der tschechische Regisseur Gustav Bozena bekannt war, und auf der anderen Seite hatte ein Geschäftsmann namens Fred Weaver die Ehre, dessen Autobiographie so schnell die Bestsellerliste hochgeklettert war, daß sie sogar in Hollywood Beachtung gefunden hatte. Fred war ein dünner, etwa sechzigjähriger Mann mit noch dünnerem weißem Haar, blauen Augen, leicht sonnengebräuntem Gesicht und einem winzigen, fast weiblichen Mund. Und er hatte ein so scharfkantiges Gesicht, daß es aussah, als sei es für diese Party extra nachgeschliffen worden.

An Freds linker Seite saß Selena Warner, ein alterndes britisches Filmsternchen. Sie spielte in *Chestnut Lodge,* einer Trivial-Serie über das Leben und Treiben in einer Irrenanstalt, die zur späten Abendstunde ausgestrahlt wurde, die Rolle der teuflischen, rothaarigen Oberschwester Dorothea Pierce. Suzanne hatte Selena Warner schon auf mehreren Partys getroffen – zum letztenmal erst vor drei Abenden –, aber sie hatte sich nie sonderlich für Selena interessiert, so daß sie sich auch nie kennengelernt hatten. Jetzt aber lächelte Selena ihr zu – Selena wandte ihr genau gesagt einmal ihr lächelndes Gesicht zu – und sagte. »Haben wir uns nicht erst kürzlich gesehen?« Worauf Suzanne etwas vor sich hin murmelte, das wie Zustimmung klang. Aber schon hatte Selena ihre Aufmerksamkeit bereits wieder Fred Weaver zugewandt, der sie gerade etwas über die Schauspielerei fragte. Ihre Antwort war die eines Insiders, der über alles umfassend informiert ist, was an diesem Beruf von Bedeutung ist.

»Sir John sagte einmal zu mir«, hub sie an zu erzählen, und Suzanne mußte lächeln, weil sie ihr ganzes Leben schon darauf gewartet hatte, einmal einen Satz zu hören, der mit »Sir John sagte einmal zu mir« anfangen würde. Sie starrte Selena an, als wäre dies im Fernsehen, und war ganz Ohr, was sie weiter zu verkünden hatte: »Er sagte, daß ihm in gewisser Hinsicht in seinem Beruf auch natürliche Grenzen gesetzt wären. Er zeigte mir seine Hände und sagte, daß er noch nie körperlich gearbeitet hätte und deshalb auch nie einen Landarbeiter spielen könnte. Und dann sagte er zu mir, daß ich wohl aus demselben Grund niemals etwas anderes als eine schöne Frau spielen könnte. Ich weiß zwar nicht, ob ich das so richtig glauben darf, aber ... Was ist das doch für ein reizender Mann, dieser Sir John!«

Da Suzanne ahnte, daß diese Sir-John-Anekdote nicht zu überbieten war, konzentrierte sie sich darauf, die Austern in ihrer Austernsuppe herauszufischen. So ungefähr hatte sie sich schon immer graue Elefantenpopel vorgestellt: ein fürchterlicher Fraß! Fred sagte etwas über die Schauspielerei, woraufhin Selena den Kopf zur Seite neigte und ihm wohlwollend ihr Ohr lieh. Ihre Lippen glitten wie Wasserblasen über ihre Zähne und immer, wenn sie genau seiner Meinung war, klimperte sie ihm mit den Augenlidern zu. Ihr Gesicht war wie eine Richter-Skala, die den Grad ihrer Zustimmung aufzeigte.

Als er fertig war, sagte Selena: »Nun, Sie wissen ja, wie Schauspieler sind«, wobei sie ihr Lächeln erneut Suzanne schenkte, die sich ihrerseits merkwürdig geschmeichelt fühlte, weil Selena annahm, sie wüßte, wie sie wären. Ohne erkennbaren Übergang kamen sie dann auf das Thema zu sprechen, wie erniedrigend es doch sei, über die Schauspielerei seine Kreativität ausdrücken zu müssen. Fred stimmte Selenas Ansicht vorbehaltlos zu. Auch er war der Meinung, daß Schauspieler erst dann schauspielern konnten, wenn da eine Kamera oder ein Publikum wäre, während Maler – selbst die schlechten – malen könnten, wann immer sie wollten. Selena zog ein Lip gloss hervor und brachte damit ihre Lippen zum Glänzen.

Suzanne widmete ihre Aufmerksamkeit nun ihrer rechten Seite, Gustav Bozena, und fand sich alsbald in eine ungewollte Unterhaltung über den Film verstrickt, wobei sich Gustavs Englisch als nur geringfügig besser als Suzannes Tschechisch herausstellte. Sie versuchte zwar, mit klugen Fragen zu brillieren, hatte aber das Gefühl, daß sie nur eingebildet klangen. Gustav sagte, daß er John Ford mochte, daß er King Vidor mochte und daß er Fellini mochte. »Das ist doch nicht zu fassen«, ging es ihr durch den Kopf, »jetzt mache ich mich zur Idiotin der Party und unterhalte mich mit einem berühmten

Regisseur über Film.« Als sie sich selbst fragen hörte: »Glauben Sie, daß der Film eher ein visuelles Medium ist, daß man Dinge eher über Bilder als über Texte vermitteln sollte?« hätte sie am liebsten ihren Kopf aufgemeißelt und die Gehirnmasse auf den Tisch träufeln lassen. Mehr konnte sie im Moment nicht tun, um wenigstens zu verhindern, daß sie an ihrem eigenen Schwachsinn erstickte.

»Sie sehen gar nicht so amerikanisch aus«, bemerkte Gustav. »Eher europäisch.«

»Wirklich? Ach, kommen Sie, Sie scherzen doch«, antwortete Suzanne.

Gustav meinte daraufhin, daß er aus Prag stamme und in Paris lebe und daß Suzanne deshalb nicht »amerikanisch aussähe«, weil sie den Leuten direkt in die Augen schauen würde. »Das tun Amerikaner nicht«, sagte Gustav. »Das ist sehr europäisch.«

»Wirklich?« sagte sie nochmals und schaute ihm dabei direkt in die Augen, um ja sicherzugehen, daß er das Gesagte nicht wieder zurücknahm. Sie hörte sich bereits zu Freunden sagen: »Gustav Bozena hat gemeint, ich sähe sehr europäisch aus.«

Suzanne gegenüber saß Christ Hunt, ein Konzertveranstalter, der Suzanne an einen gescheiterten Kandidaten für den Senat erinnerte – für Suzanne hatte er irgendwie große Ähnlichkeiten mit John Tunney – und gerade die Anekdote über Noel Coward, als dieser einmal bei einem »Beatles«-Konzert die Stars treffen wollte, zum besten gab. Chris zufolge hatten sich die Beatles aber schon nicht mehr im Backstage-Bereich aufgehalten – Suzanne erinnerte sich jetzt an die entsprechende Stelle aus Noel Cowards Biographie –, so daß Noel Coward in ihr Hotel fahren mußte – so versicherte Chris Hunt –, um ihnen zum erfolgreichen Auftritt gratulieren zu können. Dort hatten sich die Beatles allerdings geweigert, ihn zu empfangen, außer Paul, der aber ziemlich unverschämt geworden war –, Coward hatte dieses ungebührliche Benehmen der Beatles in seinem Tagebuch erwähnt.

Sobald er mit seiner Geschichte fertig war, sagte das ehemalige britische Top-Modell, Joan Lilly, neben ihm: »Wer gibt denn heute noch etwas auf Noel Coward?« Ihr Bannspruch duldete keinen Widerspruch. Es war, als würde sie eine allgemeingültige politische Überzeugung verkünden, und jeder, der immer noch anderer Meinung wäre, hätte sich damit sowieso ins Abseits gestellt.

»Bei kritischer Betrachtung muß man zugeben«, sagte Chris Hunt mit einer anmaßenden Nonchalance, die wohl am ehesten mit dem leisen Schnurren eines langsam vorbeigleitenden Straßenkreuzers zu vergleichen war, »daß die Beatles nur interessant waren, Noel Coward aber«, fügte er hinzu, »war ein geistreicher Mann.« Damit war das Thema für ihn offensichtlich erledigt.

Suzanne starrte ihn ungläubig an. Ihre Augen schienen ihn aufzufordern: »Ist das jetzt dein Ernst? Wie kannst du das nur so dramatisieren? Was ist denn überhaupt passiert?« Da hatten sich also zwei Leute, Chris Hunt und Joan Lilly, an diesem Abend erst kennengelernt, und nun waren sie wegen ihrer unversöhnlichen Haltung zu Noel Coward – genauer, zu dessen pathetischer Unterwürfigkeit den Beatles gegenüber – auf ewig verfeindet. Sie hatte das Bedürfnis, zu irgend jemandem etwas über die Absurdität dieser Situation, der sie alle teilhaftig geworden waren, zu sagen, aber eine Diskussion war ihrer Meinung nach nun nicht mehr möglich. Dank Chris und Joan hatte nun jeder, der ernsthaft Stellung beziehen wollte, schlechte Karten.

Inzwischen war man bei Winston Churchill angelangt, dessen Humor ebenfalls heruntergemacht wurde. Ein amerikanischer Fernsehproduzent, dessen Name Suzanne entgangen war, behauptete, Churchills »Humor« wäre einzig auf die Tatsache zurückzuführen, daß zu seinen Lebzeiten jeder Witz kurzum als eine Churchill-Anekdote ausgegeben worden wäre, weil er dadurch einfach besser ankam. »Das geht dann so«, erläuterte der Produzent: »Ein dickleibiger, hochbetagter Herr wird gefragt, wie er es denn geschafft habe, so alt zu werden. ›Nun, ganz einfach‹, antwortet er, ›keinen Sport und jeden Tag eine dicke Zigarre‹. Es klingt natürlich witziger, wenn man sagt, Churchill habe das gesagt.«

Es stellte sich heraus, daß Chris Hunt auch so etwas wie ein Churchill-Experte war, denn er gab einige klassische Churchill-Anekdoten zum besten. Suzanne beugte sich zu Gustav Bozena hinüber und flüsterte ihm zu: »Offensichtlich ist einer der Anwesenden ganz furchtbar belesen.« Dann widmete sich ihre Aufmerksamkeit wieder ganz dem Geschehen linker Hand.

»Ich kann wirklich beim besten Willen nicht verstehen, warum manche Leute die Figur, die ich spiele, nicht mögen«, ereiferte sich Selena gerade, »schließlich habe ich ja in dieser Rolle noch niemanden umgebracht. Mein Ehemann Charles hingegen, der hat im Verlauf der Serie schon *drei Leute* auf dem Gewissen.«

»Nun, ich glaube«, gab Fred zur Antwort, »der Grund, warum sie Dorothea nicht mögen, oder besser gesagt, warum sie von Dorothea *in den Bann gezogen werden,* ist doch der, daß sie von ihr ständig hinters Licht geführt werden.«

»Ach ja?« Selena war verblüfft. »Das ist ja interessant. Darüber habe ich noch gar nicht nachgedacht. Das ist ja wirklich faszinierend.«

»Ich glaub, ich bin im falschen Film«, dachte Suzanne. »Wir sind hier in einem sagenhaften Herrensitz im vornehmen »Bel Air« und diskutieren unter lauter Picassos die Rolle von Dorothea mit Dorothea, und dazu essen wir verdorbene Austernsuppe.«

Sie hatte mal den Wert aller Kunstschätze in diesem Raum überschlagen und konnte sich dann des Eindrucks nicht mehr erwehren, daß sie selbst arm wie eine Kirchenmaus wäre. Sie nahm sich vor, bei der nächsten Einladung zu einer Party sich diese Wahrnehmung wieder vor Augen zu halten.

Ihre Blicke wanderten zuerst zu Joan hinüber, die einem fiktiven Konzert seltsamer Klänge klassischer Musik zu lauschen schien, und ruhten dann auf Chris. Er kam ihr wie ein großer Junge vor – zu ihm paßte eher ein Rucksack als eine Aktentasche – natürlich ein Rucksack von »Armani«!

Zu ihrem Entsetzen mußte sie zugeben, daß er eigentlich genau ihr Typ war. Sie landete immer bei solchen Typen, genau mit solchen Typen führte sie Beziehungen. Im Grunde genommen hatte sich diesbezüglich seit ihrer Schulzeit, als man noch gemeinsam mit Versuchen im Chemieunterricht experimentierte, überhaupt nichts verändert. Schon damals hatte sie nach den Versuchen immer das Gefühl gehabt, sie müßte anrufen und sagen: »Du hast dein Reagenzglas und deine Petrischale hier vergessen. Soll ich es morgen in die Schule mitbringen?«

Jetzt erzählte der große Junge gerade einen Witz.

»Wie kann man eine deutsche Birne aus der Fassung bringen?« fragt er und schaute mit hochgezogenen Augenbrauen und offenem Mund von einem zum andern. Nach einer kurzen Pause sagte er: »Durch eine Drehung nach links!«

Es folgte nochmals eine kurze Pause und dann Gelächter. Selena Warner sagte mehrmals: »Der Kanzler!« »Sehr witzig!« bemerkte Suzanne belustigt zu Gustav Bozena, dessen Enthusiasmus sich sichtlich in Grenzen hielt. Sie spielte mit dem Gedanken, ihm den Witz zu erklären, doch angesichts des damit verbundenen Aufwands ließ sie es lieber sein. Dann fragte Fred, ob irgend jemand einen »WASP«-Witz* kennen würde. Suzanne kannte zwar einen, doch sie behielt ihn lieber für sich.

Jetzt war Fred nicht mehr zu bremsen. »Zwei ›WASPs‹ treffen sich auf der Straße. Fragt der eine: ›Wie geht's dir?‹ und der andere sagt: ›Gut.‹« Er strahlte und wartete.

»Ah, jetzt hab ich's kapiert«, sagte Selena. »Das war schon der Witz!« Mit einiger Verspätung lachte nun jeder herzlich. Gustav schaute verwirrt drein.

»Was ist das, ein WASP?« fragte er Suzanne.

Sie zögerte. »Eine Insektenart«, flüsterte sie dann ernst, »so was Ähnliches wie eine Biene.« Er nickte und starrte offenbar geistesabwesend vor sich hin; anscheinend versuchte er mit

* WASP, Abkürzung für »White Anglo-Saxon Protestant«. Er ist der typische Repräsentant des »American Way of Life«, ein Angehöriger des US-amerikanischen, gehobenen Mittelstandes (weiße Hautfarbe, britische Herkunft, protestantische Religion). Wegen der Doppeldeutigkeit des Worts WASP (= Wespe) ist er eine beliebte Zielscheibe für Witze (Anmerkung d. Übersetzer).

Hilfe dieser Information den Witz zu verstehen. Mittlerweile erzählte Fred bereits einen anderen.

»Ein WASP probiert in einem Laden eine Jacke und eine Hose und fragt den Verkäufer: ›Wieviel macht das?‹ und der Verkäufer antwortet: ›Vierhundertfünfundsiebzig Dollar‹, worauf er sagt: ›O.K., ich nehme sie!‹«

Jeder am Tisch brüllte vor Lachen, sogar Gustav, der prustend zu Suzanne sagte: »Lustig, eine Biene, die einen Anzug kauft!«

Zum Nachtisch gab es kleine Kuchenstücke in Himbeersauce. Jeder machte »Mmmh« beim Kauen und klimperte zustimmend mit dem Besteck auf dem Teller. Suzanne löffelt zuerst die Himbeersauce, bevor sie ihren Kuchen zerlegte, um die Füllung, irgendeine Nußcreme, herauszupulen. Plötzlich hörte man vom Nachbartisch her lautes Lachen. Suzanne sah, wie sich Wallis erhob und mit Brian Whitlock, einem Regisseur aus New York, im Schlepptau zu ihnen herüberkam. »Ihr kennt sicher alle Brian«, strahlte Wallis.

»Na klar«, sagte Selena Warner und nickte begeistert. Die anderen murmelten etwas, das wie Zustimmung klang, doch in Wirklichkeit hatte niemand am Tisch ihn jemals zuvor gesehen.

»Ich dränge gerade Brian, euch allen diese fabelhafte Story zu erzählen«, sagte Wallis. »Es ist wirklich die tollste Story, die ich je gehört habe.«

Brian sah verlegen aus. »O.K., Wallis, ich werde sie erzählen«, sagte er. Er zog einen Stuhl heran und setzte sich zwischen Selena und Fred.

»Vergangene Woche war ich in London zu diesem Konzert eingeladen«, fing er zu erzählen an. »Es war dieses Benefiz-Konzert, wo alles, was Rang und Namen hatte, spielte: Bowie, Sting, Elton John, all diese Leute. Und Prinz Charles und Lady Diana waren auch da. Und ich, ich war total wild darauf, Lady Di kennenzulernen.«

»Nach dem Konzert«, fuhr er fort, »gab es noch einen Empfang, und zufällig stand ich nur ein paar Schritte von Lady Di entfernt. Es war nah genug, daß sie mich hören konnte, und deshalb fing ich an, rumzualbern. Ich riß eine Menge witzige Sprüche, bis ich bemerkte, daß sie zuhörte und darüber lachte.

Ich war ganz aus dem Häuschen. Sie schaute her! Sie schaute tatsächlich her – zu mir! Ich wurde ihr dann vorgestellt, und der Mann, der mich vorstellte, sagte: ›Das ist Brian Whitlock, der Regisseur von *The Punishing Blow*‹, worauf sie sagte: ›Ja, wirklich?‹ Es stellte sich heraus, daß sie *The Punishing Blow* tatsächlich gesehen hatte.«

»Ich fühlte mich wie im Himmel, als sie mir dann Fragen über meinen Film stellte und ich sie zum Lachen bringen konnte – sie war echt total nett –. Auf einmal hörte ich, wie jemand ›Brian‹ rief. Nun, ich ignorierte das, schließlich hatte ich ja gerade die einmalige Ehre, mich mit Lady Di zu unterhalten. Doch dann hörte ich erneut jemand *›Brian!‹* rufen. Ich schaute mich um und erblickte die Ruferin, ein asiatisch aussehendes Mädchen mit Sonnenbrille. Ich hatte keine Ahnung, wer sie war, sie aber kannte nicht nur meinen Namen, sondern kam auch noch zu uns herüber. Dann stellte sie sich doch tatsächlich zwischen Lady Di und mich und sagte zu mir: ›Ich bin Yashimoto und arbeite in dem Büro gegenüber von Ihrem Studio. Wie lange bleiben Sie denn hier in London?‹

Ich beugte mich an ihr vorbei und sagt leise zu Lady Di: ›Ich weiß nicht, wer das ist‹, aber Yashimoto plapperte unbeirrt weiter: ›Ich mach hier auf dem Konzert einen Reklamejob und fahr morgen weiter nach Lissabon. Waren Sie schon mal in Portugal?‹ Lady Di hatte sich inzwischen entfernt, und Yashimoto quasselte munter weiter: ›Ich kann immer noch nicht glauben, daß Sie hier sind, das ist echt toll!‹ Schließlich unterbrach ich sie: ›Wissen Sie eigentlich, mit wem ich da gerade gesprochen habe?‹ Worauf sie mir antwortete: ›Tja, ich gehöre nun mal zu den Leuten, die sich von niemandem beeindrucken lassen.‹«

Alles brüllte vor Lachen, sogar Suzanne. »Ist das wirklich wahr?« fragte Chris Hunt.

»Das muß schon wahr sein«, antwortete Selena an Brians Stelle. »So etwas Absurdes kann man sich doch gar nicht ausdenken.«

»Ja, haben Sie nun das Mädchen eigentlich gekannt?« fragte Joan Lilly.

»Ich glaube, sie arbeitete tatsächlich gegenüber von meinem

Studio in New York«, antwortete Brian achselzuckend, »im ›Brill Building‹.«

Am Tisch schien sich nun jeder köstlich zu unterhalten, so daß Suzanne beschloß, sich ins Badezimmer zurückzuziehen und dort ein wenig Zeit totzuschlagen. Jetzt würde sie ohnehin bald nach Hause fahren können. Bald würde die Stundenglocke erschallen und sie aus der Party-Klasse entlassen. Dann könnte sie mit wehenden Haaren die Straße entlanglaufen, endlich wäre sie frei ...

Sie entschuldigte sich bei Gustav und den unmittelbar Umstehenden und wagte sich dann in die schier endlosen Flure des riesigen Hauses. Da sich niemand im kleinen Vorraum aufhielt, schritt sie schnurstracks ins Badezimmer und schloß hinter sich ab. Die Wände des Badezimmers waren mit rosafarbenem Stoff bespannt, und das Waschbecken war aus rosa Marmor. Suzanne klappte den Toilettensitz herunter und genoß so richtig ihre Partyverschnaufpause.

Dann hörte sie, wie jemand den winzigen Vorraum betrat. Sie vernahm zwei Stimmen, zwei Frauenstimmen. Sie unterhielten sich über die Party. »Hast du Selena Warner gesehen?« fragte die eine, »ganz *taufrisch* sieht die ja nicht mehr aus.«

»Und dann erst dieser Schlappschwanz von Ehemann, den sie sich da geangelt hat«, keifte die andere.

»Na ja, du kennst doch die Redensart für alternde Fernsehstarlets«, ertönte spitz wieder die erste Stimme, »wer keine Wahl hat, hat auch keine Qual.«

Suzanne klopfte jetzt das Herz bis zum Hals. Die Stimmen klangen auf einmal gedämpft. Warum konnte sie sie jetzt bloß nicht mehr verstehen? Aufgeregt preßt sie ihr Ohr gegen die Tür.

»Sie tut mir richtig leid«, sagte die eine Stimme.

»Wer denn?« dachte Suzanne. »Meinen die etwa mich?«

»Sie hat schon längere Zeit keine Rolle mehr bekommen und sie lebt ganz allein«, sagte die andere.

»Das bin ja wirklich *ich*!« Suzanne erschrak. »Um Gottes willen, sie reden ja über mich. Wie komm' ich hier bloß je wieder raus?«

»Warum bekommt sie eigentlich keine Rollen? Sie ist doch eine ziemlich gute Schauspielerin, und sie hat doch bestimmt auch Beziehungen!«

Suzanne kam sich gedemütigt vor. »Ich werde dieses Badezimmer niemals wieder verlassen können.« Sie röchelte wie ein krankes Baby.

»Hast du gesehen«, meinte die eine, »sie hat auch ganz schön zugenommen!«

»Das weiß also auch schon jeder! Jeder redet über mich.«

»Ich hab sie gar nicht so genau angesehen«, sagte die andere.

»Doch, doch, etwa dreißig oder vierzig Pfund.«

»Was? *So viel*!«

»Aha, dreißig oder vierzig Pfund«, dachte Suzanne, »die meinen jemand anderen!«

Sie war jetzt völlig niedergeschmettert. Was spielt das jetzt noch für eine Rolle, daß sie nicht über sie gesprochen hatten? Schlechter hätte sie sich auch nicht fühlen können. Sie mußte jetzt sofort gehen, das war klar. Sie drückte die Spülung und trat in den Vorraum hinaus. Die Stimmen gehörten zwei gutaussehenden, etwa vierzigjährigen Frauen, die Suzanne vorher noch nie gesehen hatte. Sie lächelte und nickte ihnen zu, als sie an ihnen vorbeiging, wobei sie sich Mühe gab, bei ihnen einen möglichst selbstbewußten Eindruck zu hinterlassen.

Kurzfristig spielte sie mit dem Gedanken, einfach abzuhauen. Aber wie hätte das ausgesehen? Sie ging ins Speisezimmer zurück, wo Wallis gerade dabei war, Brian an einem anderen Tisch einzuführen. Viele der Gäste schlenderten mit ihrem Kaffee oder Brandy in den Living-Room. Suzanne wartete etwas abseits der illustren Gesellschaft. Gerade als Brian erneut mit seiner Geschichte anfing, gelang es ihr, die Gastgeberin auf sich aufmerksam zu machen.

Wallis kam herüber. »Ich kann Brians Story gar nicht oft genug hören«, schwärmte sie. »Das muß man sich mal vorstellen: eine Unterhaltung mit einem gekrönten Haupt *zu unterbrechen.*«

»Na ja, als ich mal Prinzessin Margret vorgestellt wurde, war ich gerade auf dem LSD-Trip«, kommentierte Suzanne. »Hör zu, Wallis, ich muß jetzt gehen. Es war echt toll, der Abend war einsame Spitze.«

»Was, jetzt schon?« schmollte Wallis. »Phil Esterbrook wird wahrscheinlich noch einen seiner Songs spielen. Glaubst du nicht, daß du nicht doch noch ein Weilchen bleiben könntest?«

»Nein, wirklich nicht«, erwiderte Suzanne und ließ sich von Wallis auf dem Weg zur Tür umarmen. Zum Abschied sagte sie: »Ich trage die Klamotten von ein paar Leuten ein, und muß sie bis Mitternacht zurückgeben.«

Als sie ihr Nachthemd anzog und zu Bett ging, hatte sie eigentlich vorgehabt, am nächsten Morgen wieder aufzustehen. Sie hatte sich allerdings bis zum Sonntagnachmittag richtiggehend im Bett verschanzt; leere Getränkedosen stapelten sich auf ihrem Nachttisch, und vom vielen Fernsehen hatte sie bereits rotgeränderte Augen.

»Auch Hemingway brauchte seine Ruhe«, versicherte ihre Mutter am Telefon, »genauso wie Paul Muni. Und Alfred Lunt zog sich immer in den Garten zurück und ließ seine Frau ans Telefon gehen.«

Es beruhigte Suzanne immer ungemein, wenn sie von ihrer Mutter im positiven Sinne mit Leuten wie Paul Muni oder Alfred Lunt verglichen wurde. Sie kuschelte sich unter die Decke. »Du bist genau wie ich, Suzanne«, sagte ihre Mutter, »dir wird nur manchmal einfach alles zuviel. Du brauchst doch kein schlechtes Gewissen zu haben, bloß weil dir mal danach ist, dich für ein paar Tage im Bett zu verkriechen. Du bist nun mal eine sensible Persönlichkeit, die sich über alles mögliche den Kopf zerbricht.«

Suzanne überlegte sich, wann das passiert war, daß aus ihrer Person eine Persönlichkeit geworden war. Von ihrer Therapeutin darauf hingewiesen, hatte sie das Gefühl, daß ihr das eigentlich schon lange klar gewesen war. Im Alter von einundzwanzig Jahren hatte sie in ihr Tagebuch geschrieben: »Ich berichte über ein Leben, das ich nur ungern lebe.« Die tröstende Stimme ihrer Mutter erinnerte sie unwillkürlich an die mütterliche Stimme ihrer Therapeutin bei der letzten Sitzung.

»Ich glaube, daß Sie im Grunde eine sehr ängstliche, schüchterne Person sind«, hatte Norma gesagt und dabei die Augenbrauen leicht hochgezogen, um die Bedeutung ihrer Analyse zu unterstreichen. »Sie scheinen sehr ehrlich über sich zu erzählen, aber in Wirklichkeit entspricht das doch nur Ihrem Verlangen nach dem Über-Ich. Sie möchten, daß die Leute wissen, wie gut Sie selber über sich Bescheid wissen. Man kann das mit einem dicken Mädchen vergleichen, das in ein Zimmer kommt und lauthals verkündet, daß es dick sei.«

Suzanne war errötet, aber nicht vor Scham, sondern vor Glück. »Das ist ja toll«, hatte sie ausgerufen und dabei nicht ihre Bewunderung für Norma verhehlt.

»Sie sind jetzt nur so aufgekratzt, weil Sie eben eine neue Wahrheit über sich erfahren haben, auf deren Enthüllung anderen gegenüber Sie sich jetzt schon freuen«, hatte Norma gekontert. »Auch das ist nur ein Teil Ihrer Aufrichtigkeits-Show, mit der Sie die Leute glauben machen wollen, daß Sie ganz unverschuldet und gegen Ihren Willen anders sind als sie.«

Ein Schauder war Suzanne über den Rücken gelaufen. Jetzt war sie durchschaut. Selbst diese neuen Wahrheiten hatte sie bereits beim Hören unter der Rubrik »sachdienliche Hinweise« gespeichert, die sie immer dann abrief, wenn sie sich neuen Leuten gegenüber erklärte oder alten Bekannten gegenüber auf eine neue Art rechtfertigte. Sich selbst zu erklären war Suzannes Art, sie selbst zu sein. Das verband sie mit den anderen, und das charakterisierte ihr Anderssein. Verwundert hatte sie den Kopf geschüttelt und Norma gefragt: »Und was soll ich denn jetzt tun?«

»Nichts«, war Normas Antwort gewesen, als wäre es das Selbstverständlichste von der Welt. »Was können Sie denn schon tun? So verhalten Sie sich nun mal.«

»Nun, wenn das so ist, dann bin ich also dazu verurteilt, mein Leben lang nur zu simulieren, oder?«

»Wie mir scheint, haben wir noch eine Menge Arbeit vor uns«, hatte Norma geantwortet. »Sie werden selbstverständlich in gewisser Hinsicht immer so sein. Sie haben sich Ihre äußerst komplizierte Persönlichkeitsstruktur selbst zuzuschreiben. Sie wieder zu demontieren ist nicht nur nahezu unmöglich, es ist auch gar nicht der Sinn des Ganzen. Ich möchte lediglich, daß Sie etwas *fühlen* bei all dem Reden und Denken, das Ihnen nun mal eigen ist. Ich möchte, daß Sie ein Leben führen, anstatt ihm nur ständig hinterherzurennen.«

Jetzt, im Bett, hörte Suzanne, wie ihre Mutter gerade bei Jane Powell angelangt war. »... und Shirley McLaine hat sich sogar für mehrere *Jahre* zurückgezogen«, fügte sie hinzu. »Hör mal, Schatz, soll ich dir Mary vorbeischicken, damit sie dir etwas zu essen macht? Wenn ich nicht zu Hause bin, weiß sie sowieso nicht, was sie tun soll. Sie sitzt nur bei mir herum, sieht fern und knabbert Chips. Sie könnte doch bei dir vorbeikommen und dir ein Schinkenbrot oder ein Hühneromelett machen. Mir geht es auch immer besser, sobald ich etwas gegessen habe...«

Es war bald beschlossene Sache, daß Mary vorbeikommen sollte, um ihr etwas zu essen zu machen und etwas aufzuräumen. Suzanne legte auf, seufzte und rollte sich zur Seite, um fernzusehen. Auf dem Bildschirm wurde gerade jemand in die Luft gesprengt. Sie durchwühlte ihr Bett nach der Fernbedienung, fand sie schließlich unter einem Kissen und suchte nach einem Kanal, der ein beruhigenderes Programm zu bieten hatte.

Als Mary ankam, räumte sie erst einmal die leeren Dosen aus dem Schlafzimmer. Mary kümmerte sich schon um Suzanne, seit diese sechs Jahre alt war. Suzanne mochte sie sehr gerne. »Wie war ich eigentlich als kleines Kind, Mary?«

»Du warst ein lieber kleiner Fratz«, antwortete Mary, während sie die Kissen hinter Suzannes Kopf aufschüttelte. »Du warst immer ein braves kleines Mädchen. Nun, was soll ich dir zum Lunch machen?«

Suzanne wünschte sich ein Schinken-Sandwich und einen Schokoladenkuchen. Mary verschwand in der Küche, und Suzanne rollte sich zur anderen Seite. Sie fragte sich, wie lange sie es wohl noch im Bett aushalten würde. Vielleicht würde sie eines Morgens aufwachen – möglicherweise schon *morgen* früh – und sich wieder lebenstüchtig, frisch und unerschrocken fühlen. Im Moment fühlte sie sich allerdings noch ausgelaugt und wie gelähmt.

Sie hätte sich wahnsinnig gerne ganz gelassen gegeben, wie jemand, der am Spätnachmittag Spaziergänge macht, den Vögeln und Grillen lauscht und mit sich und der Welt im Einklang ist. Doch statt dessen kam sie sich wie eine in einen Turm gesperrte Wahnsinnige vor, deren Haar vom Sturm zerzaust ist, und die nur noch auf den Retter wartet, der sie von den Gedanken, die sich in ihre Seele einbrannten, erlösen soll. Sicher, sie konnte selber genügend Beweise dafür finden, daß ihr Leben an sich ganz in Ordnung war. Was sie allerdings nicht konnte, war, dieses Leben, das sie so genau vor Augen hatte, auch zu spüren. Es war, als wuchere ihre eigene Unfähigkeit, die Dinge so zu sehen, wie sie sind, wie ein Krebsgeschwür.

Sie hatte Schwierigkeiten, wieder einzuschlafen und lag wach, während ihr alle möglichen Gedanken im Kopf herumschwirrten. So weit sie zurückdenken konnte, hatte sie immer Schwierigkeiten mit dem Einschlafen gehabt. Als Kind kam ihr der Mittagsschlaf immer wie eine Gefängnisstrafe vor, deren Ende man herbeisehnte. Sie lag im Bett, starrte das Tapetenmuster an und fragte sich, was wohl wäre, wenn es keinen Himmel gäbe. Sie stellte sich das Universum vor, wie es sich unendlich ausbreitete. Der Himmel war für sie eine Art Hut des Universums, ein »Deckel«, unter dem alles an seinem richtigen Platz blieb.

Suzanne lag im Bett, starrte den Fernseher an, wartete auf ihr Schinken-Sandwich und dachte über die Unendlichkeit nach.

Am Mittwoch kam sie sich dann irgendwie schmuddelig vor. Als sie sich flüchtig im Badezimmerspiegel ansah, erschrak sie wegen der riesigen Muschel, die sie anstelle des Kopfes aufzuhaben schien. »Ist das jetzt ein Zeichen von Anorexia?« fragte sie sich. »Ist das ein Zeichen von Anorexia, wenn man in den Spiegel blickt, und der Kopf sieht aus wie ein Tintenfisch ohne Tentakel?«

Sie fühlt sich wie aufgeblasen. Sie hatte eine Zeitlang Bodybuilding getrieben und tatsächlich sichtbare Fortschritte gemacht, aber jetzt wurde ihr Körper schon wieder schlaff und formlos. »Caspar, der Tintenfisch«, kommentierte sie laut.

Suzannes Identität war ihre Stimme, ausschließlich ihre Stimme. Sie kam sich selbst immer dann am nächsten, sobald sie sprach. Sie existierte quasi akustisch. Sobald sie allerdings ihr Spiegelbild sah, fuhr sie zusammen, da sie sich in keinster Weise mit ihrem Aussehen identifizierte. Nicht wie sie aussah, sondern wie sie klang, das war Suzanne. Deshalb kam sie auch immer total durcheinander, sobald sie vor dem Kleiderschrank stand. Was sollte sie bloß anziehen? Es war nicht leicht, eine Stimme anzukleiden.

Sie wühlte in ihrem Kleiderschrnak, dem Kleiderschrank der Pandora, und angesichts der erdrückenden Fülle des Kleiderangebots entfuhr es ihr automatisch: »Ich hab nichts anzuziehen!« Das stimmte natürlich nicht. Natürlich besaß sie Unmengen von Kleidern, aber es waren nicht die richtigen Kleider. Diese Kleider hatte Suzanne bereits gekauft, sie mochte aber nur Kleider, die sie sich erst kaufen wollte. Aber der Tag würde kommen, an dem sie das ideale Outfit für sich finden würde und ihr Leben einen Sinn bekommen würde. Na ja, vielleicht nicht das ganze Leben, überlegte sie, als sie sich wieder ins Bett legte, aber doch zumindest die Teile ihres Lebens, für die sie sich in Schale zu werfen hatte.

Gegen Mittag rief ihre Freundin Lucy aus New York an. Sie war seit zwei Wochen dort, um einen verheirateten Mann zu treffen, mit dem sie momentan ein Verhältnis hatte. Lucy bevorzugte Affären mit verheirateten Männern. »Du brauchst mit ihnen«, erklärte sie Suzanne gegenüber immer wieder, »keine feste Beziehung eingehen.«

»Ich habe ihn bei den Dreharbeiten zu meinem letzten Fernsehfilm kennengelernt«, sagte Lucy, »du weißt schon, *Blood on the Snow,* diese Mordgeschichte in einem Wintersportgebiet. Er spielte den Mörder, der sich an mich sehr romantisch heranmacht. Ich meine, er spielte seine Rolle als Mörder ausgezeichnet. Man kann fast sagen, er fiel aus der Rolle. Er spielte keinen erbärmlichen Mörder, sondern war äußerst charmant. Und wir waren bei Außenaufnahmen in Idaho, und bei Außenaufnahmen . . . Na ja, du weißt schon!«:

»Du bist ein Filmstar-Groupie«, stellte Suzanne sachlich fest.

»Zugegeben, ich steh auf berühmte Leute«, erwiderte Lucy, »aber ein Filmstar-Groupie bin ich deswegen noch lange nicht. Ich vögele gern mit *talentierten* Leuten, und dieser Typ hat außerordentlich viel Talent. Natürlich kann er es mir gegenüber momentan nicht ganz ausspielen. Aber trotzdem ist er immer noch interessanter als dic meisten Typen, die völlig ungebunden sind.«

»Scott Hastings«, murmelte Suzanne, »das ist doch sein Künstlername, oder?«

»Nein«, antwortete Lucy, »mit Vornamen heißt er Bob, Robert Scott Hastings.«

»Bob Hastings«, wiederholte Suzanne. »*Colonel* Bob Hastings. Kein Wunder, daß er seinen Namen geändert hat. Ist seine Frau eigentlich auch da?«

»Holster Hips meinst du? Ja, sie haben zwar ein Haus irgendwo in Connecticut, aber er ist die meiste Zeit wegen der ständigen Proben in der Stadt.«

»Schon wieder ein verheirateter Mann«, seufzte Suzanne. »Dabei hab ich schon deinen letzten überhaupt nicht ausstehen können!«

»Earl?« Lucy war überrascht. »Wirklich nicht? Du hast ihn nicht gemocht? Ich dachte immer, daß er dir sympathisch war.«

»Na ja, ich hab dir *gesagt*, daß ich ihn mag«, sagte Suzanne. »Ich mußte dir ja sagen, daß ich ihn mochte, weil du derart in ihn vernarrt warst. Aber du hast ihn ja genug für uns beide geliebt. Was ist denn eigentlich aus ihm geworden?«

»Er hat sich immer öfter dünnegemacht«, sagte Lucy, »ich mein, öfter, als mir lieb war. Normalerweise suche ich mir solche etwas unberechenbare Typen, schließlich soll es mit ihnen ja auch nicht langweilig werden. All meine Freundinnen, ja überhaupt alle Frauen, die ich kenne, sehen das genauso; ist ja auch klar, würde ich anders darüber denken, würde ich auch ganz andere Frauen kennen. Auf jeden Fall hat er sich so oft dünnegemacht, daß er am Ende ganz dick mit Isabel Hasbar befreundet war.«

»Die englische Schauspielerin?« fragte Suzanne. »Die Schwester von Reginald Fleemer Hasbar?«

»Genau *diese* Isabel Hasbar«, erwiderte Lucy. »Es hat ziemlich weh getan, aber es war trotz allen Trennungsschmerzen eine interessante Erfahrung. Weißt du, auch das gehörte irgendwie... Warte mal, der andere Apparat... Er ist es! Ich muß Schluß machen!«

»Grüß den Colonel von mir«, sagte Suzanne noch, doch Lucy hatte bereits aufgelegt.

Sie schaltete auf ein anderes Programm um und sah ein Mädchen und einen Jungen beim Sex. Das Mädchen öffnete die Augen gerade noch rechtzeitig, um über der Schulter des Jungen den Mann zu sehen, der gleich darauf einen Pfahl durch sie beide hindurch trieb.

Suzanne schaute weg und ließ ihre Blicke durch das Zimmer schweifen. In letzter Zeit hatte sie ihr Haus ganz wahnsinig gemacht. Immer wenn sie gerade keine Beziehung zu einem Mann hatte, machte sie ihr Haus ganz wahnsinnig. Das ging schon damit los, daß ihre Vorhänge am Morgen zuviel Licht hereinließen, so daß sie sich deshalb immer das Kissen über den Kopf ziehen mußte. Aber auch diese Kissen! Sie hatte eindeutig zuviel davon, außerdem waren sie nicht weich genug! Und dann erst dieses Bild über dem Bett – es hatte einen Riß in der Leinwand!

Ganz zu schweigen von den zwei Orangensaftflecken auf dem weißen Teppich direkt neben ihrem Bett! Von ihrem Feueralarmgerät war der Deckel abgebrochen! Unzählige elektrische Kabel und Drähte lagen herum, und sie wußte nicht, wohin damit. Neben ihrer Stereoanlage stand ein Korb voller Kassetten, deren Plastikschachteln irgendwann einmal verlorengegangen waren. Überhaupt hatte sie einfach zu viele Sachen! Sachen, die sich überall im Haus ausbreiteten wie ein gutartiges Geschwür.

Sie wandte ihre Aufmerksamkeit wieder dem Fernsehgerät zu und suchte dort nach irgendeinem Zeichen. Nach einem Lebenszeichen! Zwei Männer prügelten sich gerade, bis einer von ihnen durch eine Fensterscheibe geschleudert wurde. Kurz darauf starrte Suzanne in das blutverschmierte Gesicht von Graham Davies, mit dem sie die erste einer Reihe von Schauspieler-Beziehungen geführt hatte. Unter diesen drei aufeinanderfolgenden Beziehungen war Graham eindeutig der netteste gewesen – eigentlich war er der einzige nette unter allen ihren Freunden, denn Suzanne gehörte zu diesen unglücklichen Frauen, die nette Männer uninteressant finden. Nach ihm hatte sie ihre Lektion gelernt. Fortan waren ihr nur noch die unangenehmen Männer angenehm. Wenn sie sich dann einen unfreundlichen Mann ausgesucht hatte, beklagte sie sich anschließend über ihn, als wäre er ihr von einem Amt oder gar der Regierung einfach zugeteilt worden. Wenigstens hatte sie dabei aber immerhin das Gefühl, als spielte sie keine unwesentliche Rolle bei der ganzen Angelegenheit, auch wenn sie sich als Alptraum herausstellte.

Suzanne wählte ein anderes Programm. Zwei Frauen in Reitkleidung standen mit ihren Pferden auf einem Hügel und unterhielten sich. Eine von ihnen kannte Suzanne persönlich. Sie hatte mit ihr mal auf einem David-Bowie-Konzert in London Kokain genommen, wobei dieses Mädchen ein äußerst durchsichtiges Kleid getragen hatte. Übrigens war es auch an jenem Abend, als Suzanne ihre Affäre mit dem zweiten Schauspieler angefangen hatte. Das Fernsehprogramm speicherte ihre Erlebnisse – ein erstklassiges Erinnerungsalbum! Wenn sie nur lange genug fernsehen würde, überlegte sie, dann könnte sie vom Bett aus ihr ganzes Leben langsam Revue passieren lassen. Jetzt mastubierte das Mädchen, das sie kannte, im Bus.

Sie betätigte erneut die Fernbedienung und konnte Ronald Reagan aus einem Hubschrauber aussteigen und winken sehen. Er hielt sich die Hand ans Ohr und zuckte mit den Achseln, während vor ihm seine Frau davongezogen wurde – man konnte das Ende der Hundeleine noch sehen! Es ist ja klar, warum er sie hat, überlegte Suzanne. Sie wirkt total kantig. Mit ihrem eckigen Kopf, dem scharfkantigen Gesicht und der knochigen Figur komplettiert sie ihn bei seinen Auftritten in gewisser Hinsicht – er verschwimmt dann nicht mehr so. Wie ein Reißverschluß hält sie ihn zusammen und zieht ihn damit zurück ins Bild.

Ununterbrochen lächelte und winkte er. Reagan, dachte sie, ist der Star der Gemeinschaftssendung aller Fernsehanstalten aus dem Weißen Haus. »Doktor Reagan, der Gott in Weiß mit dem

Faible für eine untergehende Nation!« Suzanne drückte die Fernbedienung. Ein ihr unbekannter Schauspieler erschien auf der Mattscheibe und beklagte, daß es weit und breit keinen Schauspieler-Regisseur mehr gäbe. Es gäbe nur noch Schauspieler auf der einen Seite, und auf der anderen die Regisseure. Er wirkte sehr überzeugend – was nicht sonderlich verwunderte, schließlich war er ja Schauspieler –, obwohl er mitunter ziemlich wirres Zeug daherredete. Manchmal müssen Schauspieler eben auch im wirklichen Leben ihre Rolle weiterspielen und legen dann eine derartige Überzeugungskraft in ihre Stimme, daß sie sich am Ende selbst alles glauben. Sie wechselte auf Kanal 11, wo gerade ein Film mit dem Titel *Das zerfetzte Kleid* begann, bevor sie zu MTV umschaltete. Während sie sich ein Video mit Bryan Adams ansah, versuchte sie sich eine Beziehung mit ihm vorzustellen. Schließlich schaltete sie wieder zu dem Mädchen um, mit dem sie Kokain genommen hatte. Es war zwar kein guter Film, aber sie fühlte sich irgendwie besser, wenn jemand mitspielte, den sie kannte – und war es auch noch so oberflächlich. Das Mädchen schilderte gerade, wie sie mit ihrem Onkel geschlafen hatte.

Suzanne sah auf ihren Nachttisch, der überladen war mit einer Tüte Chips, merkwürdig schmeckenden Vollkornplätzchen, einer Schachtel Vanillewaffeln, zwei leeren Gläsern, einem halbgefüllten Glas mit zwei Tage altem Orangensaft, einer halbleeren Dose abgestandener »Cola-Light« und einem Glas Erdnußbutter. Mit zwei Fingern fuhr sie in die Erdnußbutter und leckte daran.

Das Telefon läutete. Sie ließ es dreimal läuten – man sollte schließlich glauben, daß sie gerade irgendeiner Beschäftigung nachging – und als sie dann abhob, flötete sie ein derart gutgelauntes »Hallo!« in die Sprechmuschel, als könnte nichts auf der Welt ihre Superstimme trüben. »Hallo, Liebes«, sagte eine vertraute Stimme, »ich bin's, deine Mutter Doris.«

»Nicht zu verwechseln mit meinem Bruder Doris oder meinem Onkel Doris!« sagte Suzanne sarkastisch. »Da wir in unserer Familie ja alle Doris heißen, ist es einfach unumgänglich, klarzustellen, um welche Doris es sich handelt. Sonst könnte das zu einigen höchst peinlichen –«

»Wie geht's dir denn gesundheitlich, Liebes«, sagte ihre Mutter leicht gereizt, »ich habe nämlich gerade mit Dr. Feldman gesprochen, und er meinte, daß du möglicherweise eine Nahrungsmittelallergie haben könntest. Wenn das stimmt, dann ist doch alles ganz einfach, nicht wahr? Du ißt einfach bestimmte Sachen, gegen die du allergisch bist, nicht mehr, und schon kommst du wieder auf die Beine und brauchst nicht länger im Bett zu bleiben. Was ißt du denn eigentlich so?«

»Nur solches Essen, das über kurz oder lang eine Bypassoperation nötig macht«, sagte Suzanne.

»Jetzt sei nicht so neunmalklug«, meinte ihre Mutter, »denk doch bloß mal an meine Nahrungsmittelallergien. Ich habe zum Beispiel herausgefunden, daß ich allergisch gegen Muscheln bin. Sobald ich Muscheln esse, werden meine Lippen ganz dick, und meine Zunge schwillt ganz komisch an. Dann hilft mir nur noch Cortison oder so was. Es könnte doch auch sein, daß du von irgendeinem Essen ständig so müde wirst.«

»Könnte es auch sein, daß ich von irgendeinem Essen ständig verunsichert werde?« fragte Suzanne zweifelnd.

»Du unterschätzt die Wirkungen von Nahrungsmittelallergien«, erwiderte ihre Mutter zuversichtlich. »Ich habe Dr. Feldman gesagt, daß du ihn mal anrufst.«

»Stell dir bloß mal vor«, meinte Suzanne, »jetzt hab ich all die Jahre mit Therapien vertan, und am Ende stellt sich dann heraus, daß der Thunfisch an allem schuld war.«

Am späten Sonntagnachmittag – es war Suzannes neunter Tag im Bett – läutete das Telefon, während sie sich gerade einen Schwarzweißfilm mit Joseph Cotten und Ginger Rogers ansah. Schon beim ersten Klingeln griff sie danach.

»Wer ist dran?« fragte sie sofort.

»Was wär denn, wenn ich jetzt ein Typ wär?« fragte Lucy. »Ich müßte dich doch für ziemlich verzweifelt halten.«

»Ich *bin* verzweifelt«, sagte Suzanne. »Bist du schon wieder zurück? Ich dachte, du würdest den Sommer in New York mit Colonel Bob verbringen.«

»New York ist wie Husten«, erwiderte Lucy. »Es ist, als liefe das ganze Land hier zusammen, um sich gemeinsam einen abzuhusten. Außerdem ist er sowieso zu seiner Frau zurückgekehrt.«

»Und, wie schlecht geht's dir jetzt?« fragte Suzanne mitfühlend.

»Eigentlich gar nicht mal so schlecht, aber bei mir dauert's immer etwas länger, bis ich es so richtig kapiert hab«, antwortete Lucy. »Ich bin gerade heimgekommen und sofort ins Bett gekrochen, damit ich mich nicht erst hinlegen muß, wenn mich dann das große Elend packt wie eine schwere Grippe.«

»Ich werde bald einen Weltrekord aufstellen«, sagte Suzanne, »ich bin jetzt nämlich schon mehr als eine Woche im Bett. Ich fühle mich wie ein einsames, vergessenes Q-Tip in der vorletzten Schublade.«

»Mit wem spreche ich eigentlich?« fragte Lucy. »Mit Sylvia Plath?«

»Nein, mit Sylvia Papp«, erwiderte Suzanne, »der Frau von Joe. Warum kommst du nicht vorbei und hältst mit mir die Nachtwache, die ja nicht ganz so schweigsam verlaufen muß?«

»Ich fürchte, ich bin zu deprimiert, um noch Auto fahren zu können«, meinte Lucy.

»Ich laß dir 'ne Karre kommen«, schlug Suzanne vor.

Eine Stunde später passierte eine schwarze Limousine die Grenze zu Suzannes Grundstück und bog in die Auffahrt ein. Lucy stieg aus. Sie war im Nachthemd. Sie betrat das Haus durch die Garage, ging in das riesige Schlafzimmer und verschwand schnurstracks im Bett. »Schauspieler mögen ja vielleicht wissen, wie man schauspielert, aber wie man sich benimmt, davon haben viele von ihnen einfach keine Ahnung.«

»War es denn so umwerfend?« wollte Suzanne wissen.

»Ich weiß es noch nicht so recht«, sagte Lucy, »ich weiß nicht, ob man von einem Schauspieler überhaupt umgeworfen werden *kann*. Aber eins kann ich dir sagen: Am schlimmsten ist, daß er sich erdreistet hat, mich fallenzulassen, obwohl er gar kein so guter Schauspieler ist. Er ist eher ein Fernsehschauspieler als ein Filmschauspieler, und was hat man schon davon, wenn man bloß von einem Fernsehschauspieler verlassen wird? Ich meine, als ich damals von Andrew Keyes verlassen wurde, wurde ich immerhin von Andrew Keyes verlassen, und das hinterläßt einem zumindest eine erzählenswerte Anekdote.«

»Aber du hast schon auch mit anderen Typen als nur mit Schauspielern geschlafen, nicht wahr?« fragte Suzanne und hielt Lucy ein Schälchen mit Popcorn hin. »Ich glaube mich da an einen Rechtsanwalt erinnern zu können, mit dem du mal ausgegangen bist.«

»Bill Taft«, antwortete Lucy. »Mein Gott, der war vielleicht langweilig! Zu seinen Lieblingsthemen gehörte so was wie die unendlich weiten Lichtungen in den riesigen Wäldern Kanadas! Das verstand der Typ unter *Unterhaltung*! Ich wäre beim Dinner am liebsten in meinen Salat gekrochen!«

Suzanne nahm die Fernbedienung zur Hand und schaltete um. Da war gerade Amy Baxter, eine gemeinsame Freundin, in einer Folge der Serie *Honey, I'm Home!* zu sehen. »Was hältst du eigentlich von dieser Geschichte mit Amy und diesem Werbefritzen?« fragte sie Lucy.

»Amy hält diese Beziehung sowieso nicht lange aus«, sagte Lucy. »Sie rennt ihm doch schon ewig hinterher, und jetzt hat sie ihn endlich bekommen. Sie wird's wohl noch einige Zeit mit ihm aushalten, weil es ihr einfach zu peinlich wäre, das Ganze so bald wieder zu beenden. Aber hast du schon einmal jemanden gesehen, der so offensichtlich gelangweilt ist?«

»Irrtum, nicht gelangweilt, das ist einfach Amy«, sagte Suzanne. »Dieser Typ ist doch *fabelhaft*! Er ist wirklich intelligent, er sieht gut aus, er ist nett, ohne übertrieben nett zu sein. Er hat Geld, er hat gute Beziehungen und er hat, was Kleidung anbelangt, einen unzweifelhaft guten Geschmack. So ein Mann läuft einem nicht auf der Straße zu. Er ist einfach ein toller Typ, aber du kennst ja Amy, ihr ist keiner gut genug. Sie muß gleich nach einem noch tolleren Mann Ausschau halten. Es könnte ja sein, daß ein Besserer plötzlich nach Hollywood geht, und dann, ja dann muß Amy natürlich genau diesen Typen haben. Für einen solchen Fall hat eine Frau wie Amy immer dreißig Prozent von sich selbst in Reserve, die sie dann einsetzen kann.«

»Erinnerst du dich noch an Sam Eisenberg?« fragte Lucy lachend. »In sein Leben ist sie ja damals auch gefahren wie ein Blitz.«

»Weißt du, wer wirklich 'ne Wucht für sie wäre?« fragte Suzanne. »Todd Zane! Sie könnte doch versuchen, Todd Zane zu retten. Das wär doch hervorragend!«

»Hast *du* mal mit ihm geschlafen?« fragte Lucy.

»Mit Todd Zane? Nein, und du?«

»Ich schon«, erwiderte Lucy. »Er ist toll. Er sagte mir, daß ihm mal jemand gesagt hätte, er könne einen blasen wie 'ne Frau.«

»Wirklich?« sagte Suzanne. »Heißt das, er bringt's?«

»Ja, ich glaub schon«, entgegnete Lucy. Sie stopfte sich ein paar Popcorn in den Mund. »Verdammt«, sagte sie, »manchmal bin ich ein richtiges Luder, glaub ich.«

»Könntest du mir mal eine ›Cola-Light‹ holen?« fragte Suzanne leise. »Ich möchte nicht am Spiegel vorbei kommen. Meine Haare sind so fettig, als hätte man mir Öl über den Kopf gegossen.«

Lucy ging in die Küche und kam mit zwei Dosen »Cola-Light« zurück. »Das letztemal, als ich mit Scott Hastings – ach, entschuldige, mit *Colonel* Hastings – geschlafen habe, hat es drei Stunden gedauert«, sagte sie.

»Du stehst wohl auf diesen unersättlich-schauerlichen Sex«, sagte Suzanne. »Sex ist für dich eine Art Futtersack mit nacktem Fleisch: Du reißt dir einen Typen auf, hängst ihn dir vor die Schnauze und ziehst ihn dir rein wie... ja, genauso wie ich mir Drogen reingezogen hab.«

»Manchmal glaube ich, daß ich eigentlich nur einen gemeinen Typen finden und ihn so weit bringen möchte, daß er nett zu mir ist«, sagte Lucy. »Oder vielleicht auch einen netten Typen, der ein kleines bißchen gemein zu mir ist. Aber normalerweise sind sie zu schnell zu nett oder zu lange zu gemein.«

»Und ich glaube, daß ich einfach nicht geschaffen bin für eine Beziehung«, sagte Suzanne. »Zumindest wird mir das laufend bestätigt. Ich meine, ich kann doch nicht mein ganzes Leben lang immer nur Verabredungen treffen. Das ging ja schon schief, als ich noch im Teenie-Alter war. Stell dir mal vor, welcher schwächliche, bemitleidenswerte Typ sollte sich schon die Mühe machen, den tiefen Graben zu meinem Ich zu überqueren, bloß, um mit mir und all diesen Problemen zu leben?« Sie machte die »Cola-Light« auf und nippte daran, als würde sie Gift aus der Aluminiumwunde saugen. »Ich glaube, daß ich mich wohl damit abfinden muß, den Rest meines Lebens vor dem Fernsehapparat zu verbringen.« Sie zeigte auf den Bildschirm. »Das wird wohl das letzte sein, was ich noch sehen werde, bevor ich sterbe«, sagte sie und fing zu lachen an. »Rob Lowe in Großaufnahme in *St. Elmo's Fire*. Ich liege im Krankenhaus, und während der Arzt immer wieder verzweifelt mit beiden Händen gegen meine Brust drückt, um mein Herz wieder in Gang zu bekommen, linse ich über ihn und die OP-Schwester hinweg auf den Fernsehapparat, wo gerade dieser Film läuft. Das ist mein Schicksal, ich spür's!«

»Wenn ich alt bin, dann bin ich wohl eins dieser verrückten Weiber, die auf Balkonen sitzen, auf die Leute herabspucken und keifen: ›Laß dir mal die Haare schneiden!‹« sagte Lucy. »Das ist wohl unvermeidbar und eigentlich hab ich auch keine Angst davor. Die Zeit bis dahin möchte ich allerdings mit so viel Anmut und Würde wie möglich verbringen.«

MTV zeigte gerade ein neues Video mit einer hübschen Sängerin, deren Manager in mehreren Szenen mitspielte. Suzanne kannte ihn noch aus ihrer Zeit an der High school. Bei einer Party hatte ihre Cousine ihm mal einen geblasen, aber das war noch bevor sie zu Jesus gefunden hatte, und der hat ihr dann diesen Party-Marsch schon wieder ausgetrieben und einen ganz anderen geblasen.«

»Kannst du dich noch an das Seilspringen erinnern?« fragte Suzanne. »Wenn zwei das Seil schlugen und du im genau richtigen Moment hineinlaufen mußtest, um dann springen zu können, so ungefähr fühl ich mich die ganze Zeit.«

»Ich glaub immer noch, daß wir da noch mal herauswachsen werden«, sagte Lucy.

»Herauswachsen?« sagte Suzanne. »Um wieviel willst du denn plötzlich noch wachsen, jetzt, wo du schon dreißig bist?«

»Vielleicht ist es nur eine Frage der Harmonie?« bot Lucy als Möglichkeit an.

»Vielleicht ist es eine Nahrungsmittelallergie«, meinte Suzanne, »vielleicht hat meine Mutter doch recht? Vielleicht kommt *wirklich alles bloß vom Thunfisch?«*

»Glaubst du, wir haben möglicherweise gerade einen Nervenzusammenbruch?« fragte Lucy. »Einen kontrollierten Nervenzusammenbruch?«

»Ich weiß nicht recht«, zweifelte Suzanne, »eigentlich bin ich gar nicht so nervös, und ein richtiger Zusammenbruch ist es wohl auch nicht. Es ist eher so was wie ein Umbruch oder ein In-Deckung-Gehen. Ein Boxenstop. Genau das ist es, was wir haben: einen Nerven-Boxenstop! Einen besonders kurzen Nerven-Boxenstop!«

»Ich glaub, ich hab jetzt endlich meine Lektionen gelernt«, sagte Lucy. »Ich wünsche mir zumindest, daß ich sie gelernt habe. Vielleicht bin ich jetzt irgendwie geläutert. Vielleicht hab ich sogar Scott Hastings diese Läuterung zu verdanken und kann nun in mein Leben wie in ein lauwarmes Wasser tauchen.«

»Genauso ist es im Film, stimmt«, bestätigte Suzanne. »Es ereignet sich was im Leben von jemand, und daraufhin verändert dieser Jemand sein Leben. Aber so ist es doch nicht im wirklichen Leben. Im wirklichen Leben ereignet sich was, und alles bleibt beim alten. Und du denkst dir dann: ›Verdammt, warum bewirkt das denn jetzt gar nichts?‹ Man wird doch die ganze Zeit irgendwie geläutert, bloß bleibt das alles folgenlos!«

»Vielleicht hat das aber doch Folgen«, erwiderte Lucy hoffnungsvoll, »und wir nehmen sie bloß nicht wahr, weil wir nämlich noch mitten in der Veränderung stecken? Es kann ja sogar sein, daß wir zwei uns augenblicklich am Ende einer Sache und am Anfang einer anderen befinden und es bloß noch nicht wissen.«

»Ich glaube«, sagte Suzanne auf einmal ganz ernst, »daß wir einfach abmachen sollten, das Bett nicht mehr zu verlassen, bis wir wissen, was wir mit der zweiten Hälfte unseres Lebens anfangen sollen. Machen wir einfach eine Lebenspause.«

»Das könnte aber eine lange Pause werden«, sagte Lucy unsicher, »weil wir unser Leben tatsächlich schon ziemlich verpfuscht haben. Wir sind schließlich bereits in den *Dreißigern*. Ich meine, was sind denn jetzt unsere Pläne? Ich habe nicht gerade das Gefühl, daß wir bereits einen echten Plan haben.«

»Wir könnten unseren Plan im Fernsehen finden«, sagt Suzanne. »Gerade vom Fernsehen lernen doch die meisten Leute etwas über Moral und Ideale und solche Dinge.«

»Tatsächlich?« fragt Lucy. »Meinst du, das stimmt? Ich hab nämlich auch ferngesehen, aber davon hab ich nichts mitbekommen. Oder vielleicht doch, und ich habe es nur nicht bemerkt?«

»Du hast wahrscheinlich die falschen Programme angeschaut«, erklärte Suzanne.

»In Ordnung«, sagte Lucy, »unser Plan ist also, daß wir hier bleiben und fernsehen, die *richtigen* Programme selbstverständlich, und daß wir so unsere Wertvorstellungen herausfinden. Ein toller Plan!«

Suzanne seufzte. »Wir haben kein Leben. Ich glaub, Freud war es, der einmal gesagt hat, daß der Grad, wonach man Leute als verrückt einstuft, damit zusammenhängt, in welchem Ausmaß ihre Geisteskrankheit sich störend auf Liebe und Arbeit auswirkt. Das sind genau die beiden entscheidenden Bereiche. Und was haben wir zwei nicht? Liebe und Arbeit!«

»Heißt das, wir sind verrückt?« fragte Lucy.

»O.K., natürlich sind wir ... defekt. Wir sind zwei defekte Einzelteile. Irgend etwas in unseren Köpfen ist zerbrochen, unsere Lebensweise ist zerbrochen, und jetzt müssen wir sie wieder kitten. Vielleicht gibt es eine Lebensweise, wonach es ganz in Ordnung ist, keine Arbeit zu haben oder als alte Jungfer zu enden. Wenn es die gibt, dann sollten wir sie uns schleunigst zu eigen machen.«

»Letzte Nacht habe ich geträumt, daß ich nachts Auto gefahren bin, ohne Licht und ohne Bremsen«, sagte Lucy.

»Was mag das wohl bedeuten?«

»Einen Seelenklempner brauch ich sicher nicht, um herauszufinden, was das bedeutet, O.K.?« sagte Lucy, die noch nie bei einem Psychiater war. »Ich hab mich nicht mehr unter Kontrolle, ich weiß das ja selbst. Und wenn ich mich nicht mehr unter Kontrolle hab, dann klammere ich mich an alles, das irgendwie stabil aussieht, und verheiratete Männer sehen für mich nun mal stabil aus. Sie wirken auf mich, als seien sie in Granit gehauen, und ich dürfte sie ins Wanken bringen, was mir durchaus Spaß bereitet. Übrigens, da wir gerade über Psychiater gesprochen haben, wie geht's eigentlich Norma?«

»Norma möchte, daß ich mein Leben lebe, anstatt ihm ständig hinterherzulaufen«, sagte Suzanne. »Aber seit zwei Wochen ist sie nicht da. Sie hat mir sozusagen eine Therapie-Zwangspause verordnet. Also leg ich mich mal ins Bett, hab ich mir gedacht, und mach mir meine eigenen Gedanken über das Ganze. Ich will jetzt keine guten Ratschläge hören. Ich mein, ich unterhalte mich gern mit dir, ich hab aber nicht das Gefühl, daß du mir irgendwelche guten Ratschläge erteilen willst.«

»Danke«, sagte Lucy. »Das ist wirklich sehr, sehr nett, was du da sagst. He, ich habe gehört, daß Jack Burroughs *Ziz! II* dreht. Wie geht's eigentlich eurer Beziehung?«

»Wir hatten niemals eine Beziehung«, sagte Suzanne. »Wir hatten nur eine Zeitlang eine gemeinsame Theorie. Wir waren immer der Überzeugung, daß, wenn wir eine Beziehung gehabt hätten, wir davon nicht besonders angetan gewesen wären. Aus diesem einfachen Grund haben wir auch erst gar keine angefangen. Wir haben lediglich über eine Beziehung gesprochen, die wir gar nicht führten.«

»Wer hat denn die Theorie beendet?« wollte Lucy wissen.

»Ich. Ich bin schließlich abgehau'n«, sagt Suzanne. »Eines Tages habe ich mitten im Satz zu sprechen aufgehört und beschlossen, daß das genau der richtige Zeitpunkt war, um das Ganze zu beenden. Weißt du, ich habe immer geglaubt, man kann an einer Beziehung arbeiten, aber da gibt es halt diesen Unterschied zwischen einer normalen einfachen Arbeit und einer *hochkomplizierten Präzisionsarbeit.«*

»Typen sind solange toll, bis man merkt, wie sie wirklich sind«, bemerkte Lucy. »Sie sind toll, solange sie so sind, wie man sie sich wünscht.«

»Hast du mal mit Jack geschlafen?«

»Nein«, antwortete Lucy. »Wir haben uns mal ein bißchen

angemacht, aber irgend jemand hat uns dabei gestört, und dann haben wir nicht mehr weitergemacht. Wir waren beide sowieso total ›stoned‹.«

»Das ist ja interessant«, sagte Suzanne, »du hast also nie mit Jack Burroughs und ich nie mit Todd Zane geschlafen. Das macht uns einzigartig.«

»Glaubst du, daß es noch eine gibt, irgendwo da draußen, die ebenfalls noch nicht mit einem von beiden geschlafen hat?« fragte Lucy. »Glaubst du, daß es vielleicht sogar eine gibt, die mit *keinem* von beiden geschlafen hat?«

»Sicher, und wir werden sie sogar schon bald zu Gesicht bekommen«, sagte Suzanne. »Wir werden uns wahrscheinlich über den Weg laufen und bloß nichts voneinander wissen.«

»Eins möcht ich bloß von dir wissen«, sagte Lucy, »meinst du nicht auch, daß das hier eine bedauernswerte Situation ist? Ich mein, einfach nur im Bett zu liegen und fernzusehen?«

»Sicher ist das bedauernswert«, betonte Suzanne mit Nachdruck. »Ich finde, wenn man sich schon bedauernswert fühlt, dann sollte man es sich auch zugestehen. Heutzutage traut sich doch niemand mehr, sein Selbstmitleid zu zeigen.«

»Vielleicht sollten wir niemandem davon erzählen, bis wir ganz sicher sind, daß die Selbstmitleidstour der richtige Weg für uns ist.«

»Ich glaube, wir sollten erst einmal herausfinden, wie das ist, nichts zu tun«, sagte Suzanne. »Ich meine, es gibt doch viele Leute, die eigentlich nichts tun, aber keiner bekennt sich dazu und tut *wirklich* nichts. Wir werden die Pioniere des wirklichen Nichtstuns sein. Wir repräsentieren die neue Frau, die Frau der Achtziger, die nichts und niemanden mehr hat. Sieh's doch mal so: Jetzt haben wir all die Jahre damit verbracht, Aufmerksamkeit zu erwecken, herumzuflippen und so munter wie möglich zu erscheinen, und was hat es gebracht? Wir sind beschäftigungslos – sowohl als Schauspielerinnen als auch als Frauen, mit denen man Verabredungen trifft. Also, wenn unsere Anstrengungen doch zu nichts geführt haben, dann können wir doch gleich auch ohne Anstrengung zu nichts kommen. Als Ziel könnten wir uns setzen, allen äußerlichen Reizen aus dem Weg zu gehen und unsere natürlichen Begabungen – sofern es diese überhaupt gibt – wiederzuentdecken. Diese haben wir, weil wir in Hollywood leben, ohnehin lange genug verkümmern lassen. Wir haben uns ewig von den Stimuli unserer Umgebung anregen lassen. Wir haben gesehen, was andere Leute tun, und haben dasselbe getan, um wie sie Erfolg zu haben.«

Suzanne seufzte. »Bla, bla, bla, bla«, sagte sie. »Wir können nur hoffen, daß hier an der Wand keine Fliege aus der Dritten Welt sitzt. Wenn jemand aus einem anderen Kulturkreis – das heißt von irgendwo außerhalb dieses spezifischen Hollywood-Kulturkreises – dieses Gespräch mitbekommt, wird er doch in seinen schlimmsten Vermutungen bestätigt.«

»Manchmal fühle ich mich innerlich total ausgebrannt«, sagte Lucy, »wie etwas, das man zu lange in dieser unaufhörlich brennenden Sonne liegen gelassen hat. Allerdings«, fügte sie hoffnungsvoll hinzu, »macht mir hier diese Art Winterschlaf wieder Mut. Also, was meinst du, welche Rache könnte ich wohl an Scott Hastings verüben?«

»Rache ist ja nun, bewußtseinsmäßig gesehen, nicht gerade eine besonders hochstehende Form des menschlichen Handelns«, tadelte Suzanne.

»Aber es macht Spaß«, beharrte Lucy. »Karmamäßig gesehen ist es wahrscheinlich sehr schlimm, das geb ich zu, aber bezüglich meines Karmas hab ich ohnehin schon ein kaum noch zu tilgendes Schuldenkonto. Warum hätte man mich denn sonst auf diesen Planeten gesetzt, wo ich erfolglos versuche, den Männern, die mich nicht mögen, zu gefallen, und mich ebenso erfolglos um eine Filmrolle zu bemühen? Verdammt noch mal, da kann ich mich doch genausogut an diesem Typen rächen, oder? Willst du mir dabei helfen? Ich meine, du kannst ja wohl auch kein tadelloses Karma haben, schließlich verkehrst du ja mit mir! Na, komm schon, alles oder nichts auf ein schlechtes Karma.«

»Du bist ja verrückt!« lachte Suzanne.

»Ich werde ihn anrufen und ihm verbieten, mich noch einmal anzurufen!« triumphierte Lucy.

»Das habe ich schon hinter mir«, sagte Suzanne. »Merkst du

das, wir sind schon so klug geworden, daß wir dummes Benehmen rechtfertigen können? Etwa so: ›Ich bin wütend auf ihn, hab es ihm aber nicht gezeigt; also hab ich meine Wut in mich hineingefressen, und jetzt bin ich deprimiert; um mich wieder gut zu fühlen, muß ich ihn jetzt anrufen und ihn meine Wut spüren lassen.‹ Es ist doch so, daß wir die allerdümmsten Sachen anstellen dürfen, wenn wir es nur klug genug rechtfertigen können.«

»Vielleicht hast du recht«, sagte Lucy. »Manchmal könnte ich glatt die Nationalhymne mitsummen, während du sprichst. Aber mir geht's doch so schlecht, weil er ja irgendwie berühmt ist, und stell dir vor, er wird vielleicht noch berühmter, dann habe ich doch eine Menge verpaßt.«

»Du machst wohl Witze«, sagte Suzanne. »Was glaubst du denn, was berühmt bedeutet, erfolgreich vielleicht? Das bedeutet es bestimmt nicht! Das ist doch ein total trauriger, abgefuckter Typ! Er spielt ständig freundliche, psychopathische Mörder, und wer sich lange genug in eine Rolle hineinversetzt, der wird irgendwann mal selbst so! Du kannst doch froh sein, daß du ihn los bist! Außerdem ist er ein Schwachkopf! Er ist nicht der Typ, der es ertragen kann, wenn andere mal recht haben! Der sagt doch bestimmt nicht: ›Ach ja, das ist sehr interessant, was du da sagst, so kann man es natürlich auch sehen.‹ Was diesem Schwachkopf bei einer Diskussion doch nur einfällt, ist: ›Worauf willst du eigentlich hinaus?‹ Ich garantiere dir, daß ein Telefongespräch mit diesem Typen unangenehm werden wird. Nach dem Gespräch kommst du dir doch wie eine abgehalfterte Himbeer-Tussy vor!«

»Ist ja schon gut«, sagte Lucy. »Wir bleiben bei unserem ursprünglichen Plan. Wir werden nichts tun. Das ist das mindeste, was wir tun können.«

»Wir werden wie diese Indianerfrauen sein«, behauptete Suzanne, »die sich, um ihre Babys zu bekommen, in den Wald zurückziehen. Sieht man einmal von dem winzigen Unterschied ab, daß wir weder einen Wald noch Babys haben und daß wir eigentlich auch keine Indianerfrauen sind, haben wir doch verblüffend viel mit ihnen gemeinsam!«

Sie schliefen in verschiedenen Zimmern, da jede von ihnen gewohnt war, allein in einem riesigen Bett zu schlafen. Am nächsten Morgen wachte Suzanne zwei Stunden früher auf, als sie es eigentlich gewollt hatte. Sie wälzte sich noch im Bett herum, als Lucy in der Tür auftauchte und fragte: »War eigentlich keine Luft in meinem Zimmer, oder hab ich sie wirklich alle verbraucht? Bist du schon wach?« sagte sie, als sie ins Zimmer trat.

»Ich bin immer wach«, erklärte Suzanne, »das ist es ja. Ich bin immer wach und fühle mich dabei niedergeschlagen.«

»Hör mal, ich habe mir noch mal alles durch den Kopf gehen lassen«, sagte Lucy, die an einer Scheibe Toastbrot herumkaute. Sie trug den Schlafanzug, den Suzanne ihr geliehen hatte und der an ihr viel kleiner aussah, und setzte sich aufs Bett. »Ich finde, wenn wir uns jetzt im Haus verkriechen, dann sieht das doch so aus, als würden wir unsere Niederlage eingestehen. Ich denk mir, wenn wir schon etwas Neues anfangen, dann müßte doch auch ziemlich viel Power dahinterstecken.«

»Ach, wenn doch bloß nicht alles so kompliziert wäre!« seufzte Suzanne. »Vielleicht sollten wir in eine Universitätsstadt ziehen, dort Schauspielunterricht geben und uns von all den Teenies anhimmeln lassen.«

Lucy ignorierte, was sie gesagt hatte. »Ich meine, du gehst jetzt schon seit neun Tagen mit deinen Gedanken schwanger. Wie neun Monate, du weißt schon, was ich meine. Deine Schwangerschaftszeit ist jetzt jedenfalls vorbei, es ist Zeit, die Schranken der Apathie zu durchbrechen! Wir könnten uns doch für unsere zweite Lebenshälfte einkleiden. Also, stürmen wir die Geschäfte! Ich hab uns schon ein Taxi bestellt. Ich muß noch nach Hause, um mich umzuziehen.«

Suzanne fühlte sich sowieso allmählich schmuddelig in ihrer Matratzengruft. »O.K., es ist wohl *wirklich* übertrieben viel, was ich da auf einen Schlag aufgegeben habe. Ich muß auch zugeben, daß das Ganze eher nach einer Defensivstrategie als nach einer wohlkalkulierten Besinnungspause aussieht.« Sie setzte sich auf. Draußen war Lucys Taxi vorgefahren, und der Fahrer hupte zweimal. »In Ordnung«, sagte sie, »aber du mußt noch hierbleiben, solange ich mir die Haare föne. Ich mag diese Heißluft an meinem leeren Kopf nämlich nicht.«

»Ich werde dem Fahrer sagen, daß er warten soll«, sagte Lucy.

Zwei Stunden später fuhren sie mit Lucys Honda nach Beverly Hills. Suzanne ging es eindeutig besser, seit sie das Haus mal wieder verlassen hatte. Während sie sich die Haare gefönt hatte, war ihr ein neuer Spruch für ihren Anrufbeantworter eingefallen – »Ich bin absichtlich ausgegangen, um Ihrem Anruf zu entgehen!« –, und dieser Hauch von Kreativität hatte ihre Laune bereits ein wenig gehoben.

»Meine Stimmung steigt«, sagte sie, »wie ein kleines, dröhnendes Flugzeug.« Sie trug ihren Shopping-Kampfanzug: ein blaues Baumwollkleid, das an den Seiten geschlitzt war, und darunter eine schwarze Hose mit blauem Gürtel. Suzanne trug nur Schwarz und Blau. Ihre bevorzugte Modemarke kam sozusagen aus dem Hause »Veilchen & Blaue Flecken«.

Lucy dagegen trug eine cremefarbene Jacke und eine schwarze dreiviertellange Hose. Sie hatte ein Tasche dabei, die exakt unter ihren angewinkelten Arm paßte, und ihre Haare waren kunstvoll zu einem Zopf geflochten. Suzannes Haare wurden einfach von einer schlichten Haarspange zurückgehalten.

»Ich verstehe nicht, wie du diese komplizierten Zöpfe flechten kannst«, sagte Suzanne. »Damit zeigst du doch nur, was für einen großen Aufwand du treibst, nur um gut auszusehen!«

»Du bist wirklich ein Arschloch«, sagt Lucy. »Du siehst so gut aus und du willst unter allen Umständen verbergen, daß du auch gut aussehen willst. Du willst einfach nur gut aussehen, ohne was dafür tun zu müssen.«

»Ich kann anscheinend meine Abneigung, Knöpfe zuzumachen und Strümpfe anzuziehen, nicht überwinden. Es kommt mir alles so kompliziert vor. Wenn ich meinen Kleiderschrank durchforste, fühle ich mich immer wie ein Riese, der sich durch einen Berg Klein-Mädchen-Kleider wühlt und sich völlig perplex die Frage stellt: ›Wie soll ich da bloß reinkommen?‹, und ich weiß dann nicht mehr, in wessen Haus ich mich befinde.«

»Wie lange hast du gleich wieder eine Therapie gemacht?« fragte Lucy.

»Für Shopping und Mode hab ich noch nie eine Therapie gemacht«, sagte Suzanne. »Norma sagt mir nicht, wie ich mich anziehen soll.«

»Das sollte sie aber«, sagte Lucy, »schließlich gehört das wesentlich zum Leben.«

Suzanne schwieg einen Augenblick lang. »Scheinbar lege ich mehr Wert darauf, wegen meines Intellekts geschätzt zu werden«, sagte sie, »wieso sollte ich also davon erst mal groß ablenken? Wieso sollte man zuerst meine Beine toll finden? Das wär ich doch dann nicht mehr! Ich kann mich des Eindrucks nicht erwehren, daß mein Aussehen eher das Ergebnis einer Regierungsverordnung ist, als daß ich es selber bestimmen kann. Aber bei dem, was ich sage, hab allein ich die Urheberrechte! Das bin ich!«

»Das hört sich alles furchtbar gescheit an«, sagte Lucy, während sie vom »Santa Monica Boulevard« in den »Rodeo Drive« einbog, »aber in Wirklichkeit bist du doch nur zu faul, um dich um dein Aussehen zu kümmern.« Sie fuhr auf einen Parkplatz. »Aber lassen wir die Vergangenheit jetzt ruhen! Jetzt, da wir zukunftsorientiert sind, konzentrieren wir uns auf das Shopping! Die ganze Glitzerwelt liegt uns zu Füßen.«

Als erstes schauten sie in die »Bottega Veneta«. Suzanne liebte den Geruch von Leder und spielte für einen kurzen Moment mit dem Gedanken, sich Handtaschen in allen Farben zu kaufen. Sie konnte sich jetzt schon sehen, wie sie eines Tages auf einem Flohmarkt all ihre unnützen Sachen verscherbelte – und das betraf fast ihren ganzen Besitzstand an Kleidern und Gegenständen.

Suzanne beobachtete Lucy, die gerade Schals probierte, und befand, daß sie sehr gut aussah. Lucy wußte, wie sie sich anziehen mußte, um schlank zu wirken. Wenn sie schon einen Pickel hatte, wurde die Aufmerksamkeit der anderen mit Sicherheit nicht magnetisch davon angezogen. Sie machte stets eine ziemlich gute Figur, der nicht einmal solche Unannehmlichkeiten etwas anhaben konnten, wie die, daß ihr Gesicht Unreinheiten aufwies. Selbst ihre Fingernägel waren sehr gepflegt, während die von Suzanne immer so aussahen, als würde sie sie für Tipparbeiten extra kurz schneiden und das Wort »Maniküre« sowieso nur vom Hörensagen kennen.

Suzanne schlenderte herum, sah sich verschiedene Handtaschen an und hoffte, daß niemand auf sie zusteuern und sie fragen würde, ob man ihr behilflich sein könnte. Wenn sie ihr schon behilflich sein wollten, dachte sie, dann hätten sie sich das aber einige Jahre früher überlegen sollen. Obwohl sie eigentlich ohnehin eine bemerkenswerte Erscheinung war, hatte sie in Boutiquen oft das Gefühl, sie müßte die Verkäufer durch ihre Einkäufe beeindrucken.

Lucy war dagegen sehr sparsam. Suzanne beobachtete, wie Lucy gerade mit einer Verkäuferin um den Preis für einen Schal feilschte, während sie selbst sich darüber klarzuwerden versuchte, in welcher Farbe sie eine Handtasche brauchen könnte. Sie entdeckte eine schwarze Tasche, die topmodisch aussah, und gerade, als sie sie in die Hand genommen hatte, tauchte neben ihr eine Verkäuferin auf, die nach zuviel Parfum duftete. »Ist sie nicht todschick?« säuselte die Verkäuferin.

Suzanne fuhr erschrocken zusammen. »O ja! Ja sicher!«

»Warum schauen Sie sich nicht mal damit im Spiegel an? Sie paßt zu allem.«

»Ich habe aber schon eine schwarze Tasche«, wandte Suzanne schüchtern ein.

»Von derartig modischen Handtaschen mit solch einzigartigem Design kann man doch nie genug haben«, sagte die Verkäuferin. »Eine derart ausgesucht geschmackvolle Handtasche wie diese hier findet man doch nicht alle Tage! Schauen Sie sie doch bloß an! Für jemanden in Ihrer Größe ist die doch ideal!«

»Na ja, schön ist sie schon«, gab Suzanne zu. »Wieviel kostet sie denn?«

»Sie ist sehr, sehr preiswert«, erwiderte die Verkäuferin, nahm Suzanne die Tasche ab, öffnete sie und sah auf das Preisschild. Irgendwie hatte sie dabei das verschmitzte Lächeln eines gewieften Vertreters, der eben einen lukrativen Vertragsabschluß getätigt hatte.

Suzanne ergriff Panik, als ihr klar wurde, daß sie zu einem unnötigen Kauf genötigt werden sollte, dann überwand sie aber schnell wieder ihre Unentschlossenheit. Es war einfacher, einen Spontankauf zu tätigen, als erst noch lange hin und her zu überlegen, und schließlich handelte Suzanne sonst auch immer sehr kurz entschlossen. »Ich nehme sie«, sagte sie.

Just in dem Moment kam Lucy zu Suzanne herüber. Sie hatte einen Schal um die Schultern geschlungen. »Wie findest du ihn?« fragte sie, ehe sie die schwarze Handtasche bemerkte. »Oh, nimmst du die?« fragte sie. »Hast du nicht bereits eine schwarze Tasche in der Art?«

»Na ja, schon«, antwortete Suzanne kleinlaut, »aber –«

»Was machst du denn schon wieder?« unterbrach sie Lucy. »Was machst du bloß? Wieviel kostet diese Tasche?«

»Ich weiß es nicht«, schluckte Suzanne. »Ziemlich viel.«

»Wieviel?« fragte Lucy unerbittlich. Sie wandte sich an die Verkäuferin. »Entschuldigen Sie, ich bin ihre Agentin, ihre Shopping-Agentin, und ich berate die Dame bei ihren Einkäufen. Sie ist noch nicht wieder ganz da, wissen Sie, sie hatte eine schwere Krankheit, an der sie fast gestorben wär.« Sie nahm der Verkäuferin die Tasche aus der Hand und öffnete sie.

»Vierhundertundfünfzig Dollar!« rief Lucy aus. »*Vierhundertundfünfzig* Dollar, und du hast schon eine Handtasche, die fast genauso aussieht. Meinst du nicht, Schätzchen, wir sollten das Geld lieber sparen? Hat uns unser Manager nicht geraten, nicht soviel Geld auszugeben?«

»Ja«, sagte Suzanne.

»Schätzchen, warum überlegst du dir das mit dieser Tasche nicht noch mal in aller Ruhe?« schlug Lucy vor. »Denk noch mal darüber nach, und wenn sie dir einfach nicht aus dem Kopf gehen will, wenn du immer daran denken mußt wie an einen blitzenden Diamanten, dann können wir immer noch zurückkommen und sie kaufen. In Ordnung?«

»Schon gut«, sagte Suzanne, »aber deswegen brauchst du mich noch lange nicht zu behandeln wie ein kleines Kind.«

»Aber das mach ich doch gar nicht«, besänftigte Lucy sie. »Ich behandle dich nur, wie man einen Kunden behandelt. Du bist schließlich eine Kundin, und so wirst du auch von mir behandelt. Jetzt komm schon, laß uns gehn!«

Lucy nahm den Schal ab und legte ihn neben die schwarze Handtasche auf den Ladentisch. »Vielen Dank«, sagte sie zur Verkäuferin. »Entschuldigen Sie das kleine Shopping-Problem!«

»Das kommt alles nur von deiner längeren Shopping-Abstinenz, aber das ist jetzt vorbei«, sagte Lucy, als sie draußen waren. »Und jetzt machen wir eine Mittagspause, sobald wir an einem Lokal vorbeikommen.«

Sie gingen ins »Magic Pan«, das Suzanne mochte, weil sie dort eine Menge künstlicher Aromastoffe ins Essen mischten. Im »Magic Pan« gab es Crêpes, die mit allem möglichen Zeug gefüllt waren, das Suzanne aber immer noch als Essen identifizieren konnte. Sie bestellte eine Crêpe mit Äpfeln und Zimt und mit einer Eiskugel obendrauf. Dazu ließ sie sich noch eine »Cola-Light« kommen. Lucy bestellte einen Spinatauflauf und einen Eistee, dann zündete sie sich eine Zigarette an.

Suzanne war deprimiert, da sie nichts gekauft hatte. Schmachtend starrte sie auf Lucys Zigarette. »Ich wünschte, ich würde noch rauchen«, seufzte sie. »Ich hätte wirklich nicht alles aufgeben sollen. Die letzte Freude, die mir noch verblieben ist, ist, falsch zu parken.«

»Ich finde die Verzichtshaltung, die du seit einiger Zeit an den Tag legst, sehr gut«, sagte Lucy. »Du bist ja schließlich *alles* so exzessiv angegangen, sogar deinen exzessiven Lebensstil.«

»Aber die Chemie im Essen laß ich mir niemals versalzen«, beharrte Suzanne störrisch. »Ich laß mir gleich noch etwas »MSG«* kommen.«

Lucy blies den Zigarettenrauch aus. »Hast du insgeheim nicht auch das Gefühl«, fragte sie, »daß es uns schlagartig besser gehen würde, sobald wir wieder Arbeit hätten?«

»Ich weiß nicht«, zweifelte Suzanne, »ich glaub nämlich nicht, daß es überhaupt möglich ist, einmal völlig auszuspannen. Ich meine, natürlich gibt es ein paar Leute, die es könnten, aber ich wette, daß sie es nicht tun. Denn, bis es einmal soweit

* Ein Natriumglutamat, das als Aromastoff zur Geschmacksverstärkung von Fleisch dient. (Anm. der Übersetzer)

ist, daß sie tatsächlich einmal Ruhe finden könnten, haben sie sich schon so sehr daran gewöhnt, nicht zur Ruhe zu kommen, daß sie es dann nicht mehr können. Wie soll denn das funktionieren, *plötzlich zur Ruhe kommen*? Die Art von Ehrgeiz, die man braucht, um so weit zu kommen, ist eben nun mal alles andere als erholsam. Es macht einen fertig. Ich glaube, daß dein ganzes Leben irgendwie nichts anderes als ein Beliebtheitswettbewerb ist. Ständig versuchst du Leute rumzukriegen, dich zu mögen, obwohl sie dir im Grunde genommen scheißegal sind. Das erstickt doch jede Möglichkeit, zur Ruhe zu kommen, bereits im Keim.«

»Ich weiß schon, was du meinst«, sagte Lucy. »Ich bin mal wegen einer Rolle nach New York gefahren. Als ich dort die Tür aufmachte, war mir plötzlich klar: ›Jetzt weiß ich, wer all diese sündhaft teuren Fummel aus den Boutiquen trägt, die ich immer für Ladenhüter gehalten hab. Nun, hier sind sie! Die Frau, die die Rollen vergibt, trägt sie!‹ Sie *war* es, die ich beeindrucken mußte.«

»Ich muß dir eine tolle Geschichte erzählen«, sagte Suzanne. »Ein Schauspielerfreund von mir wollte eine Rolle haben, und der Regisseur sagte: ›Sie bekommen die Rolle. Sie sind genau der Richtige dafür. Ich muß nur noch nach New York fahren, um mir noch einige andere Schauspieler anzusehen.‹ Daraufhin sagte mein Freund: ›Ich versteh nicht, warum Sie erst noch nach New York fahren müssen, wenn ich doch schon die Rolle bekommen habe?‹ Worauf der Typ sagte: ›Kein Grund zur Beunruhigung, ich muß sowieso nach New York!‹ Natürlich hat er dann aus New York angerufen und meinem Freund gesagt, daß nun leider jemand anders die Rolle bekommen habe. Mein Freund sagte dann nur: ›O.K., ich will die Rolle nicht!‹ Worauf der Regisseur sagte: ›Sie verstehen nicht. Sie verwechseln die Rollen. Es steht Ihnen nicht zu zu sagen, daß Sie die Rolle nicht wollen!‹ Und mein Freund sagte: ›Nein, *Sie* verstehen nicht. Wenn Sie mich nicht für die Rolle möchten, dann *will ich die Rolle nicht.*‹«

»Und genauso fühl ich mich auch bei dem Ganzen«, fuhr Suzanne fort. »Wenn man mich für keine Rolle will, dann will *ich* keine Rolle! Wenn man mich nicht als Frau will, dann will ich die Frau nicht *sein*. Das, was ich will, ist abhängig von anderen Leuten, und nur wenn diese sich anders besinnen, kann ich auch bekommen, was ich will. Und so soll es auch bleiben. Ich will gar nicht erst glauben müssen, daß ich, wenn ich nur etwas stärker gewollt hätte oder etwas anderes gesagt hätte oder ein anderes Kleid angehabt hätte oder geheimnisvoller gewesen wäre oder offener, daß ich also etwas oder jemanden bekommen hätte, was mir sonst nicht gelungen wäre.« Sie hörte zu reden auf, als die Kellnerin mit den Getränken kam. Dann sagte Suzanne: »Hilf mir doch mal auf die Sprünge, warum wollten wir eigentlich Schauspielerinnen werden?«

»Ich wollte überhaupt keine Schauspielerin werden«, sagte Lucy. »Ich war Sängerin, weißt du nicht mehr? Dann bekam ich eine Rolle angeboten, und es war wohl alles sehr aufregend, und dann, ich weiß auch nicht so genau, aber es schienen sich unendlich viele Möglichkeiten aufzutun.«

»Es gibt keine unendlich vielen Möglichkeiten«, sagte Suzanne.

»Doch, doch, die gibt's«, beharrte Lucy. »Es gibt so viele verschiedene Möglichkeiten, berühmt zu werden. Du könntest zum Beispiel auf den Papst schießen, und er könnte dir vergeben.«

»Schon, aber was dir sicher nicht recht wär«, wandte Suzanne ein, »wär, als die Person bekannt zu sein, die auf den Papst geschossen hat, und auf die der Papst immer noch stocksauer ist, stimmt's?«

Lucy lachte und nippte an ihrem Tee. »Übrigens«, sagte sie, »ich habe ihn heute morgen angerufen.«

»Wen? Den Colonel?« fragte Suzanne. »Du Arschloch!«

»Ich gebe zu, ich bin ein Arschloch«, sagte Lucy, »aber ich hab ihm eine ganz witzige Nachricht hinterlassen!: ›Hallo, ich bin's, deine Philadelphia-Mesalliance!‹ Ist doch witzig, oder? Ich mein, wenn ich schon ein Arschloch sein muß, dann will ich wenigstens ein witziges Arschloch sein.« Sie machte einen letzten Zug und drückte dann die Zigarette aus. »Was soll ich bloß tun? Bis ich jemand anders gefunden habe, werde ich an ihn denken. Ich muß einen Mann im Kopf haben. Das fördert gut meine Haltung.«

»Und verdirbt schlecht deine Grammatik«, sagte Suzanne.

Lucy zündete sich eine neue Zigarette an. »Ach, du wirst es nicht glauben, wem ich in New York begegnet bin«, sagte sie. »Stell dir vor: Jane Peters!«

»War Roland Parks auch bei ihr?«

»Nein, aber das Baby«, antwortete Lucy.

Suzanne seufzte. »Sie ist ja so schön, und sie hat einen der reichsten Männer der Geschäftswelt geheiratet, und sie haben dieses niedliche Baby ... Sie hat wirklich das große Los gezogen und möchte, daß alle das wissen. Sie stolziert herum wie ein Pfau im Schloßpark.«

»Erzähl mir nichts«, sagte Lucy, »ich hab sie doch bei ›Bendel's‹ getroffen, und sie hat die ganze Zeit davon geschwärmt, was sie für eine tolle Ehe führen würden und wie stabil ihre Beziehung wäre, so stabil, daß sie es nicht einmal nötig hätten, dafür groß etwas zu tun. So ging es wirklich die ganze Zeit. Schließlich hat sie sogar zu mir gesagt: ›Ich hätte nie gedacht, daß ich mal so glücklich sein würde! Wenn du mir das früher prophezeit hättest, daß ich mal so glücklich werden würde, dann hätte ich nur darüber gelacht! Ich hätte darüber gelacht!‹ Sie hat das tatsächlich zweimal gesagt.«

»Ich weiß nicht«, sagte Suzanne, »vielleicht gibt es eine Art von Freude, die ich selbst nie erlebt habe und bei der man wirklich herumstolziert und aller Welt immer wieder den aktuellsten Stand seiner nicht enden wollenden Freude mitteilen möchte. Wie gesagt, ich weiß es nicht, aber es kann ja auch sein, daß sie einfach nur darüber erleichtert ist, daß alles gar nicht so schlimm gekommen ist, wie sie befürchtet hatte.«

»Andererseits«, sagte Lucy, »kann man wohl schlecht erwarten, daß sie mit gequältem Gesicht herumläuft und jammert: ›Oh, was für ein Alptraum! Könnte ich doch bloß arm sein und in einer kleinen schäbigen Wohnung leben, und müßte ich doch bloß nie wieder als Schauspielerin arbeiten!‹«

»Ich finde, von Jane sollte es einen Prospekt geben, in dem die Höhepunkte ihrer Karriere und ihrer Beziehung zu sehen sind.

Du weißt schon, Fotos mit den beiden, wie sie engumschlungen auf der Couch sitzen und einen Film ansehen, Fotos mit ihnen in ausgelassener Runde mit ihren Agenten beim Lunch im ›Le Dôme‹, oder wie sie gerade in ihrem Privatflugzeug auf ihre private Hawaii-Insel fliegen. Und immer wenn sie dann einer von uns begegnet, und wir sind vielleicht nicht ganz so glücklich, dann könnte sie uns doch einfach nur ein Exemplar davon aushändigen.«

»Das solltest du ihr mal sagen«, sagte Lucy prustend vor Lachen.

»Irgendwie habe ich das ja schon getan«, sagte Suzanne. »Eines Tages, sie war gerade wieder mitten im Erzählen, da habe ich ihr gesagt, daß sie meine Adresse haben könnte, um mir den Prospekt zuzuschicken. Ich mein, das ist einfach keine Unterhaltung, verstehst du? ›Roland und ich haben gerade ein Grundstück in Südfrankreich gekauft!‹ Was soll man denn darauf noch sagen? ›Cary Grant hat mir mal einen Heiratsantrag gemacht?‹ Weißt du, wenn dir jemand sagt, daß es ihm schlecht geht, dann sagst du doch normalerweise: ›Ja, mir ging's auch mal so schlecht‹, oder ›Mir geht's genauso.‹ Das heißt, irgendwie schafft man eine Gesprächsbasis, einen gemeinsamen Nenner. Aber wenn dir eine sagt, daß sie mit einem Milliardär verheiratet ist und daß sie überhaupt das große Los gezogen hat – nicht nur augenblicklich recht glücklich sei, sondern das Glück für immer gepachtet habe –, was soll man denn darauf bloß noch sagen? ›Das Frühstück heute morgen ging mir aber auf die Nieren!‹ Was soll man da noch antworten? Ich habe zur ihr gesagt: ›Ich weiß überhaupt nicht, wovon du sprichst.‹«

»Du mußt aber zugeben«, sagte Lucy, »daß, wenn man sich schon verkauft, man sich an den Meistbietenden verkaufen soll. Ich hingegen hab manchmal das Gefühl, daß ich mich schon mit dem Mindestangebot bescheide.« Sie schlürfte ihren Tee. »Vielleicht hat man mich als Kind mal fallen gelassen.«

»Dich läßt man doch heute noch fallen«, sagt Suzanne. »Ich versteh dich einfach nicht. Du gibst dich den Männern total hin und machst dich selbst immer ganz klein. Du lieferst dich den Männern vollständig aus. Ein Mann sollte dich um deinetwegen lieben, und nicht für das, was du tust, um ihn zu bekommen, weil du das schließlich gar nicht selbst bist.«

»Warum machen wir keinen Souvenir-Laden auf?« fragte Lucy.

»Wir sollen einen Souvenir-Laden aufmachen?« fragte Suzanne ungläubig. »Ist das heute der Tag für falsche Schlußfolgerungen?«

Ihr Essen wurde gebracht. Für Suzanne war es das erste richtige Essen seit langer Zeit, sieht man von dem Schinken-Sandwich ab, das Mary ihr gemacht hatte. »Ich hab früher immer geglaubt, wenn ich sehr langsam esse, würde ich nicht zunehmen«, sagte sie und hielt die Gabel waagrecht über ihr Crêpe. »Du weißt schon, als hätte man eine Menge gegessen, aber wenn man ganz langsam kaut... Ach, vergiß es!« Hastig begann sie, ihr Essen runterzuschlingen.

Lucy lachte. »Deine Argumentationsführung läßt noch ein wenig zu wünschen übrig«, sagte sie.

Nach nicht einmal zehn Minuten waren sie mit dem Essen fertig und fuhren zurück zu Suzannes Haus, wo sie ihre Pläne für den Abend genauer besprechen wollten. Blöderweise wollte ihnen allerdings nichts Gescheites einfallen. »Glücklicherweise haben wir nicht Wochenende«, sagte Lucy, während sie in die Auffahrt einbog, »sonst wäre das jetzt wirklich eine Katastrophe.«

Vor Suzannes Tür lag ein Päckchen von ihrem Agenten – offensichtlich ein Drehbuch! Lucy drückte ihren Arm und sagte: »Heute ist der erste Tag in deinem neuen Leben.« Sie gingen in die Küche, wo Suzanne sich eine »Cola-Light« aus dem Kühlschrank nahm, während Lucy ihren Telefondienst anrief, um zu hören, ob es irgendwelche Nachrichten für sie gab.

»Was mach ich jetzt bloß?« sagte sie ganz verzweifelt, nachdem sie eingehängt hatte. »Was soll ich jetzt bloß machen? Barry hat angerufen. Sie wollen, daß ich für jemanden in Richard Collins Show einspringe. Und zwar gleich heute abend! Soll ich das machen?«

»Ich weiß nicht. Hast du denn Lust dazu?«

»Wenn du mitkämst, schon«, sagte Lucy. »Zugegeben, der Gedanke, daß es nicht schaden könnte, mal wieder einen Fernsehauftritt zu haben, ist mir kürzlich gekommen. Ich glaube schon, daß ich ganz witzig sein könnte. Wenn du und ich zuvor hinter der Bühne ein bißchen kiebitzen würden, dann wüßte ich, wie's läuft, und könnte dann ganz locker auf die Bühne... Ich mein, dieser Typ hat ja schon einen recht guten Humor.«

»Man sagt aber, daß Richard Collins Humor auf Kosten seiner Gäste geht«, warf Suzanne ein. »Er läßt überhaupt keinen Zweifel daran, daß er es ist, der witzig ist, und du kannst sehen, wo du bleibst.«

»Schon gut«, sagte Lucy, »weißt du eigentlich, wer bei der Show noch mit dabei ist?«

»Ah, jetzt kommt's raus«, lachte Suzanne. »Na, sag schon, wer ist es?«

»Larry Walker!«

»Larry Walker, der Maler?«

»Ja«, sagte Lucy, »es ist ja eine Show, die erst am späten Abend gezeigt wird, und da dürfen immer alle verrückten Künstlertypen kommen. Larry Walker wollte ich schon immer mal treffen; ich liebe seine Bilder. Portia Lamm hat auch eines davon. Hast du es schon gesehen? Es ist das mit dem langen, ewig langen Hot dog im Mondlicht. Na los, komm schon, sei ein bißchen spontan!«

»Spontan, das wäre auch ein guter Name für ein Parfum«, sagte Suzanne. »Und was ist mit den Haaren und dem Make-up?«

»Das können die doch alles im Studio machen. Jetzt komm aber, du hast doch heute abend eh nichts vor.«

»Nun eigentlich hatte ich eine feste Verabredung mit meinem Bett, aber ich fürchte, dort erwartet mich jetzt nichts Aufregendes mehr«, sagte Suzanne. »Also gut, ich komme mit.«

»Ich hab Angst«, sagte Lucy. »Ich hab Angst, daß ich die Kontrolle über mich verliere und anfange, von Bob zu erzählen.«

»Colonel Bob?«

»Ich hab Angst, daß ich von Colonel Bob erzähle«, sagte

Lucy. »Ich plappere manchmal einfach drauflos und erzähl aus dem Nähkästchen. Was ist denn, wenn er mich irgendwie als doof hinstellt, und ich gebe meine intimsten Geheimnisse preis, nur um mich zu rechtfertigen?«

»Bist du sicher, daß du da heut abend hin willst?« fragte Suzanne.

»Warum rufst du nicht deinen Manager an und fragst ihn um Rat? Ruf doch Barry an!«

»Du denkst so praktisch«, sagte Lucy. »Das kommt bestimmt von deiner langen Bettruhe: Diesen ausgeprägt pragmatischen, praktischen Zug hattest du vorher noch nicht. Jetzt gehörst du wohl wirklich zu den Dreißigjährigen.«

»Na super«, sagte Suzanne. »Ruf jetzt Barry an!«

»Einen Moment noch«, zögerte Lucy, »ich bin mir noch nicht sicher, ob ich dich richtig verstanden habe. Du willst also wirklich, daß ich Barry anrufe?«

»Jetzt ruf ihn schon an!«

Während Lucy Barry anrief, ging Suzanne ins Schlafzimmer, um ihren Anrufbeantworter abzuhören. Drei Nachrichten waren darauf.

»Ganz witzig! Hallo Suzanne, hier ist Mark. Hör zu, wir haben da einen Fernsehfilm, der mir ganz O.K. zu sein scheint, und man hat mir eine Notiz zukommen lassen. Offensichtlich kennt dich der Typ, der das Drehbuch geschrieben hat. Na ja, jedenfalls geht's strikt zur Sache, um ein Thema, das dir wohl sehr bekannt vorkommen dürfte. Der Arbeitstitel ist ›Reha!‹, und Ende Oktober beginnen sie mit den Außenaufnahmen in der Stadt. Ich werde dir das Drehbuch zuschicken; es müßte eigentlich heute nachmittag bei dir sein.

Dieser Typ wird wohl ... Er hat versucht, deine Nummer zu bekommen, aber ich wollte sie ihm nicht geben. Er behauptet, er kennt dich ... Auf jeden Fall ist das Drehbuch in Ordnung, ein bißchen melodramatisch zwar, aber im großen und ganzen in Ordnung. Sie haben dich für die Rolle der Katie vorgesehen. Zwei Rollen sind schon besetzt: Joe wird von Bernhard Stevens dargestellt, der den Kapitän in dieser schwarzen Version von *Gilligan's Island* spielte, die letztes Jahr wie eine Bombe eingeschlagen hat, und Sam wird von Kurt Hamton gespielt. Er ist eine Neuentdeckung und hat erst einen Film mit dem Titel *Way Out There* gemacht. Es sind also hauptsächlich Fernsehschauspieler vertreten. Die Drehzeiten des Films kämen uns zupaß und überhaupt scheint es ein ganz vielversprechendes Projekt zu sein. Anscheinend plant man für den Mai eine Fortsetzungsreihe zur besten Sendezeit, falls der Pilotfilm beim Publikum einschlägt. Es würde mich interessieren, was du von der ganzen Sache hältst. Ruf mich doch heute abend noch an. Tschüs. Meine Nummer ist 85 94 236.«

»Hallo Suzanne, hier spricht Sid. Hör mal, erinnerst du dich noch an diesen Widerling Alex Daniels aus der Klinik? Der Typ, der eine Woche, nach dem ich entlassen worden war, abgehaun ist und sich eine Überdosis verpaßt hat?

Er hat mich angerufen und wollte unbedingt von mir deine Nummer haben. Hoffentlich bist du nicht sauer, aber eigentlich ist mir klar, daß du's noch bist. Na ja, er hat gesagt, daß er jetzt in Hollywood arbeitet, und da hab ich mir gedacht ... Jedenfalls wollte ich dich warnen, daß er anruft; es tut mir leid! Du kannst mich im Büro erreichen unter der Nummer 724 39 96. Es tut mir wirklich leid, wenn du jetzt böse bist, und falls nicht, ruf mich auf alle Fälle an.«

»... ich soll mich davor hüten? Wie kommst du da drauf, daß ...? Ach, ach so, du machst nur Witze. Hallo Suzanne, ich weiß gar nicht, ob du dich noch an mich erinnerst. Wir waren zusammen in der Drogenklinik. Alex Daniels? Erinnerst du dich an mich? Ist ja auch egal, der Spruch auf deinem Anrufbeantworter ist jedenfalls echt gut. Ich seh schon, du hast dir deinen Humor bewahrt. Gehst du immer noch zu den Treffen? Ich hab gemeint, ich würde dich dort treffen, aber ich geh ja auch meistens zu den Kokaintreffen ... Auf jeden Fall ... Kannst du dich eigentlich noch an mich erinnern? Ich rufe an, weil ... Ich hab deine Nummer von ... Hoffentlich hast du nichts dagegen, aber ich hab sie von Sid. Hm, was ich sagen wollte ... Kannst du dich noch an das Skript erinnern, von dem ich dir erzählt hab, daß und wie ich es vielleicht schreiben wollte? Tja, ich hab's jetzt fertig und man hat es genommen. Ich hab ein ganzes Jahr daran gearbeitet, und mit der dritten Fassung sind sie jetzt einverstanden. Ich wollte nur noch so lange warten, bis es endgültig durch war, ehe ich dir davon berichte. Ich hoffe, du hast nichts dagegen, aber ich hab deinen Namen für die Besetzung ins Spiel gebracht ... Oh, mein Gott, ich rede schon viel zu lange, entschuldige ... Ich hab also deinen Namen erwähnt, weil du mir doch gesagt hast, ich sollte ein Tagebuch führen. Danke, das war ein guter Tip. Auf jeden Fall kommt eine Figur vor, die irgendwie den Boden unter den Füßen verloren hat und dir ähnelt ... Na ja, sie hat nicht ganz den Boden verloren ... Jedenfalls ist sie auch eine Schauspielerin, ich habe sie Katie genannt ... Ich hoffe, du bist nicht sauer. Ich hoffe, du fühlst dich eher geschmeichelt, denn das war schon ein Ding in meinem Leben, es hatte wirklich einen großen Einfluß ... Auf jeden Fall hat dein Agent mir versprochen, es dir zu schicken, und deshalb ruf ich an. Der Sender hat großes Interesse, dir die Rolle zu geben, obwohl noch andere Namen im Gespräch sind, von Leuten, die angeblich ein größeres Fernsehpublikum haben. Aber du bist offensichtlich genau die Richtige für die Rolle. Ich mein, ich hab sie doch extra für dich geschrieben, und ich hoffe, sie sagt dir auch zu. Wenn du irgendwelche Fragen hast, dann kannst du mich über meine Sekretärin in meinem Büro im Filmstudio erreichen oder in meiner neuen Wohnung in Century City ... Es wär jetzt bloß peinlich, wenn du dich nicht mehr an mich erinnern würdest. Ach ja, meine Telefonnummern. Du erreichst mich unter der Nummer 870 63 24 oder unter der Nummer 965 03 72. Entschuldige bitte, daß ich soviel von deinem Tonband verwendet habe. Ich bin der Typ ... Ich hab dich beim Schaukeln angestoßen. Tschüs.«

Lucy kam ins Zimmer: »Barry hat gesagt –«

»Warte! Ich möchte dir nur diese Nachricht vorspielen«, sagte Suzanne.

»Wir gehen hin«, sagte Lucy. »Um halb sechs müssen wir dort sein. Sie schicken uns ein Auto vorbei.«

»In Ordnung, wir werden pünktlich sein. Laß mich dir schnell was vorspielen.« Sie spulte das Tonband zurück. »Kannst du dich noch an die Drogenklinik und all das erinnern, ich hab dir doch davon erzählt?«

»Ich soll mich an *die Drogenklinik erinnern?*« fragte Lucy. »Nein. Nein, bestimmt nicht. Warst du denn in einer Drogenklinik? Du meinst nicht zufällig dein *Lieblingsthema,* über das du Tag und Nacht zu sprechen pflegst, oder?«

»Jetzt halt mal einen Moment die Klappe«, sagte Suzanne. »Ich hab dir doch von diesem einen Typen erzählt... Also, da war so ein Typ, der abgehauen ist und sich in einem Hotelzimmer im ›Valley‹ verkrochen hat, wo er sich fast den ›Goldenen Schuß‹ gesetzt hätte und dann zurückgebracht wurde. Hab ich dir nicht von Alex erzählt?«

»Ich kann mich da nur an einen schwarzen Typen erinnern«, sagte Lucy, »an diesen Discjockey aus der Hölle. Und dann noch an diesen Fetten, den ich mal abends beim Italiener gesehen hab. Aber wer ist Alex?«

»Ist ja schon gut«, stöhnte Suzanne, »ich hab dir sicher schon von ihm erzählt. Du hast es einfach vergessen, weil du ein so furchtbar ereignisreiches Leben führst. Aber hör dir das mal an!« Sie ließ das Tonband mit der Nachricht von Alex laufen.

»Der hat doch wohl einen Schatten, oder?« kommentierte Lucy, als Alex fertig war. »Jetzt erinnere ich mich auch, daß du von ihm erzählt hast.«

»Ich muß noch dazu sagen, daß er sich jetzt schon viel besser anhört«, sagte Suzanne. »Du kannst dir einfach *nicht vorstellen,* wie er damals war.« Sie hielt das Päckchen mit dem Drehbuch hoch. »Wir lesen es im Auto.«

»Wer kommt denn außer dir heut noch in dieser Show?« fragte Suzanne in der Limousine, als sie in nördlicher Richtung auf dem »Hollywood Freeway« nach Burbank fuhren.

»Tja, da ist einmal Larry Walker, dann irgendein Schriftsteller und noch irgend jemand, den ich nicht kenne«, sagte Lucy. »Es wär wohl besser, wenn ich nicht so nervös wär, stimmt's? Schließlich ist das ja nicht die ›Carson-Show‹.«

Suzanne zog das *Reha!*-Drehbuch aus ihrer Tasche heraus und schlug eine x-beliebige Seite auf. »Sam sagt: ›Hast du den neuen Typen schon gesehen?‹« las sie vor, »und Joe sagt: ›Ich glaub, der ist noch von irgendwas ‚high'‹. Sam sagt: ›Er behauptet, er kennt Manson‹, und Joe sagt: ›Pst! Es ist sicherer, draußen mit Drogen zu handeln, als –‹«

»Sieht man es mir an, daß ich nervös bin?« fragte Lucy. »Ach, hätte ich mich bloß nicht darauf eingelassen!«

»Hier ist eine Szene mit Katie«, verkündete Suzanne, nachdem sie im Drehbuch herumgeblättert hatte. »Sie sitzt auf einem großen geblümten Sofa und brüllt jemanden an ... Sie brüllt ihren *Vater* an. ›Verdammt noch mal, ich muß dir einfach sagen, wie ich mich fühle! Gefühle sind bloß ein Zeichen von Schwäche, und Schwäche ist ja nicht erlaubt, oder?‹ Das kenn ich doch! Klar, das ist aus diesem Anti-Drogenfilm, den man uns immer gezeigt hatte. Wie hieß er doch gleich? Ach ja: *Süchtig nach einer Koks-Line,* genauso hieß er! ›Du behandelst mich doch bloß so herablassend, weil ich Gefühle habe. Du selbst stehst natürlich über deinen Gefühlen.‹ Er muß ein Tonbandgerät mit hineingenommen haben. Ist so was eigentlich erlaubt?«

»Laß uns ein andermal darüber sprechen, O. K.?« schlug Lucy vor. »Laß uns jetzt über Larry Walker und über mein Aussehen sprechen, ja? Wie seh ich aus? Meinst du, der Lippenstift ist zu dunkel fürs Fernsehen?«

»Zeig mal«, sagte Suzanne. »Nein, er ist nicht zu dunkel, aber wisch ihn trotzdem ab. Er glänzt zu sehr. Bei der Beleuchtung im Studio sieht man dann dein Gesicht nicht mehr.«

»Ich seh ständig Leute mit Lip gloss im Fernsehen, und eigentlich hat mir das eh noch nie gefallen«, sagte Lucy. »Aber andererseits verwenden es alle. Warum sollte ich mich dann da ausschließen? Vielleicht bringt es mir sogar Glück!«

»Das berühmte glückbringende Lip gloss«, sagte Suzanne, »ist ja toll!«

»Ich bin wirklich froh, daß du mitkommst«, sagt Lucy, »das ist ein wahrer Freundschaftsbeweis. Vielleicht gefällt dir auch Larry Walker, wer weiß?«

»Er ist Künstler, und Künstler ... Das hört sich jetzt wie eine platte Verallgemeinerung an, aber Künstler sind bereit, für ihr Werk zu sterben«, sagte Suzanne, »und das macht mich immer irgendwie nervös.«

»Vielleicht findest du ihn ja auch süß?« meinte Lucy. »Sei wachsam, falls ich ihn nicht leiden kann. Falls ich aber Larry Walker leiden kann, brauchst du nicht aufzupassen. Du brauchst dann keinen Gedanken mehr an ihn zu verschwenden. Aber es sind ja noch andere Leute in der Show. Vielleicht ist einer darunter, der auch süß aussieht.«

»Es ist nicht gerade ein Traum, jemanden bei einer Talk-Show kennenzulernen«, sagte Suzanne.

»Wo denn sonst, wenn nicht bei einer Talk-Show«, sagte Lucy. »Ich glaube, daß Talk-Shows so etwas wie exklusive Single-Bars sind. Was glaubst du denn, wo ich Andrew Keyes kennengelernt habe? Natürlich anläßlich einer Talk-Show, damals in Chicago, als ich für *Hot Countries* auf Promotion-Tour gewesen bin.«

»Tatsächlich? Das hab ich ja gar nicht gewußt. Ich dachte immer, du hättest ihn auf einer Party kennengelernt. Und ich bin wie eine Verrückte auf alle möglichen Partys gerannt, um endlich *meinen* Andrew Keyes zu finden.«

»Du bist echt witzig«, sagte Lucy, »du wärst sicher gut bei Talk-Shows.«

»Davor hab ich ja gerade Angst. Ich habe Angst davor, gut zu sein, und als die Joanne Worley meiner Generation zu enden.«

»Ich glaube, du solltest diese komischen Gedanken alle vergessen. Sie halten dich doch nur davon ab, irgend etwas zu tun«, sagte Lucy. »Deshalb bleibst du doch auch die ganze Zeit im Bett. Und weil du leider diesen einen Film gemacht hast, für den sie dir einfach ein bißchen zuviel gezahlt haben, kannst du es dir leisten, im Bett zu bleiben.«

»Ich verstehe überhaupt nicht, warum wir jetzt streiten.«

»Das tun wir doch gar nicht. Ich hab doch nur gemeint, daß du hin und wieder mal an einer Talk-Show teilnehmen solltest, weil du einfach wirklich witzig bist!«

»Muß denn jeder wissen, daß ich witzig bin?« fragte Suzanne. »Bin ich andernfalls plötzlich nicht mehr witzig?«

»Nein, du solltest bloß ein großes Geheimnis daraus machen«, sagte Lucy, »ein Geheimnis zwischen dir und deiner

Bettwäsche. Und vielleicht weihst du noch deine Fernsehfernbedienung ein.«

»Die denkt sowieso, daß ich unglaublich amüsant bin. Das hat sie mir erst kürzlich gesagt. Ich wollte es dir bloß nicht erzählen«, sagte Suzanne.

»Schon gut«, seufzte Lucy und zündete sich noch eine Zigarette an. »Was soll ich denn bloß sagen? So hilf mir doch!«

»Rede vor allem bloß nicht geschwollen daher. Du weißt ja, wenn du nervös bist, dann wirst du immer etwas prätentiös, nur um deine Unsicherheit zu verbergen.«

»Glaubst du das wirklich?« fragte Lucy. »Das ist ja verrückt! Du machst doch bloß Witze! Glaubst du das schon immer? Mir ist plötzlich so schlecht!«

»Das war doch nicht böse gemeint«, sagte Suzanne, »ich find's ja nicht schlecht, wenn sich jemand ein bißchen prätentiös gibt. Jeder hat so seine Eigenarten. Du zitierst halt William Somerset Maugham, wenn du nervös bist. Andere Leute schwitzen dafür.«

»Soll ich über *No Survivors* was sagen? Er läuft zwar erst im November an, aber ich kann doch erzählen, wie die Zusammenarbeit mit Rolf Eduard war, und daß der Film kein Remake von *Freedom Train* ist, wie alle Welt glaubt. Fällt dir sonst noch was ein?«

»Warum legst du nicht deine Theorie von den exklusiven Single-Bars dar?« schlug Suzanne vor. »Sag ganz einfach, daß du eigentlich nur deshalb gekommen bist.«

»Aber kann ich das sagen, ohne daß es gleich zu aufreißerisch klingt?«

»Ich glaub schon«, erwiderte Suzanne. »Du darfst nur nicht mit diesem Larry während der Sendung flirten, O. K.?«

»Hältst du mich für doof oder was?« Lucy war empört. »Ich werde doch nicht während der Sendung mit ihm flirten. Ich flirte überhaupt mit niemandem, ich lasse die anderen flirten – mit mir!«

»Warum krieg ich bloß das Gefühl nicht los, daß ich diejenige von uns beiden bin, die praktischer veranlagt ist?« überlegte Suzanne laut. »Mein eigenes Leben verwirrt mich immer total, aber sobald ich mich um deins kümmern soll, weiß ich sofort, was ich tun muß: alles wieder in Ordnung bringen, was du durcheinandergebracht hast, sobald du wieder weg bist.«

»Ich weiß nicht, aber ich glaube, du brauchst das irgendwie«, sagt Lucy. »Ich geb dir doch das Gefühl, daß du ungeheuer stabil bist, gerade dann, wenn du sehr unbeständig bist und dieses Gefühl am nötigsten brauchst.«

»Das zeigt doch ganz deutlich, was wir für ein Verhältnis zueinander haben«, schwärmte Suzanne. »Wer hätte gedacht, daß wir das alles auf unserem Weg zu einer Talk-Show nach Burbank herausfinden? Sind dort eigentlich auch Zuschauer?«

»Zum Glück nicht, deshalb mach ich überhaupt mit. Sonst wäre mir doch jetzt wirklich hundeelend. Aber ohne Publikum geht es schon. Für *Hot Countries* mußte ich bei Frühstücksshows mitmachen. Aber auch da war kein Publikum dabei, und deshalb war ich wirklich ganz gut.«

»Ich hab einige davon gesehen, kannst du dich noch erinnern?« sagte Suzanne. »Du warst sehr gut, sehr locker, es war, als würde man ›Hal, dem Computer‹ zusehen.«

»Da gab's doch die Show, wo ich darüber sprach, wie man aus dem Showbusineß herauskommen kann?«

»O ja, das war wirklich sehr witzig«, sagte Suzanne. »Warum sprichst du denn nicht darüber?«

»Das kann ich doch nicht noch mal machen, das war vor zwei Jahren.«

»Ach, wer hat das denn schon gesehen?« sagte Suzanne. »Die Show lief doch am frühen Morgen.«

»Das kann ich nicht noch mal machen«, wiederholte Lucy. »Vielleicht sollte ich, sobald sich das Lampenfieber gelegt hat, mich wegen meines Gewichts selbst auf die Schippe nehmen.«

»Ich hab's«, sagte Suzanne, »erzähl ihnen doch einfach, daß du die Kleider für Whitney Houston einträgst.«

»Was meinst du damit?«

»Nun«, erklärte Suzanne, »du behauptest ganz einfach, daß Whitney Houston ihre Kleider nicht selbst einträgt. Sie hat also jemanden, der das für sie macht, und dieser Jemand –«

»Das ist ja super!« sagte Lucy. »Meinst du, ich kann das wirklich sagen?«

»Ja, mach das! Sag das!« sagte Suzanne. »Ich kann dir auch zeigen, wie man sich schuldbewußt verhält.«

»Um Gottes willen!« rief Lucy aus. »Da ist ja schon das Studio! Ach, könntest du doch bloß mit mir kommen! Du könntest mit mir vor die Kameras treten, als wäre ich deine Marionette oder so was Ähnliches, und niemand würde je davon erfahren.«

»Könnten Sie uns bei Garderobe B, da vorne links, rauslassen?« fragte Suzanne den Fahrer.

»O. K., das Weitere überlaß ich dir jetzt, ja?« schlug Lucy vor. »Mein Herz klopft wie nach einem Hundertmetersprint.«

Suzanne holte sich eine »Cola-Light« aus dem Automaten, während Lucy geschminkt und frisiert wurde. Es stellte sich heraus, daß Larry Walker bei der Show fehlen würde – *er* war der Gast, der ausgefallen und für den Lucy *eingesprungen* war –, aber nachdem Lucy fertig geschminkt war, war sie so mit sich selbst beschäftigt, daß sie Suzanne diese Neuigkeit ohne das geringste Anzeichen von Ironie mitteilte. Als sie in der Halle waren, setzte gerade die Kennmelodie der Richard Collins Show ein.

»Wie seh ich aus?« fragte Lucy.

»Du siehst gut aus«, lobte Suzanne. »Du siehst toll aus!«

»Du würdest mich nie anlügen, stimmt's?« sagte Lucy. »Du wirst mir zuschauen und mir hinterher erzählen, wie ich war, und mich dabei nicht anlügen?«

»Ich werde dich nicht anlügen«, sagte Suzanne. »Schau mal, da drüben ist ein toller Typ, der mit dem grauen Hemd! Warum gehst du nicht rüber und unterhältst dich mit ihm?«

»Ich kann nicht«, sagte Lucy. »Ich bin wegen der Show zu nervös, und da hat mir so ein Typ gerade noch gefehlt... Ich kann jetzt nicht!«

»Ach ja«, sagte Suzanne und lächelte, »deine Prioritäten sind dir jetzt wohl etwas durcheinandergeraten, hab ich recht?«

»Mach dich doch nicht über mich lustig«, sagte Lucy. »Du kannst dich noch die ganze Nacht über mich lustig machen, aber mach es nicht jetzt. Es untergräbt mein Selbstbewußtsein.«

»In Ordnung«, sagte Suzanne. »Wer ist als erster dran?«

»Ich bin die erste, dann der Schriftsteller und dann glaube ich Emily Frye, diese Schauspielerin, die die Rolle in dem Film bekommen hat, für den wir uns auch beworben hatten.«

»Dringlichkeitsstufe eins?« fragte Suzanne.

»Ja genau, die Frau, die Dringlichkeitsstufe eins bekommen hat.«

»Du machst ja schon Witze«, sagte Suzanne. »O. K., jetzt gib einfach dein Bestes!«

»Gute Idee«, sagte Lucy. »Das Lampenfieber scheint vorbei zu sein. Das ist doch gut, Herzchen!«

Ein großer Mann kam auf sie zu und sagte: »Lucy, Sie sind dran.«

»Ich werde im grünen Zimmer auf dich warten«, sagte Suzanne.

»Ja, warte bitte auf mich!« sagte Lucy.

Suzanne bog ums Eck und betrat das grüne Zimmer. Dort befanden sich bereits mehrere Leute, darunter ein attraktiver Mann, der so aussah, als käme er aus New York. Er trug ein grünes Cordjackett mit Lederflicken an den Ellbogen, ein kariertes Hemd mit Krawatte, Jeans und »Hush-Puppies«. Er hatte braunes Haar und trug eine Brille. Auf Suzanne machte er einen sehr gelehrten Eindruck. Er strahlte Sicherheit aus, nein, Sicherheit konnte man eigentlich nicht sagen, eher Ruhe. Suzanne lächelte und nickte ihm zu, während sie an ihm vorbei zu einer winzigen Couch ging, von wo aus sie den Monitor hinten in der Ecke gut im Auge behalten konnte.

Es war ein ziemlich unfreundlicher Raum. In einer Ecke war eine große Lampe, drei Sofas standen herum, und auf dem Boden lag ein grobgewebter Teppich. Eine Frau mit einem perlenbestickten Kleid saß auf einem der Sofas und trank Kaffee. Sie trug Lackschuhe mit hübschen Schleifchen. Ein junges Mädchen, wahrscheinlich ihre Tochter, hielt ihre Tasche; es trug einen rosafarbenen Pullover und hatte blondes Haar, das ihr bis zur Taille reichte. Suzanne warf einen kurzen Blick auf den Mann in dem grünen Cord. »Wahrscheinlich ist das der Schriftsteller«, dachte Suzanne. »Er sieht aus, als hätte er seine Schreib-Uniform an.«

Suzanne sah wieder auf den Monitor. Richard Collins hielt sich noch immer bei seinen einleitenden Worten auf. Der mutmaßliche Schriftsteller erhob sich und holte sich eine Tasse Kaffee, er kam zu ihr herüber und setzte sich neben sie. »Sind Sie nicht das Mädchen aus *Seventh Tea House*?« fragte er. »Suzanne Vale?«

Suzanne war etwas überrascht. Verlegen antwortete sie mit »Ja«, als wäre die Frage ein Vorwurf gewesen.

»Sie waren sehr gut«, sagte er.

»Wirklich?« sagte sie. »Das ist nett, vielen Dank! Es hat Ihnen gefallen? Mögen Sie solche Filme?«

»Hm, eigentlich nicht, nein, aber *Seventh Tea House* hat mir schon gefallen«, sagte er. »Es war sehr gut gemacht, und natürlich weiß ich es einzuschätzen, wie schwierig die Dreharbeiten für Sie alle gewesen sein müssen. Sind Sie heute abend in der Show auch dabei?«

»Nein«, sagte Suzanne und war dankbar dafür, daß er den Gesprächsverlauf bestimmte, »nur meine Freundin Lucy, sie ist in einer Minute dran.«

»Ich habe mal ein Interview mit Ihnen gelesen, Sie waren sehr witzig«, fuhr er fort. »Ich kann mich nur nicht mehr an den Titel der Zeitschrift erinnern.«

»Wahrscheinlich meinen Sie das im *Omni*«, sagte Suzanne. »Und wer sind Sie?«

»Oh, entschuldigen Sie, mein Name ist Jesse Templeman.«

»Sind Sie nicht Schriftsteller?«

»Ach«, er schien überrascht zu sein, »Sie kennen meine Werke?«

»Ehrlich gesagt, nein«, erwiderte Suzanne, »mir war nur bekannt, daß ein Schriftsteller in der Show auftreten sollte. Was haben Sie geschrieben?«

»Nun, zuletzt habe ich einen Roman geschrieben«, sagte Jesse. »Er heißt *The Appetite People.*«

»Ist ja toll! Und jetzt machen Sie Werbung dafür, dann müssen Sie ja ziemlich stolz darauf sein«, sagte Suzanne.

»Stimmt, das bin ich wirklich«, antwortete er.

»Wissen Sie, ich habe ziemlich lange daran gesessen, und es war nicht leicht, dafür einen Verleger zu finden.«

»Leben Sie in New York?«

»Ich habe vorher in New York gelebt, aber als man die Filmrechte für mein Buch erworben hatte, bin ich hierhergezogen, um das Drehbuch zu schreiben. Ich wollte nicht, daß das ein anderer macht. Ob ich länger hierbleiben werde, weiß ich noch nicht. Oh!« rief er aus und deutete auf den Monitor, »ist das nicht schon Ihre Freundin?«

»Ach du meine Güte!« sagte Suzanne, als sie bemerkte, daß Lucy schon eine Zeitlang auf Sendung war. Sie hatte ihr ja versprochen, ihren Auftritt zu verfolgen und ihr nachher zu berichten, wie sie war. »Kann jemand den Ton anmachen? Kann denn niemand den Ton anmachen?«

Jesse beugte sich nach vorn und drehte den Regler auf. Richard Collins brach gerade in ein Gelächter aus. Lucy sagte: »Nun, für die ›Görenbande‹* bin ich offensichtlich zu alt und um meine Memoiren zu schreiben, zu jung. Also, *was bin ich* nun eigentlich?« Richard Collins lachte noch lauter.

»Sie ist sehr witzig«, sagte Jesse.

»Ja, das ist sie wirklich«, antwortete Suzanne. »Vorher war sie noch total nervös.«

»Ich bin auch nervös«, sagte er. »Ich mache so was gar nicht gerne, ich finde das blöd, aber meine Verleger, Sie verstehen schon . . . Ich nehme an, Sie leben hier in der Gegend?«

»Ja«, sagte Suzanne.

»Dann«, sagte Jesse, »dann könnten wir doch . . . Ich möchte ja nicht aufdringlich sein, aber wir könnten uns doch mal zum Lunch treffen oder so, oder auch zusammen mal ausgehen. Was machen Sie denn so, wenn Sie mal abschalten wollen?«

»Bislang hab ich noch nicht gelernt, wie man abschaltet«, sagte Suzanne, »das ist sozusagen das Ziel meiner Therapie!«

* »Brat Pack«: amerikanische Bezeichnung für die Gruppe von Yuppie-Autoren à la Jay McInerney, Michael Chabon oder Bret Easton Ellis. (Anmerkung der Übersetzer).

»Verstehe.«

»Aber was einem Abschalten wohl am nächsten kommt«, erklärte Suzanne, »ist, daß ich gern spazierenfahre und dabei laute Musik höre.«

»Dann könnten wir doch mal gemeinsam eine lange, lärmerfüllte Spazierfahrt unternehmen«, schlug er vor.

Suzanne blickte wieder auf den Monitor und bemerkte, daß Lucy schon verschwunden war. »Um Himmels willen, ich muß los und meine Freundin suchen, sie wird mich umbringen«, sagte sie. Sie kritzelte ihre Telefonnummer auf den Umschlag, in dem das Drehbuch zu *Reha!* verschickt worden war, riß das Stück ab und gab es Jesse. »Das ist meine Nummer«, sagte sie. »Viel Glück noch für die Show!«

»Danke, ich ruf Sie bestimmt an.«

Suzanne stürzte an dem großen Mann vorbei, der gerade hereingekommen war, um Jesse zu seinem Auftritt zu holen, als Lucy auch schon quer durch die Halle auf sie zugelaufen kam. »Hast du gehört, was ich über meinen *Vater* gesagt hab?« fragte sie hysterisch. »Er wird mich umbringen, er wird doch nie wieder mit mir auch nur ein Wort sprechen.«

»Laß mal, Schätzchen, das war schon gut«, sagte Suzanne, um sie zu beruhigen. »Das mit der ›Görenbande‹ war besonders witzig –.«

»Hatte ich Lippenstift auf den Zähnen?«

»Du warst echt gut«, sagte Suzanne, »aber was hast du eigentlich über deinen Vater gesagt?«

»Was soll das heißen?« fragte Lucy. »Du hast doch eben gesagt, ich sei gut gewesen. Hast du das falsche Programm eingeschaltet gehabt?«

»Du warst gut«, versicherte Suzanne ihr nochmals. »Ich hab alles mitbekommen, nur eben das nicht richtig. Ich hab doch nur mal kurz weggesehen –«

»Und wohin, wenn ich fragen darf?«

»Ich hab mit einem Typen gesprochen«, antwortete Suzanne, »mit diesem einen Schriftsteller.«

»Und? Fand er wenigstens, daß ich gut aussah?« fragte Lucy. Suzanne nickte bestätigend. »Und das über meinen Vater hast du nicht mitbekommen? Weißt du, was ich über meinen Vater gesagt hab? Ich hab ihn einen ›riesengroßen Fettsack‹ geheißen und bezweifelt, ob er überhaupt mein Vater ist. Ich hab nur von meinem ›angeblichen Vater‹ gesprochen.«

»Soso«, sagte Suzanne, »ich hoffe nur, daß er Sinn für Humor hat.«

»Mein Vater? Dieser *Alptraum* von einem Republikaner?«

»O. K., rechnest du denn damit, daß er dich in seinem Letzten Willen berücksichtigt?«

»Bitte, mach darüber jetzt bloß keine Witze«, sagte Lucy. »Ach egal, mach deine Witze nur. Die Show ist vorüber, und du kannst dich jetzt ruhig über mich lustig machen. Aber meinst du nicht, daß es ein bißchen liederlich klang, als ich sagte, daß ich zu Talk-Shows nur gehe, um Typen zu treffen?«

»Wenn du wirklich ›um Typen zu treffen‹ gesagt hast, dann nicht«, meinte Suzanne. »Du hast ja wohl hoffentlich nicht gesagt, ›um Typen einen zu blasen‹, oder?«

»Was? Das weißt du nicht mal?« sagte Lucy. »Du mußt ja in dem grünen Zimmer ganz schön in Fahrt gewesen sein.«

»Ich war überhaupt nicht in Fahrt... Ich hab mich doch nur mit... Du bist es doch, die mir ständig dazu rät, so was zu tun.«

»Ich habe dir nicht dazu geraten, daß du es tun sollst, während ich im Fernsehen bin«, sagte Lucy.

»Soso, ich muß mich jetzt also nach deinem Karriereplan richten, wenn ich mit Typen reden will?« fragte Suzanne. »Laß mich nur noch eines sagen: Du siehst großartig aus, und ich habe dem Typen meine Telefonnummer gegeben. Dieser Abend war für jede von uns beiden so was wie ein Durchbruch. Jetzt können wir heimgehen und Pommes frites und Doughnuts essen und das Leben genießen.«

Sie verließen das Gebäude und stiegen in die Limousine ein.

»Wie heißt er denn?« fragte Lucy, während sie es sich auf ihrem Sitz bequem machte. Auf der Fahrt zurück nach Hollywood erzählt Suzanne von Jesse, dabei mußte sie die ganze Zeit denken: »Er wird mich bestimmt nicht anrufen!«

»Und falls er mich doch anruft und es sich herausstellt, daß er ein Mörder ist, was mach ich dann?«

Versetzt!

Im Traum klammerte sich Suzanne mit bloßen Händen ans Fenster eines dahinbrausenden Autos. Der Wagen schnellte die Straße entlang, sie flog mit wehendem Haar im Wind. Es war schreckenerregend, einfach grauenvoll! Aber je schneller die Fahrt wurde, desto mehr Sapß empfand sie daran. Sie überwand ihre Angst und stieß ein freudiges *Juhuuu*! aus. Dann wachte sie auf. Ihr Herz pochte, und sie hatte das sonderbare Gefühl, als hätte sie eben tatsächlich einen Freudenschrei getan. Aber Jesse neben ihr schlief tief und fest.

Sie lebten nun schon fast ein ganzes Jahr zusammen – obwohl er immer noch nicht sein Appartement aufgegeben hatte, und sie war immer noch etwas überrascht, ihn am Morgen neben sich im Bett vorzufinden. Sie beobachtete ihn gerne im Schlaf, denn wenn er seine Brille nicht aufhatte, schien er irgendwie schutzlos zu sein. Diesem Vergnügen konnte sie jedoch nur am Wochenende frönen, denn unter der Woche stand Jesse um sieben Uhr auf, um an seinen Sachen weiterzuschreiben. »Sieh ihn dir nur genau an«, dachte sie, »er sieht aus wie jemand, den du am Flughafen fragen würdest, ob er nicht einen Augenblick auf das Gepäck aufpassen könnte.«

Er weckte immer noch ihre Neugier. Sie kümmerte sich um ihn, das war klar – im letzten Vergleich, den sie Norma gegenüber geäußert hatte, war er ein verwundeter Konföderierter und sie die niedliche Yankee-Frau, die den Soldaten in ihrem Garten gefunden hatte –, aber warum eigentlich? Mißtraute sie schon ihrer eigenen Urteilskraft? Jahrelang war sie überzeugt gewesen, Drogen nehmen zu müssen. Warum sollte sich also ihr Denken in den letzten zwei Jahren so gravierend geändert haben?

Was bedeutete er ihr denn? Der Himmel sei »bukolisch«, hatte er einmal gesagt. Als sie fragte, was »bukolisch« denn hieße, antwortete er, er liebe Steely Dan und die Farbe Schwarz. Das mochte sie auch, aber was bedeutete das für sie? Den Kaffee trank er schwarz, nur manchmal mit etwas Sahne. Was hieß *das* nun wieder? Sie kam sich vor wie eine Lumpensammlerin, die nach Fetzen suchte, die ihr Hinweise geben könnten, wer er eigentlich war, und was er von ihr wollte. Sollte sie das je herausfinden, so war sie sich noch immer unschlüssig darüber, ob sie ihm das dann auch sagen sollte.

War Jesse ein treusorgender Mann? Wahrscheinlich gehörte auch er dieser Spezies an, denn manchmal langweilte er sie zu Tode. »Wenn's dir nicht theatralisch genug zugeht, dann meinst du immer gleich, es passiere überhaupt nichts«, hatte Norma einmal gesagt. »Es ist doch sicher sinnvoller, *mit* ihnen anstatt *wegen* ihnen Falten zu kriegen. Betrachte doch das Ganze als schauspielerische Herausforderung! Spiele wie jemand, der die Ruhe einer reifen Beziehung genießt! Spiele ganz alltäglich und achte darauf, ob sich nicht ganz alltägliche Gefühle einstellen.«

»Was heißt denn das: alltäglich? Die Masse ist doch auch nicht viel alltäglicher als wir«, überlegte sie. »Wir sind doch die Prototypen der ›Neuen Alltäglichkeit‹, dazu auserkoren, den anderen den Weg zum Alltag der neunziger Jahre zu ebnen.« Jesse und sie waren also auf dem besten Weg, so richtig seriös zu werden. *Seriös* – oh, wie sie schon allein den Klang dieses Wortes haßte. »In einer todernsten Situation habe ich mich über mich selbst lustig gemacht«, hatte sie zu Lucy gesagt.

»Du hast den Umweg über die Hölle genommen, bevor du wieder in die Normalität zurückgekehrt bist«, meinte Lucy, »so kannst du sie besser würdigen, wie jemand, den es nach einem verrückten Leben verlangt und der rein zufällig zu einem geordneten gelangt.«

Lucy mochte Jesse. Sie war der Meinung, er würde zu Suzanne passen, man würde sie ernster nehmen, wenn sie mit »einem Autor« zusammen wäre. Eine Zeitlang überlegte sie sich, ob sie sich nicht selbst einen Autor suchen sollte, aber einen, der – wie sie sich ausdrückte – »vielleicht ein wenig berühmt wäre, einer wie John Irving oder Philip Roth.«

Sie traf Lowell Stephenson. Als *No Survivors* herauskam, war Lucy in aller Munde, und als sie auf dem Weg nach Seattle war, um sich über Weihnachten mit ihrem Vater über die Dinge auszusöhnen, die sie in der Talk-Show über ihn verbreitet hatte, erkannte Lowell – der Kopf der New Age Studios – sie im Flugzeug wieder und verwickelte sie in ein Gespräch. Seitdem sah sie ihn ziemlich regelmäßig.

Manchmal gingen sie alle vier gemeinsam aus. Lowell kochte sogar einmal für sie alle. »*Genauso* wie ich es mag«, flüsterte Lucy Suzanne zu, als Lowell das Salatdressing abstimmte, »er bringt die Brötchen nach Hause und schmiert sie auch noch!«

»Wie konnten wir beide nur als Teil je eines Pärchens enden?« fragte Suzanne und beobachtete, wie Lowell Jesse in das Sautieren von Shrimps einführte.

»Betrachte es als Experiment!« schlug Lucy vor.

»Hat einer von uns vielleicht Krebs?« hatte Suzanne Jesse bei ihrem vierten Treffen gefragt, nachdem sie in ihrem Haus acht Stunden lang intensiv miteinander diskutiert hatten.

»Wie bitte?« entfuhr es Jesse.

»Ich bin nur etwas erstaunt. Wir verbringen soviel Zeit miteinander; es ist geradeso, als hättest du zwölf Stunden Landurlaub oder als würden wir miteinander auf ein Staatsexamen pauken oder ...«

»Krebs«, wiederholte er kopfschüttelnd, »diesen Vergleich hätte ich sicherlich nicht gewählt.«

Nach ihrer fünften Verabredung hatte er sich sechs Tage lang nicht gemeldet. Suzanne war wie gelähmt, sie vergaß sogar, wie er aussah. »Für mich ist er nur noch kalter Rauch«, sagte sie Lucy, »nur noch kalter Rauch.« In ihren Gedanken nistete er bereits als Typ, den sie einmal gern gehabt hatte, der sich aber nie wieder gemeldet hatte.

»Was ist denn los?« fragte Michelle.

»Mir ist was ganz Fürchterliches passiert!« verkündete sie mit dramatischer Stimme. »Ich bin ganz fürchterlich versetzt worden.«

»Fragt mich doch, was los ist!« wurde zu Suzannes Lieblingssatz; jedenfalls sagte sie ihn zu jedem, den sie traf und mit dem sie sprach.

Aber dann rief er an, und sie war wieder wie gelähmt. »Ich habe schon geglaubt, ich höre nie wieder etwas von dir«, sagte sie.

»Warum das denn? Ich hab dir doch gesagt, daß ich nach New York muß und am Montag zurückkomme – also heute.«

Das hatte sie vergessen. Aber dieses Mißverständnis machte ihn für sie noch lebendiger, noch wirklicher. Eine Krise hatte sich zusammengebraut – wenn auch mehr in Suzannes Einbildung als in der Realität –, aber jetzt war sie wieder überwunden. Der Irrtum war überstanden, und bei ihrem sechsten Treffen hatten sie einen endlos-schauerlichen Verkehr. Suzanne fand ihn phantastisch und nannte ihn: »Großer Kabuki-Sex!«

»Das ist doch interessant, findest du nicht auch?« bemerkte er während einer Verschnaufpause. »Das klang doch eben ganz sonderbar. Ich wollte dich aber nicht mit meiner Leidenschaft verschrecken.« Suzanne dankte ihm dafür und überlegte, ob sie ihm sagen sollte, daß sie diese Art Sex auch »sehr interessant« fand.

Statt dessen sagte sie: »Kürzlich habe ich jemanden angerufen. Sein Anrufbeantworter hat mir die Nummer seines Autotelefons gegeben. Ich habe meine Privatnummer hinterlassen und hinzugefügt, sollte ich nicht zu Hause sein, wäre ich wahrscheinlich in meinem Pflanzenschutzflugzeug zu erreichen.«

»Ich empfinde es immer als Niederlage, mit jemandem über dessen Autotelefon sprechen zu müssen«, entgegnete Jesse und unterdrückte ein Gähnen.

»Willst du nicht hierblieben?« fragte sie und hatte ein klammes Gefühl dabei.

»Ich müßte wirklich gehen, ich schreibe doch immer am frühen Morgen, aber ich –«

»Ist schon O. K.!« brauste sie auf. »O. K.«, wiederholte sie, diesmal aber etwas ruhiger.

»Ich würde dennoch gerne bleiben«, sagte er und liebkoste sie zärtlich. »Du bist so ruhig, so friedlich.«

»Ich bin wie ein friedvoller, lebendiger Stein«, sagte sie launisch.

»Du nimmst mir die Worte aus dem Mund«, erwiderte er ironisch. Er zog sie zu sich und legte ihren Kopf auf seine Schulter. »Was ist los?«

»Nichts.«

»Was soll das heißen: nichts?«

Nach einer kurzen Pause sagte Suzanne leise: »Du verläßt mich doch.«

»Ich verlasse dich nicht. Ich verlasse dich nur, um zu schreiben. Ich habe zu –«

»Ist ja schon gut«, seufzte sie. »Ich werd's überleben. Schau, es gelingt mir tatsächlich!« Sie schwieg einen Augenblick. »Meine Hand auf deiner Brust sieht aus wie eine fleischvolle Muschel an einem überspülten Strand.«

»Hast du einen Wecker?« fragte Jesse ganz matt.

Sie hatte auch zuvor Beziehungen geführt. O. K., andere Leute hatten Beziehungen mit ihr geführt! Letztendlich würde sie wohl immer bei Drogen landen. Wenn jemand Drogen nimmt, dann gibt es nur zwei Möglichkeiten, sich zu verhalten: Entweder man nimmt auch Drogen, oder man lehnt sie ab, am besten macht man beides zugleich. Für was man sich auch entscheidet, die Beziehung dreht sich dann, zumindest teilweise, um *Drogen*. Es ist dann nur noch eine Frage der Zeit, bis die Droge den Rest der Beziehung, wie groß dieser auch immer sein mag, aushöhlt und auffrißt.

Jesse hatte zweimal Kokain genommen, fand die Wirkung aber ziemlich dürftig. Gelegentlich rauchte er Dope, aber niemals im Beisein von Suzanne. Suzannes einzige weitere Freundschaft mit einem Nichtdrogie – das heißt, zu jemand, der in der Zeit, während sie mit ihm zusammen war, keine Drogen nahm – war diese seltsame Nichtbeziehung zu Jack Burroughs. Kürzlich hatte sie gehört, daß er wieder angefangen hätte, Freebase zu nehmen, seit *Ziz!II* zu diesem enormen Kassenerfolg geworden war; aber genausogut *konnte* es auch nur ein dummes Gerücht gewesen sein.

Die heftigen Gefühlsregungen, die immer wieder über sie kamen, flößten ihr Angst ein. Sie kämpfte gegen diese Sensibilität an und unterdrückte sie wie einen Brechreiz. Selbst wenn sie an Jesse ein paar dürre Worte der Zuneigung richtete, machte sie dabei ein Gesicht, das dem beim Schlucken einer bitteren Medizin glich. Wie eine Strafe, die der Belohnung angemessen schien.

Sie erklärte ihm, daß sie »dieses Wort mit *L*« haßte – sie fühlte sich stets irgendwie verpflichtet, wenn sie es zu hören bekam. »Warum erzählst du ihm so etwas überhaupt?« hatte Norma sie gefragt. »Eines Tages *willst* du vielleicht doch, daß er dir diese schrecklichen Worte zuflüstert.«

Zu Suzannes Überraschung kam dieser Tag schneller als erwartet. Sie beobachtete seinen Mund und stellt sich vor, wie es wohl wäre, wenn dieses verbale Trio über seine Lippen käme. Eines Nachts, als sie sich küßten, blickte er ihr tief in die Augen und wurde dabei ganz melancholisch. Einen kurzen Augenblick später – sie war sich noch gar nicht bewußt darüber, welche *Abgründe* ihre Blicke überbrückt hatten – räusperte er sich und blickte beschämt zur Seite. »Ich wollte dir eigentlich gar nicht ›Ich liebe dich‹ sagen, ich schwör's dir«, sagte er, »es hatte nur den Anschein, ich wollte es wirklich nicht.«

»Er ist wirklich gerissen«, meinte Lucy. »Du hast ihm *gesagt*, daß du diese sentimentale Gefühlsduselei, diesen romantischen Stuß nicht abkannst, und deswegen ...« Sie zuckte mit den Achseln. »He, warum willst du es ihm denn nicht sagen? Du liebst ihn doch, du hegst doch zumindest 'ne Menge freundschaftliche Gefühle für ihn.«

»Meinst du wirklich, ich sollte ihm sagen, daß ich ihn liebe?« fragte Suzanne.

»Du kannst es ihm auch auf einen Zettel schreiben.«

»Und was passiert, wenn er ihn herumzeigt und sich darüber lustig macht?« entgegnete Suzanne.

Kurz darauf folgte eine Periode, in der sie felsenfest überzeugt war, daß er sie liebte. Deswegen war ihr das auch ziemlich unangenehm. Ihr mißfiel plötzlich alles, was er tat, vor allem das, was er ihretwegen tat, eben weil er sie so mochte.

Der »Schlafende Riese« hatte das Regiment wieder übernommen. Jesse hielt den Kopf zu steif. Er schlich wie ein Einbrecher durch die Gegend. Er strich sich zu oft durchs Haar, und er kaute zuviel Kaugummi. Seine Klugheit war schon geradezu pedantisch, aber so klug war er nun auch wieder nicht, warum war er denn *so* klug? Wer war er denn überhaupt? Warum war er eigentlich frei gewesen? Wer hatte ihn denn dazu angestiftet? Die Russen vielleicht? Klar, die waren es! Die Russen hatten Jesse dazu trainiert, bei Rendezvous den Supermann zu mimen, um über Suzanne Vale nach Hollywood einzudringen! O. K., jetzt hatte sie ihr Spiel durchschaut. Die glaubten wohl, sie wäre bescheuert? Vielleicht sollten sie sich eine Zeitlang trennen. Vielleicht sollten sie andere Leute treffen. Vielleicht fände sich dann jemand Besseres.

All das ging ihr ständig durch den Kopf. Sie biß die Zähne zusammen und wartete, bis dieser Zustand abflaute. Sie bemühte sich, diese sie verzehrenden Überlegungen wieder zu vertreiben. Sie weigerte sich einfach, den »Schlafenden Riesen« das Spiel gewinnen zu lassen. Jesse war doch wirklich liebenswürdig. Er hatte diesen ganzen Wahnsinn, der in ihr rumorte, nicht verdient. Sie stand das durch, und nach einer gewissen Zeit verschwanden diese Gefühle ebenso restlos wieder, wie sie urplötzlich aufgetaucht und zur Plage geworden waren.

Suzanne fragte ihre Mutter nach einem »Beziehungsratschlag«, worauf Doris entgegnete: »Für welches Alter?«

»Herzlichen Dank«, sagte Suzanne.

Sie wäre am liebsten auf wildfremde Pärchen zugegangen und hätte sie auf offener Straße gefragt, wie ihre Beziehung denn so liefe, als hätte dies ihr irgendwie für ihre eigene Beziehung hilfreich sein können.

An einem Donnerstag verbrachte sie den gesamten Nachmittag im »Bodhi-Tree-Buchladen«. Sie entdeckte zwei entscheidende Sachen: Man sollte mit seinem Partner offen reden, und rohes Fleisch schade grundsätzlich allem, natürlich auch Beziehungen.

Außerdem hatte sie ein Buch über Entwicklung und Verlauf der Völkerwanderung gen Westen in der Weltgeschichte gefunden. Suzanne schloß daraus, daß möglicherweise alle Intellektuellen letztlich nach L. A. kommen würden – natürlich erst kurz nach ihrem Tod! Sie malte sich aus, wie sie alle gerade noch rechtzeitig zu ihrem Begräbnis kommen und es ja unendlich bedauern würden, nicht ein kleines bißchen früher gekommen zu sein, um sie noch über diesen wirklich springenden Punkt aufzuklären, den sie für ihr Leben nach dem Tod hätte mitnehmen können. Momentan schien es ja so zu sein, als seien die Intellektuellen nur in New York zu finden, während all diejenigen sich in L. A. aufhielten, die sich besser verpissen sollten.

»Unsere Kußtechniken passen gut zusammen«, sagte Jesse eines Nachmittags, während er ihr das Haar aus der Stirn strich.

»Du hast sehr weiche Lippen«, sagte Suzanne geheimnisvoll. »Woher, glaubst du, kommt das?«

»Wahrscheinlich vom vielen Kaugummikauen«, antwortete er. Der »Schlafende Riese« verhielt sich merkwürdigerweise ruhig. »Ich mag dich so, wie du bist, mit Haut und Haaren«, sagte Jesse und strich ihr über das Haar. »Aber das langweilt dich sicher, nicht wahr?«

»Nein«, entgegnete sie und lächelte dabei liebenswürdig, »denn ich glaub's dir sowieso nicht.«

Jesse war liebenswürdig zu ihr, das war verdächtig! Er mußte etwas zu verbergen haben! »Du läßt ihn allein«, warnte Norma. »Er ist doch großartig, *du* bist doch die Verrückte. Du weißt einfach nicht, wie du dich verhalten sollst, wenn es mal keine Probleme gibt. Du suchst krampfhaft nach etwas, woran du dich festbeißen kannst. Paß nur auf, daß er vor lauter Festbeißen nicht kaputtgeht.«

»Laß doch deine Sprüche, sie hören sich an, als stammten sie von Autoaufklebern«, sagte Suzanne.

»Jetzt schmoll aber nicht!«

»Ich und schmollen?«

»Ja genau, du schmollst«, sagte Norma, »weil dir dein Lieblingsspielzeug abhanden gekommen ist – der explosive Mann! Jetzt hast du einen lieben und netten Mann, und du willst ihn ständig dazu bringen, daß er explodiert.«

»Ich will nur nicht –«

»Du hast eine ganz normale Beziehung«, unterbrach Norma sie mit Nachdruck. »Du fühlst dich nur nicht normal dabei, das ist aber etwas völlig anderes.«

»Ich glaube nicht mehr, daß er ein Mörder ist«, sagte Suzanne.

»Sehr gut!«

»Ich glaube jetzt, daß er von der Drogenfahndung ist!«

Jesse tat auch, was sich Suzanne immer von ihrem Idealmann gewünscht hatte: Er las Zeitung, und zwar die ganze Zeitung, von vorn bis hinten. Er war erstaunt darüber, daß sie so was noch nie getan hatte.

»Das ist Männersache!« erklärte sie bestimmt.

»Ich glaube nicht, daß das eine Frage des Geschlechts ist«, meinte er spitz.

»Du kannst mir ja erzählen, was drinsteht, so, als ob du mir den neuesten Tratsch mitteilen würdest.« Manchmal tat er dies dann auch. Er berichtete ihr, was im Gehege der Welt – in seiner Welt – so alles passierte, und sie nahm als Zaungast daran Anteil.

Suzanne zögerte ewig lange, Jesses Roman zu lesen, bis Lucy sich schließlich freiwillig dazu bereit erklärte, ihn zuerst zu lesen, ihn sozusagen vorzukosten. Als sie zu Ende gelesen hatte, war sie total begeistert. »Er ist wirklich ausgezeichnet! Jetzt mach schon, er wird dir sicher gefallen«, ermutigte sie Suzanne. »Er dreht sich um einen Haufen Neurotiker, das ist doch eines deiner Lieblingsthemen. Es macht wirklich Spaß, lies ihn!«

»Ist er klug geschrieben?«

»Klug geschrieben? Natürlich, gar keine Frage, und witzig ist er dazu«, schwärmte Lucy. »Man könnte daraus einen wirklich guten Film machen. Ich würd dich sogar darum bitten, einmal nur deswegen mit ihm zu schlafen, damit ich die Rolle der Leslie bekomme.«

Sie las also das Buch und war froh darüber, daß sie es auch als sehr gut befand. Selbst dem »Schlafenden Riesen« schien es zu gefallen, mit Ausnahme einiger Sexpassagen.

Wegen ihrer Karriere war sie nicht mehr so sehr beunruhigt. Im letzten Jahr hatte sie drei Angebote angenommen: eine kleine Rolle in dem Film *Mood Swing*, ein zeitlich begrenztes Engagement für das Stück *I'll Buy You a Cherimoya* an einem Theater in Los Angeles und die Hauptrolle in dem fürchterlichen Fernsehfilm *Cut to the Chase*, in dem auch Lucys Exliebhaber Scott Hastings mitgespielt hatte (keiner von beiden erwähnte, daß er Lucy kannte). Das Showbusineß war auch nicht mehr ihr einziger Lebensinhalt. Es wurde zu einem *Teil* ihres Lebens. In letzter Zeit gab es sogar Augenblicke, in denen sie es bereute, nicht Kriminalpsychologie studiert zu haben.

Kürzlich, bei Wandas Beerdigung, hatte sie Alex wiedergetroffen. Suzanne war mit Jesse und Alex mit Amy Baxter gekommen – sie war der Star der Situationskomödie *Honey, I'm Home!* und hatte auch Katies Rolle in *Reha!* gespielt. Den Gerüchten zufolge hatte sich Amy während der Dreharbeiten in Alex verliebt und seinetwegen ihren Freund verlassen. Amy stand trauernd neben Wandas Familie, und Suzanne fragte sich, ob Amy Wanda überhaupt gekannt hatte. Neben Carl (er war jetzt Therapeut in einem Rehabilitationszentrum), Carol (sie war jetzt schwanger) und Sid (er lebte jetzt Diät) trafen sie noch Stan und Julia. Es war eine befremdende Szenerie.

Als hinterher alle zu ihren Autos gingen, nahm Suzanne Alex zur Seite und gratulierte ihm zu seinem Job beim Fernsehen und zu seiner Emmy-Nominierung; Jesse hatte ihr davon berichtet.

»Hör zu«, sagte Alex ganz ernst, »ich hab die Herrschaften *gebeten*, dich für die Rolle der Katie zu nehmen, aber...« Er zuckte mit den Achseln. »Man sagte mir, du würdest zu wenig Fernsehpublikum ziehen.«

»Vergiß es«, sagte Suzanne, »Amy war *wie gemacht* für diese Rolle, und selbst das ist noch untertrieben!«

»War sie in der Schaukel-Szene nicht hinreißend?« schwärmte Alex, während er Amy betrachtete, wie sie sich mit Jesse unterhielt und dabei ihr Make-up auffrischte.

»Wirklich hinreißend«, stimmte Suzanne zu.

Carl und Sid gesellten sich ihnen zu. »Na Kinder, das ist hier doch wie auf einem der Gruppentreffen«, sagte Carl. »Unsere neue Adresse lautet: 1130 Gardner Street!«

»Falls Jesse mich läßt, kann mich dann einer von euch nach Hause fahren?«

»Na klar«, meinte Sid.

»Ich habe leider keine Zeit«, sagte Alex. »Amy und ich haben einen wichtigen Termin – ich meine einen Geschäftstermin. Um Viertel nach eins treffen wir uns bei ›Trader Vic's‹, um über *Nach dem Reha!* zu diskutieren!«

»Schlachte es nicht zu sehr aus, Mann«, sagte Carl. »Ich meistere mein Leben auch, ohne daß ich mir ständig vor Augen halten muß, daß ich ein Exjunkie bin!«

Carl stieg in seinen Wagen, auf dem auf einem Aufkleber zu lesen stand: EX-DROGIES SIND BESSERE SEX-YOGIES, und verließ den Friedhof. Suzanne und Jesse fuhren hinterher. Suzanne drehte sich nochmals um und sah, wie Alex auf dem Parkplatz heftig mit Carols Ehemann Rob diskutierte. Dieser hatte, wie Suzanne wußte, gerade einen Vertrag mit Lowell Stephenson unterzeichnet. »Der heckt wahrscheinlich gerade eine Geschichte über ein Mannequin aus, das sich in Hollywood den ›Goldenen Schuß‹ gibt«, sagte sie.

»Das Sprungbrett für Amy«, bemerkte Jesse trocken.

Als sie sich die ersten Male getroffen hatten, war Suzanne nicht in der Lage gewesen, sich auch nur an irgendwas von dem zu erinnern, was Jesse erzählt hatte. Sie hatte sich schon gefragt, ob seine Worte überhaupt haften blieben, und, falls ja, ob sie denn auch was bedeuteten. Im Laufe einer Woche hatte sie sich an drei Aussprüche erinnert, ganz belanglose zwar, aber immerhin, es war ein Anfang. Der erste, der ihr wieder einfiel, lautete: »Am Freitag habe ich mit meinem Freund Roy gesprochen – ich hab dir doch von Roy erzählt, nicht wahr?« Und der zweite: »Ich laufe acht Kilometer am Tag.« Und dann hatte er noch etwas über »Chili-Dogs« erzählt, aber an den genauen Wortlaut konnte sie sich nicht mehr erinnern. Auch hinsichtlich ihres Erinnerungsvermögens an sein Aussehen machte sie Fortschritte. Immer wieder schwebte ihr plötzlich ein Bild seines Gesichts vor Augen, egal ob sie nun gerade wartete, bis die Scheinwerfer neu eingestellt waren, oder ob sie gerade in der Badewanne saß.

Manchmal störte sie der Anblick seiner Füße oder die Spiegelreflexe auf seiner Brille, wenn das Licht in einem bestimmten Winkel auf die Gläser fiel. Sie war über bestimmte Wörter verblüfft, die er benutzte, und deren Bedeutung sie nicht kannte. Immerhin hatte sie Jesses angenehmen Duft in der Nase. Sie hatte das Bild vor sich, wie er ihr Berichte über Aufstände in Südafrika vorgelesen hatte oder wie er, über seine Schreibmaschine gebeugt, Korrekturen machte, und sie hatte gedacht: »Er gehört mir! Ich *besitze* ihn!« War ihre Stimmung besser, befiel sie ein Gefühl des Verlangens, ein sentimentales Gefühl, das sie gefangennahm und erbeben ließ. Sie kam sich vor wie ein »Was-stimmt-hier-nicht?-Element in Norman Rockwells Bilderrätseln.

Suzanne war sich nicht mehr ganz sicher, wann er sie zum ersten Mal Gail genannt hatte; es mußte wohl schon ziemlich bald nach ihren ersten Begegnungen gewesen sein. Sie hatte eine Vielzahl von Namen für ihn, sie rangierten von Joseph bis hinauf zu Sir. Es war mit ihm abgemacht, daß sie ihn mal so und mal so nennen durfte – er bedeutete ihr schließlich so viel Verschiedenartiges!

Manchmal kam sie zu ihm und diskutierte mit ihm über die Vorstellung von Glück. »Erinnerst du dich an *Ethan Frome*«, fragte sie mit ernster Stimme, »an die Szene, in der beide im Mondschein Schlitten fahren? In der sie im glitzernden Schnee vor Freude weinen? Das ist es, was ich mir unter Glück vorstelle!« Sie senkte ihren Blick.

Jesse nahm die Brille ab und rieb sich die Augen. »Mehr als alles andere«, sagte er, »ist Glück vermutlich nur die Abwesenheit von Schmerz und Angst.« Er zwinkerte Suzanne über den Schreibtisch hinweg zu. »Was meint denn Lucy? Hast du sie mal danach gefragt?«

»Für sie ist es ein Pimmel, so groß wie ein Mülleimer. Das kann aber wohl kaum schmerzfrei sein, außer man steht auf Blasenentzündung!«

»Das tut sie anscheinend auch«, erwiderte Jesse. »Lowell jedenfalls hat so einen.«

»Wie sind wir jetzt eigentlich auf dieses Thema gekommen?«

»Über das Glück«, sagte er, setzte die Brille wieder auf und faltete die Hände vor sich auf dem Schreibtisch. »Hast du heute schon etwas gegessen?«

»Ich glaub schon«, sagte sie geistesabwesend.

»Du wärest sicher glücklicher, wenn du schon etwas gegessen hättest, meinst du nicht auch?« fragte er.

»Kann schon sein.«

»Soll ich dir ein Sandwich mit Erdnußbutter machen?«

Suzanne lächelte. Sie hatte anscheinend wirklich Hunger.

Eines Morgens, als sie auf dem Weg zum Bodybuilding war, geriet sie plötzlich in Panikstimmung. »Ich werde sterben«, dachte sie. »Ich werde bei einem Autounfall ums Leben kommen.« Sie umklammerte das Lenkrad fest mit beiden Händen und bremste auf die vorgeschriebene Geschwindigkeit herab.

Suzanne war überzeugt davon, daß sie jetzt, da ihr das Leben endlich Glück versprach, sterben müsse. Während sie bisher durch groben Raubbau an sich selbst den Tod schneller hatte näherrücken lassen, bangte sie jetzt um ihr Leben. Seit Jahren verfolgte die Ironie des Schicksals sie gnadenlos. Jetzt spürte sie diese Ironie wieder, ihre Lungen füllten sich mit diesem unfaßbaren Schicksal. Ein unbekanntes Grauen schwebte über ihr, es brach wie eine Kaltfront über sie herein.

Kaltschnäuzig, wie Suzanne nun mal war, eröffnete sie Lucy die Kunde von ihrem nahenden Tod; im Falle seines Eintretens wußte jetzt zumindest eine ihr nahestehende Person, daß sie alles bereits geahnt hatte. Sie wollte nicht für eine von diesen Vollidiotinnen gehalten werden, die völlig unwissend starben. Sie konnte jetzt schon hören, wie Lucy den Leuten erzählen würde: »Sie hat es vorausgeahnt – sie wußte es! Was hatte sie doch für eine große Gabe!«

Über diesen Abgrund hinweg blickte sie Jesse starr vor Schreck an und fühlte sich, als gehörte sie gar nicht hierher, und im gleichen Augenblick wurde ihr klar, daß sie das schon immer geahnt hatte. Bisher war sie jedoch der Meinung gewesen, sie empfände das nur so. Jetzt wurde ihr klar, daß alles von *ihrer* Empfindung ausging.

Sie schlüpfte vorsichtig aus dem Bett, um Jesse nicht zu wecken. Doch er bewegte sich und öffnete die Augen. »Hab ich im Schlaf geredet?« fragte er schlaftrunken.

»Du raubst mir den Atem«, flüsterte sie liebevoll. Auf dem Weg ins Bad kam ihr eine Idee. Sie würde Jesse Crêpes machen, Crêpes und Muffin und Schinken und... Das würde wahrscheinlich schon genügen. O ja, und noch einen Orangensaft und Kaffee, und den Kaffee noch mit Zimt.

Vielleicht sollte sie doch keine Crêpes machen. Ihr Hang zum Slapstick kam beim Crêpesmachen immer voll zum Durchbruch und zeigte sich dabei von seiner schwärzesten Seite.

Aber dennoch wollte sie etwas Nettes für ihn tun. Sie hatte ihn über eine halbe Stunde lang angestarrt und war dafür verantwortlich, daß er jetzt aufgewacht war... Kurzum, sie war ihm die Crêpes einfach schuldig. Diese großzügige Geste war jetzt das einzig Richtige. Sie lächelte ihrem Spiegelbild zu, das fest entschlossen dreinblickte und vor Kühnheit nur so strotzte.

Zwanzig Minuten später, auf dem Weg ins Krankenhaus, fragte Jesse sie: »Aber warum denn ausgerechnet Crêpes? Crêpes mag ich doch überhaupt nicht!«

»Schau«, antwortete Suzanne mit stoischer Ruhe, »es bilden

sich schon Blasen.« Sie hielt ihre linke Hand mit dieser typischen Haushaltsverletzung quer über den Fingerknöcheln, auf die das heiße Crêpes-Eisen gefallen war, hoch.

Er schüttelte ungläubig den Kopf und strich Suzanne über das Haar. »Ist das nicht die Notaufnahme, in der man... dich kennt?«

Suzanne nickte und lächelte ein wenig. »Ich sollte hier ein Hauskonto eröffnen.«

»Zumindest könnten sie dir Mengenrabatt geben«, sagte er und blickte gen Süden in Richtung La Cienega. »Was war es noch das letzte Mal? Der Hundebiß?«

»Ja, der Hundebiß«, kicherte sie vergnügt. »Es sei denn, man zählt auch noch das hinzu, als ich Lucy begleitet habe – sie hatte eine neue Spirale bekommen.« Sie streckte die Hand nach ihm aus. »Es tut weh«, sagte sie, es klang so, als sei sie überrascht.

»Du bist ein tapferes Mädchen.«

»Seele«, verbesserte sie ihn, »ich bin eine gute Seele!« Sie seufzte. »Das passierte mir doch bei jedem zweiten Kochversuch.«

»Gail, nun übertreib nicht«, entgegnete Jesse. »Du hast schon mehrmals Schnitzel und Spaghetti gemacht, ohne dich zu verletzen.«

Sie schwieg für ein paar Augenblicke, dann sagte sie kleinlaut: »Hast du heute abend nicht deinen Männerstammtisch?«

»Du glaubst wirklich, ich würde dich heute abend mit deiner Hand alleine lassen?« sagte er. »Nein, Gail, ich bleibe bei dir.«

»Oh, du bist wirklich ein Schatz«, seufzte Suzanne voller Inbrunst.

Epilog

Lieber Dr. Blau,
natürlich erinnere ich mich an Sie. Von wem hätte ich denn sonst genau das gleiche Stofftier wie damals, nachdem mir der Magen ausgepumpt worden war, bekommen sollen, wenn nicht von Ihnen? Diesmal eben nur in zwanzigfacher Größe. Als Sie mir das kleine Ding vor drei Jahren im Krankenhaus geschenkt hatten, hatte ich gedacht, es wäre eine Art Daumen. Nun, da ich es in dieser Größe vor mir habe, sehe ich erst, daß es sich um einen Delphin handelt. Er ist phantastisch! Noch nie habe ich einen so großen, rosafarbenen Delphin geschenkt bekommen. Woher wußten Sie, daß ich mir so was schon immer gewünscht habe? Sie müssen mich für sehr taktlos halten, daß ich Ihren ersten Brief nicht früher beantwortet habe, aber ich bin gerade erst umgezogen, muß für ein neues Stück proben, mein Großvater ist gestorben, und ich bin wirklich taktlos.

Es fällt mir schwer, Ihre Frage – »Was haben Sie in den letzten zweieinhalb Jahren gemacht?« – so einfach zu beantworten. Ich weiß nicht so recht, wo ich anfangen soll. Es genügt wohl, wenn ich Ihnen sage, daß ich zum letzten Mal Drogen genommen habe, als ich Sie zum letzten Mal gesehen habe – und nehmen Sie es bitte nicht persönlich, aber ich lege keinen Wert darauf, Sie oder jemand anders noch mal mit einem Schlauch neben mir zu sehen (es sei denn, wir stehen zwischen Blumenbeeten in einem Garten).

Manchmal habe ich das Gefühl, als sei mein Leben bereits zu Ende, und ich bin bloß zufällig immer noch auf Erden. Manchmal bin ich so gelassen, daß ich schwören könnte, ich höre das Gras wachsen. Ich esse noch immer Junkfood und halte mich zuwenig fit, und letzte Woche habe ich sogar eine Zigarette geraucht. Aber wenn ich mir vorstelle, ich müßte alles aufgeben, dann stünde ich doch zwischen meinem Verstand und meinen Gefühlen. Ich wäre zwar im Zentrum meiner selbst, würde aber elendiglich heulen wie ein alleingelassener Hund.

Leider bin ich nicht »abkömmlich für die Verabredung«, um die Sie mich so drollig ersucht haben. Ich lebe derzeit mit jemandem zusammen, und das schon seit über einem Jahr. Ich glaube schon, daß mir das gefällt. Am schwersten fiel es mir, mich von der alten Gewohnheit zu befreien, die richtigen Dinge zwar anzugehen, sie aber auf die falsche Weise zu bewältigen. Sollte ich mal wieder für ein Date abkömmlich sein, werde ich sicher gerade an Sie denken, da Sie mich ja damals schon »interessant« fanden, obgleich ich mich vor Ihnen erbrochen habe. Dafür bin ich Ihnen dankbar.

Vor einiger Zeit hatte ich wegen einer Verbrennung einen kurzen Aufenthalt in der Notaufnahme des »Cedars Sinai« – ich hab das »meine triumphale Rückkehr« genannt – aber Sie habe ich dort nicht gesehen.

Das mit Ihrer Psychodrama-Gruppe klingt faszinierend, aber ich werde wohl meine ganz konventionelle Therapie fortsetzen. Noch immer bilde ich mir ein, anders als meine Mitmenschen zu fühlen. Ich bin mir unklar darüber, ob das Problem an meiner Wahrnehmung oder an meiner Bequemlichkeit liegt. Wie dem auch sei, ich kämpfe, ich ringe mit meiner Natur, wie ich es schon immer getan habe. Und, verdammt noch mal, das hält mich ganz schön in Atem. Damit bin ich ganz gut ausgelastet. Doch manchmal fahre ich auch spazieren und höre laute Musik, während der anbrechende Tag überall seine Fühler ausstreckt. Dann fühl ich mich groß und stark – das ist ein Gefühl, das geht durch Mark und Bein wie die Musik; es ist, als würde mich nur meine Haut daran hindern, mit allem und jedem zu verschmelzen. Falls Sie sich aus alldem kein Bild machen können, was ich nun tatsächlich tue, so haben Sie doch jetzt sicher eine Vorstellung davon bekommen, was ich fühle, wenn ich was auch immer tue.

Ich danke Ihnen ganz herzlich für den Delphin und den Brief.

Ich hoffe, meine Zeilen erreichen Sie bei bester Gesundheit und noch immer an dem richtigen Ende des Schlauches. Ich muß jetzt schließen, sonst komme ich zu spät zu meinem Therapeuten. Bei jeder Sitzung kann jetzt der Durchbruch kommen.

Ein frohes neues Jahr wünscht Ihnen
Suzanne

P. S. Erinnern Sie sich noch an die Nacht in der Notaufnahme? Habe ich dort etwas erbrochen, was ich eigentlich bräuchte? Ein kleines und banales Etwas, das jeder in sich drin hat? Ich spüre ganz deutlich, daß ich etwas vermisse.

Immerhin spüre ich immer was.

Danksagung

Die Dankbarkeit, die ich für meinen Freund und Lektor Paul Slansky empfinde, läßt sich nicht in Worte fassen; aber falls es wirklich Worte dafür geben sollte, dann müßten sie angestimmt von einem vielstimmigen Chor in einem Achterbahnwagen, wenn dieser gerade von der höchsten Stelle hinuntersaust, erschallen.

Für ihre Unterstützung und Inspiration möchte ich mich bedanken bei:

Gloria Crayton, Mary Douglas French, Ilene (sie weiß warum) Waterstone, Buck Henry, Melissa Mathison, Mike Nichols, Maxene und Ray Reynolds, Constance Freiberg, May Quigley, Richard Dreyfuss, Beverly D'Angelo, Bill Reynolds, Beatriz Foster, Amy Edmondson, Charles Wesseler, Blair Sabol, Chana Ben-Dov, Arnold Klein, Cindy Lee Zucker, Al Lowman, Patricia Soliman, Richard Hamlett, Brian Frielino, John Burnham, Jim Wade, Edwin Jack, Donald Roller Wilson, Bill Wilson und Harper, Sean, Linda, J. D., Simpson, Albert, Roger, Begley, Grip, Lennie, Arlo, Harrison, Henry, Lester, Mo, Evelyn, Maggie, Penny, Ted, Moses, Carolyn, Evi, Thom, Nikki, Shimkus, M. G., Reigo, Bleeaz, Mira, LaVallee, Henley, Erika, Renee, Hyjean, David, Howard, Tom, Lynne, Drew, Toni, Carol, Leon, Kipper, Philip, den ehemaligen Mitgliedern des Century City New Beginnings Rehabilitation Programms und Joan Hacket.